成熟社会の発展論

日本経済再浮揚戦略

トラン・ヴァン・トゥ／苅込俊二

［編著］

文眞堂

はしがき

　本書は，日本経済が再浮揚する姿をぜひみたいという熱望の下で，主として経済発展論や国際経済学，アジア経済論を専門とする研究者を中心にまとめたものである。つまり，日本経済の専門家による研究書ではない。しかし，経済成長論・発展論の分析枠組みや国際比較の視点で日本経済の諸問題を掘り下げ，停滞から再浮揚への政策提言を出したいという努力が結晶したものである。

　本書構想の発端は約20年前にさかのぼる。日本経済の失われた10年と言われた2000年代初頭に日本経済研究センター（JCER）が在日外国籍研究者数人に，日本が再浮揚するための政策は何かについて提言してほしいと依頼した。私も依頼されて，同センターの会報に政策提言を書いた。当時，日本とアジアとの分業が変化したので，従来の雁行型発展モデルからイノーベーションベース成長モデルへの転換が必要という主張を中心に論じた（詳細は本書第1章）。その後，このテーマを本格的に研究したいと思ったが，なかなか実現できなかった。そして研究開始の直接のきっかけは，私が2021年に日本の高度経済成長期（1955-1973）について勉強し直してベトナム語で出版したことである。現在，中所得レベルに達し，2045年までに高所得国を目指していくベトナムが日本の奇跡的発展時代の経験に学ぶべきことが多いと考えたからである。その時代の発展から現在まで展開してきた日本経済に再び強い関心を持ち，また日本が再び成長軌道に戻ることを強く期待したくなった。そこで，十数人に協力してもらって約2年間研究した成果として本書ができたのである。

　本書のアプローチは，1つか2つの関連のキーワードあるいは核心的問題に焦点を合わせて，多角的に分析し，そこから浮き彫りとなった課題や提言を日本政府と企業に対して行うことを目的としている。我々が考える核心的な2つのキーワードは「投資」と「潜在成長力」である。当然なことであるが，潜在成長力を増加させなければ長期的成長が持続できない。潜在成長力を高めるた

めには，労働力の増加・労働の質向上，資本蓄積，技術進歩（イノベーション能力向上）が必要である。一方，投資は二面性があり，短期的には有効需要を増加させ，成長を促進するが，長期的には資本蓄積を通じて，潜在成長力を高める。また，イノベーションが投資を誘発し，新商品の開発，生産性向上をもたらす。このため，「投資」は経済成長を考える上で極めて重要である。

したがって，我々は投資と潜在成長力に焦点を合わせ，様々な角度から日本経済の問題を発見し，再浮揚戦略への提言を行うことにしたい。

この研究は2部で構成される。第Ⅰ部は，現段階の日本経済の課題を指摘する。第Ⅱ部は，日本経済の再浮揚のためにどのような戦略・政策が必要かを提言する。

第Ⅰ部は，課題の発見に関する各章で構成される。日本経済は，発展段階的には脱工業化を特徴づけられるが，その過程は韓国や中国に急速に追い上げられるので短縮せざるを得なかった。他方，サービス産業は製造業より生産性が低いので脱工業化段階に成長が鈍化せざるを得ない。しかし，米国やドイツのような2〜3%成長ではなく，日本の平均1%未満の停滞の原因は何か。製造業の高度化，サービス産業の生産性向上のための投資が停滞した。なぜか。その関連課題を第1章から第3章まで提起する。

なお，その投資が停滞した背景は，日本の雇用慣行・日本型経営・経済システムとの関係があったかどうかも考えてみた（第4章）。

次に第Ⅰ部の各章の内容のポイントをまとめよう。

第1章（発展段階論からみた日本経済の現段階——脱工業化の視点）では，経済発展論から見た日本の現段階の課題を探り，なぜ1990年代以降の日本経済が停滞していたか，3つの仮説を検討し，筆者の見解を提示した。現段階の日本は発展段階的に脱工業化を特徴づけられるが，工業部門が縮小してもまだ重要で，部分的にも競争力を維持しなければならない。欧米諸国へのキャッチアップ過程をほぼ完了した日本は従来の雁行型産業発展からプロダクト型産業発展への転換が必要であるが，これまで新しい成長分野への投資不足，イノベーションが弱かった。一方，脱工業化の段階にサービス産業が経済成長に主導的役割を占めるようになるが，日本は世界的に進行した情報通信革命，デジタル革命への人的資本をはじめ無形資産形成への投資が重視されなかった。要

するに，日本の現段階の問題は，成長性の高いサービス産業への投資不足，製造業でのイノベーションの弱さである。

第2章（米国とドイツの成長要因と日本への示唆──日本企業の国内投資はなぜ低迷したのか）では米国・ドイツとの比較でみた 1990 年以降 30 年間の日本の経済成長低迷の主要な要因は，企業の国内投資の低調さにあると主張する。その主な背景は，第一に，既存技術の改良に傾注し，デジタルなど新しい分野への大胆な投資が実行できなかったこと，第二に，円高が進行するなか海外直接投資が重視されたこと，第三に，ROE（自己資本利益率）重視の経営評価の短期指向化により投資に慎重にならざるを得なかったこと，である。これらは，経済の情報化・サービス化が進展するなか，より一層困難な国内投資への障害となっており，見直しが必要である。

第3章（日本の国際競争力の変化──企業の R&D 投資と競争力の関係）は日本の国際競争力低下の背景として，研究開発力の劣化を指摘し，その要因を究明し，技術経営戦略を提言する。日本の R&D 投資は，主要国と比べて投資額でみればそん色ない水準にある。問題は，それが必ずしも企業収益に結びついていない点にあった。日本の研究開発は収益率が低い業種で行われる傾向にあり，また，時流に乗った研究がタイムリーに行われていない。研究開発効率の向上を促す技術経営戦略の構築が求められている。

第4章（日本経済システムの改革と日本経済活性化戦略）では，現代の日本経済は，高度経済成長の時代とは経済を取り巻く環境が異なり，その代表的な点として，キャッチアップ成長からフロントランナー（プロダクトサイクル型）成長への転換，人口の高齢化と少子化，企業競争環境のグローバル化が挙げられる。高度経済成長の時代はキャッチアップ過程で，情報の非対称性や契約の不完備性などの市場の失敗が存在し，全面的に市場メカニズムに依拠しない日本型経済システムが効果的であった。しかし，現在は環境が変化したから，より市場メカニズムに依拠した制度改革が求められている。これまで金融システム，コーポレート・ガバナンス，雇用システムの制度改革が進められているが，改革の足並みが揃わず，これら三者間で成立してきた安定的な関係が崩れ，制度的ミスマッチが日本経済停滞の一因となっている。今後は，これらの制度的補完性を考慮した制度改革を進める必要がある。

　第Ⅱ部は日本経済の再浮揚戦略のために政府と企業への具体的政策提言を行う。ここでは，2つのキーワード（投資と潜在成長力増強）を中心に分析し，メッセージを出した。各章の内容を紹介する前に第Ⅱ部全体のポイントを示しておきたい。

　まず，産業政策に関する積極的考え方が必要である。1970年代まで日本の産業政策は世界的に有名であったが，その後はほとんど見られなくなった（半導体の産業発展促進策などは最近の例外的なケース）。逆に米国の起業国家，ドイツのIndustry 4.0，中国の製造業2025，インドのMaking in Indiaなどの動きが対照的である。現代版産業構造の長期ビジョンや技術発展の方向性提示などが日本にとって必要であろう。この中に新時代のテーマとして循環経済・グリーン経済，デジタル経済，農業の新しい役割，産学官連携とスタートアップ促進，対内直接投資促進などが織り込まれる。企業戦略についてイノベーションを促進するために無形資産への投資，雇用慣行の転換などが求められる。

　潜在成長力を高めるために，投資・資本蓄積やイノベーションのほかに労働力の問題がある。少子化・人口減少の対策は長期的課題であるが，その関連問題（女性の働き方，産休・育児休暇など）の改革で労働時間の確保・生産性向上が中期的に成長に貢献する。一方，移民労働も重要な問題である。単純労働が国内労働不足を補充するが，世界的に流動化している高度な人材の日本への誘致で国内の研究開発・イノベーションを促進する。最後に日本社会の活力を維持・強化することは，今後の成長のために不可欠という視点から所得格差縮小，労働分配率の引き上げなどが，新しい資本主義の文脈で議論されている。賃金の引上げは個人消費増加で成長を促進するが，本書はサプライサイドに焦点をあわせるので，むしろ労働分配率の改善が労働時間を増加するか，労働生産性の向上につながるかについて考察する。

　以下は第Ⅱ部の各章の概略的内容である。

　第5章（世界的有望な産業の成長戦略と新時代の産業政策）は，経済安全保障，脱炭素，産業発展，社会格差等に対処するため，米国，EU，中国等で産業政策が積極的に実施され，イノベーションの基礎となる研究開発への公的支援も活発である。日本もこうした課題に取り組み，成長につなげるため，産業

政策を展開し始めた。欧米では過去の政策が検証され，起業家の尊重，透明性の確保等が必要と指摘されている。日本でも経験を検証し活かすこと，政策実施のための PDCA（Plan, Do, Check, Action）を確立することが必要である。また今後の成長の舞台となるアジアで日本が今までの蓄積を活かすことを提言する。

　第6章（グリーン成長の戦略的推進）は，カーボンニュートラル（CN）の実現が世界各国における国家単位のミッションであり，その実現には，従来，環境問題への対応としての CN の取り組みはコスト要因と捉えられてきたが，日本再浮揚を実現するためには，それを新たな投資や成長の機会とした戦略的な展開が必要であると主張したい。その鍵はデジタル転換（DX）と循環型経済（CE）の推進である。DX と CE による生産や消費の変革は，エネルギーや資源効率の画期的な向上をもたらすが，同時に，生産性向上を伴うデジタル経済化やサービス経済化などを主導する取り組みでもある。したがって，CN 実現と成長の両立を目指すグリーン成長には，DX や CE の促進を重要な課題として位置付ける必要がある。

　第7章（イノベーション創出と産学官連携——大学発スタートアップ促進課題と戦略）は，市場に革新的な価値を創造するための産学官連携がイノベーション創出のインフラとして重要であるが，世界各国と比較すると，日本ではスタートアップ促進の制度整備が不十分で，改善が喫緊の課題であると指摘する。欧米等が積極的に取り組む研究シーズの発見・事業化の促進を参考に，研究者と経営者間の交流及び起業のしやすさの改善を進めるべきである。また，長期的なイノベーション創出政策として，人材育成，特に学校教育におけるスタートアップ促進などのビジネス教育のさらなる充実化が望まれる。

　第8章（日本企業のビジネス戦略——成長につなげる無形資産の役割）では，日本経済の現状を，企業の価値すなわち株式時価総額という指標に着目して分析することにより，日本経済再興の道筋を提示したい。1989 年と 2022 年の世界の時価総額ランキングを比較すれば，日本企業の企業価値が世界経済の中で大きく下がっていることが観察できる。時価総額の評価軸が近年大きく変化し，その原因が，無形資産の存在である。近年，有形資産では，時価総額の説明がつかなくなってきており，無形資産の存在が注目されている。本章で

は，日本企業の無形資産の現状を分析し，日本企業の企業価値の向上策を提言する。

　第9章（日本農業のあるべき将来──国際フードシステムの強化）は，世界と日本の農産物・食品貿易動向，主要貿易品目の国別輸出競争力，海外需要による国・産業別生産波及効果を分析し，その結果から，日本農業の将来のための政策提言を行う。農産品の輸出拡大を通じた成長余地は十分あり，そのためには国内外の食品加工や外食サービスなどの関連産業との連携を強化し，国際フードシステムに調和する産業構造に変えることが重要である。

　第10章（持続的成長と対内直接投資）は，低迷する対日直接投資の現状とその阻害要因を分析し，潜在的な対内直接投資の影響とその経路を先行研究をもとに明らかにすることで，現状の対日直接投資政策に対して政策提言を行う。対日直接投資を拡大させるためには，その障害となっている規制や行政手続きの簡素化，文化的・言語的な障害の軽減のみならず，直接投資促進機関による外国企業の積極的な誘致活動が重要である。また，対日直接投資を経済成長に結びつけるためには，特に研究開発投資を活発に行っている産業・企業を誘致することや，誘致した外国企業と国内企業との取引を促すマッチング支援を行うことが重要である。

　第11章（人口動態からみた再浮上戦略──女性労働力を活用するための社会的変革）は，日本の少子高齢化，生産年齢人口の減少という労働不足問題への対策として短・中期的には女性労働力の活用が避けられないことを主張する。各自治体のデータを用いて女性労働力の活用の阻害要因を明らかにし，「育児の社会化」を提言する。この問題の解決は，新たな労働力の供給源になることに加えて，少子化対策への大きな貢献にもつながることが期待される。

　第12章（労働力・人材力の確保──移民問題を考える）は，日本では人口減少と高齢化が進んでおり，ITの導入などによる労働節約など従来の労働代替策だけでは労働市場における人手不足を補完するには限界がある。また，日本経済再生に不可欠な生産性向上に資する人材の確保も急務である。現状では，IT技術者を含む専門的高度人材を優先的に受け入れようとしているが，十分とは言えない。本章では，外国人労働者の受け入れについて実態検証と問題点を再認識したうえで，日本社会に貢献できる多角的な外国人労働者（移

民）政策を提言する。

　第13章（持続的成長の条件——格差・労働分配問題）は，昨今懸念されている日本の所得格差の拡大について，その現状を概観し，所得格差と経済成長との関係性に関する経済学の先行研究を紹介し，そして所得格差縮小と経済成長促進に対する現状での政策対応を概観することで，所得格差の縮小と経済成長を同時に達成するための政策提言を行う。1990年代以降の日本では高齢化という人口動態の変化，世帯規模の縮小という社会構造の変化とともに，低所得層の貧困化により所得格差が拡大している。本章は，その所得格差を縮小させつつ，持続的な経済成長を達成するための方策として，非正規雇用労働者に特化した能力開発制度の構築を提案する。

　さて，私は2020年3月に早稲田大学を定年退職した。教鞭に立つことはなくなったが，幸い，大学院ゼミ出身で現在各大学や研究所などに勤務している諸君がゼミナールを継続し，皆で研究を続けたいとの強い要望を受けて，月1回程度研究会を開催している。このゼミのメンバーから十数名が本書の研究企画に参加し，ゼミと並行して勉強会を行ってきた。ゼミ幹事を務めてくれている東邦大学准教授の松本邦愛君，本書の研究組織と編集に献身的に協力してくれた帝京大学准教授の苅込俊二君には苦労をかけた。また，米国での在外研究で早稲田大学を離れた時，私に代わって大学院ゼミを指導していただいた中兼和津次東京大学名誉教授は現在の継続ゼミにも顧問として参加くださり，ご自身の研究成果を報告して，研究会を盛り上げていただいている。この場を借りて感謝申し上げたい。

　最後に，出版環境が厳しい中，本書の意義を認めていただいた文眞堂の前野隆社長，出版編集担当の前野弘太氏に厚く御礼を申し上げる。

2024年1月

執筆者を代表して

トラン・ヴァン・トゥ

目　　次

第 II 部　日本経済の再浮揚戦略とは何か

現段階の日本経済の課題は何か

第1章

発展段階論からみた日本経済の現段階
——脱工業化の視点

トラン・ヴァン・トゥ

はじめに

　本章は経済発展段階論から見た日本の現段階の課題を探り，なぜ1990年代以降の日本経済が停滞していたか，その要因をいくつかの仮説として指摘する。

　現段階の日本は発展段階的に脱工業化を特徴づけられる。いつからその転換が生じたか，まず，いくつかの指標を確認し，欧米諸国の経験との対比で大まかに示しておく。

　日本は韓国や中国に急速に追い上げられたので脱工業化の過程が短縮せざるを得ないだろう（日本企業の対アジア直接投資の拡大もその過程を促進）。しかし，工業部門が縮小してもまだ重要で，部分的にも競争力を維持しなければならない。一方，脱工業化の段階にサービス産業が経済成長に主導的役割を占めるようになるが，サービス産業は製造業より生産性が低いので脱工業化段階に成長が鈍化せざるを得ない。しかし，日本より脱工業化が進んだ米国の成長が日本を大きく上回ったのはなぜか。日本はサービス産業の生産性が低いと考えられるが，その理由は何か。日本が脱工業化の過程に，世界的に情報通信革命，デジタル革命の進行が重なっていて，この方面への人的資本をはじめ無形資産形成への投資の不足が課題であったと考えられる。

　本章は以上の論点を整理し，日本の現段階の課題を探ってみる。第1節は日本経済の長期的発展過程をレビューし，発展の各段階の特徴を示す。特に現段

階の停滞を分析する。第 2 節は，経済構造の長期変化を分析し，日本の脱工業化過程と生産性の推移を国際比較の視点から分析する。第 3 節は発展段階論からみた日本の経済停滞を 3 つの仮説で解明してみる。最後に結論として本章の分析結果を踏まえて日本経済と再浮揚のための課題は何かを考える。

第 1 節　日本経済の長期的発展過程と現段階

　日本経済は明治時代に入ってから近代化過程が開始し，これまで 7 つの段階に分けられる。第 1 段階は 1868 年から 1880 年代半ばころまで，市場経済の基礎条件（法律，インフラなど）を整備し，近代的工業の発展も始まったが，まだ伝統的工業（醤油，酒，絹など）が主流であった。第 2 段階は 1880 年代半ばから 1913 年ころ（第 1 次世界大戦の直前）まで，Kuznets（1966）のいう近代経済成長（近代科学技術が広範囲に使用され，成長する経済）が本格化した。造船，製鉄，繊維産業などが発展し，特に繊維などの軽工業がイギリスにキャッチアップできた。第 3 段階は両世界大戦・戦間期（1914-1945）に当たり，統制経済，国防・重化学工業化重視経済，昭和恐慌（1929-1930）が特徴づけられる。第 4 段階は戦後復興期（1945-1955）で，4−5 年の混乱を経て，ドッジラインによる経済安定化，朝鮮戦争の特需などで，成長速度が高められ，工業生産が 1955 年に戦前のピークに回復した。

　第 5 段階は高度成長期（1955-1973）で，奇跡的発展の時代である。所得倍増計画（1960-1970）を含めたこの期間に経済が年平均 10％で 20 年間近く成長した。この成果で日本が世界有数の近代的工業国になり，先進国入りを果たすことができた。第 6 段階（1974-1992）は石油ショック，環境問題，急激な円高を克服し，高付加価値，資源・エネルギー節約型産業構造への転換で，年平均 5−6％の安定成長を 20 年近く実現できた。この期間に日本が ODA，海外直接投資（FDI），対外純資産などにおいて世界のトップクラスの地位を占め，経済強国を特徴づけられた。日本が Japan as Number One（Vogel, 1979）など外国の賞賛を受け，21 世紀は日本の世紀との見方が出たのもこの時期である。

　第 7 段階は 1990 年代初頭から現在までの約 30 年間である。1980 年代末に

形成したバブルが 90 年代に入ってから崩壊し，1992 年から経済が停滞し，現在まで年平均 1％しか成長しなかった。この長期的停滞がこれまで主として財政・金融政策に起因すると考えられてきた。まず，停滞をもたらした最初のきっかけはバブルの崩壊であった。バブルが生じた背景に 1986 年 1 月から 89 年 5 月まで日本銀行が数次にわたって公定歩合を引き下げていた。円高対策としてまた日米摩擦の改善を期待した内需拡大策として景気を刺激したためである。低金利と成長への期待が株価と地価を急速に上昇させた。そして 1990 年 1 月からバブルが崩壊し始めた。大蔵省（2001 年から財務省）と日銀の政策変更の影響であったと考えられた。地価の大幅な上昇で住居の確保が困難になった国民の不満が高まったので 1989 年末に大蔵省が証券会社と銀行の活動を規制する通達などが出された。また，90 年 5 月から日本銀行が数回にわたり公定歩合を引き上げたのである。

　バブル崩壊は銀行には不良債権の発生，企業には資産の担保能力の低下をもたらしたので投資の大幅な減少で経済停滞が深刻化した。不良債権の影響への認識が遅れたのでその対応が橋本竜太郎首相（1996-98）まで待たなければならなかった。1998 年 2 月に 2 つの時限立法で金融システムの安定化のために 30 兆円で長期信用銀行 2 行を国有化し，大手 15 行に資金を供給した。しかし，不良債権問題が大きすぎたので，その努力は部分的にしか効果がなかった。本格的な解決は小泉純一郎首相（2001-06）の下でなされたのである。小泉政権は，大手銀行 15 行の不良債権比率を 2002 年 9 月の 8.7％から 2005 年 3 月までに 4.3％へ削減するという数字目標を掲げ，様々な政策手段を講じた。その結果，目標以上の成果を達し，2005 年 3 月に不良債権比率が 2.9％まで低下した（その後，さらに改善し，2008 年 3 月に 1.4％になった）。

　不良債権の問題が解決し，銀行が普通の活動に戻ってきたが，日本経済は依然として停滞が続いた。円高やデフレが進行し，企業の業績が悪化した。名目 GDP は 20 年間（1993-2013）にわたってほとんど増えなかった。日本は 2010 年前後に 3 年間もマイナス成長を経験した。客観的には日本が政治・経済・国際の不利な環境に直面したことも影響されたであろう。小泉政権の後，6 年間で 6 人も首相をつとめ，ねじれ国会もあって，政治的な不安定の期間が長かった。また，2008 年に世界的に金融不安・経済恐慌が発生した。さらに 2011 年

3月に東北地方での津波が甚大な被害をもたらした。しかし，全体として不良債権問題の解決後の経済停滞が続いたことはまだ十分に解明されていない。

　2012年12月に第2次安倍晋三政権が誕生した。アベノミクスはすでに前月に衆議院選挙運動の時から発表された。主要な目標はデフレの脱却，物価の2%上昇，名目GDPの3%成長であった。政策手段は三本の矢（大胆な金融緩和，機動的な財政運営，民間投資を喚起する成長戦略）であった。アベノミクスは円高の大幅な修正，株価の大幅上昇，企業の業績の改善などの効果をもたらし，デフレ脱却・インフレ目標もおおむね達成した。しかし，経済はまだ停滞から脱却できない。コロナの影響でマイナス成長を示した2019と2020年を除いても成長力がおおむね弱かった。次節以降，長期的視点から日本経済の構造的課題を探ってみたい。

第2節　経済構造の長期変化：脱工業化とはどのような現象か

　1990年代に入ってから日本経済が低迷を続けているが，その原因が需要不足だとの見方が支配的である。これによると需要低迷の背景にはバブルの崩壊，金融政策の誤り，不良債権，財政赤字の拡大のほか，税制などの制度的硬直化のため，個人消費や投資が喚起できないということである。短期的視点では日本の経済停滞は需要不足で説明できるだろうが，30年も不況が続いた日本経済を考えると心配すべきは，需要不足よりも潜在成長力が向上されないことである。長期的に投資も停滞したので需要と供給（生産能力）が縮小均衡に向かいつつあり，これからの日本経済にとって重要なのは競争力向上であり，供給能力の強化であると考えられる。この点を掘り下げるために発展段階論からみた現段階の日本経済の特徴を分析する必要がある。

　図1-1は1870年以降の英国，米国と日本の1人当たりGDP（2011年基準，ドル表示）を描いたものである。3つの点を指摘できる。第1に明治維新当初から1940年までの約70年間に日本の発展は英国とほぼ同じ成長速度で成果を示し，両国の所得ギャップが変わらなかった。また，米国の成長速度が日本より高く，日本との所得ギャップが拡大した。第2に，1940年代半ばから50年代半ばまでの終戦前後約10年間に日本と英米とのギャップが拡大した。第3

図 1-1　日本の欧米諸国へのキャッチアップ過程

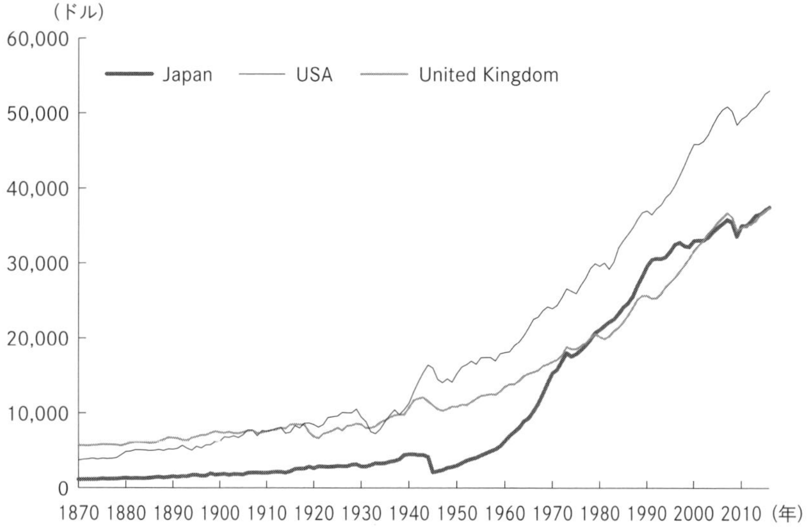

注：実質 1 人当たり GDP（2011 年基準，ドル）
資料：Maddison Project Database（2018）.

　に，1950 年代半ば以降の高度成長期に日本が急速に欧米諸国へキャッチアップできるようになった。高度成長期が終焉した 1970 年代半ばに英国に追いつき，追い上げができたのである。米国への追いつきができなかったが，1990年代初頭までギャップを縮めることができた。しかし，90 年代末から米国とのギャップが再び拡大した。要するに長期的に見て日本が米国を除いた欧米先進国へのキャッチアップを果たすことができたと言える[1]。
　ところで，そのキャッチアップ過程は工業化の進展で実現できたと言える。GDP に占める製造業の割合は 1955 年の 28％から 1970 年に 36％へと上昇した。1970 年前後にピークを迎え，1980 年に 29％，2013 年に 18.5％へと減少してきた。逆に商業・金融・保険・運輸・通信・サービスを中心とする第 3 次産業の GDP 比は 1970 年代以降大幅に上昇してきた（1970 年 53％，1990 年64％，2013 年 74％）[2]。製造業のシェア低下と第 3 次産業のシェア上昇は脱工業化の現象で先進国の共通なトレンドである。図 1-2 は最近の約 30 年間に日本と欧米 4 カ国の製造業の GDP 比率を描いたものである。各国とも製造業の

図 1-2　製造業付加価値割合（%）: 1993-2020 年

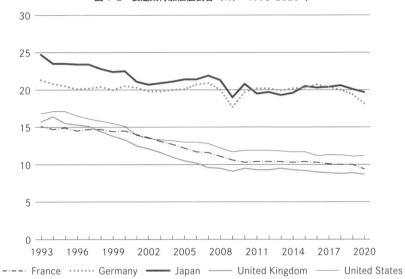

---- France   ‧‧‧‧‧‧‧‧ Germany   ━━ Japan   —— United Kingdom   —— United States

資料：UN Data.

シェアが着実に低下してきたが，米国，フランスと英国の脱工業化が急速に進行した。日本も脱工業化が進行してきているが，ドイツを除いて欧米諸国よりまだレベルが高い。2010 年代末に GDP の製造業比率として日本とドイツは約 20% で，米国，フランスと英国は 10% 前後であった。因みに 1990 年代以前の約 20 年間（1970-1991 年）のトレンドをみると，フランスを除いて各国とも同比率の縮小幅が最近の 30 年間（1991-2020）のそれを上回ったことがわかる。日本の場合，製造業の GDP 比率は 1970 年に 35.5%，1991 年に 27.2%，2020 年の 19.7% であった。最近の 30 年間の縮小幅は 7.5% ポイント，その前の 20 年間のそれは 8.3% ポイントであった。要するに付加価値ベースでは 1970 年代から 1980 年代にかけて先進国の脱工業化が急速に進行した時期で，1990 年代以降も脱工業化が続いていたが，やや緩やかになった。

　雇用者ベースで製造業のシェアをみると 1993-2020 年の期間に各国とも急速な低下傾向が示された（図 1-3）。因みにその前の 20 年間（1970-1991）と比べて，低下幅がかなり大きい。日本の場合，最近の 30 年間の縮小幅は 8.6% ポイント，その前の 20 年間のそれは 2.7% ポイントだけであった。付加価値

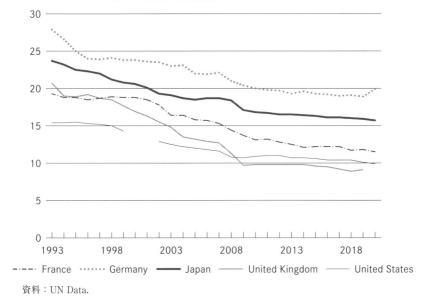

図 1-3　製造業雇用者割合（%）：1993-2020 年

- ‑・‑・‑ France　　…… Germany　　━━ Japan　　── United Kingdom　　── United States

資料：UN Data.

ベースとは逆の傾向である。最近の 30 年間に自動化など省力化が急速に進展した結果であろう。なお，付加価値ベースと同様，日本の製造業の雇用者比率がドイツを除いて欧米諸国より高い。日本は西洋諸国より遅れて工業化を開始したことが反映されたと考えられる。

　さて，労働生産性（雇用者 1 人当たりのドル換算名目付加価値額）をみると，1992－2020 年の期間に米国が断然トップで高かった（図 1-4）。日本とヨーロッパ 3 カ国は低い水準だけでなくずっと停滞で，2010 年前後からやや低下傾向を示した。紙数の制約でここに示さないが，その前の 20 年間（1970-1991）には米国と他の先進 3 カ国（データがなかったドイツを除く）とのギャップも見られた一方，日本もフランス・英国とも最近の 30 年間と違って生産性が着実に上昇していた。

　以上は全産業をみた労働生産性であるが，製造業だけを考察してみると状況がかなり違ってくる。まず，最近の約 30 年間において米国の労働生産性も先進 5 カ国中概ね最高水準であったが，他の先進国とのギャップが比較的に（全産業のケースと比べて）小さい。米国の比較優位は非製造業，特にサービス産

図 1-4　労働生産性（全産業）：1993-2020 年

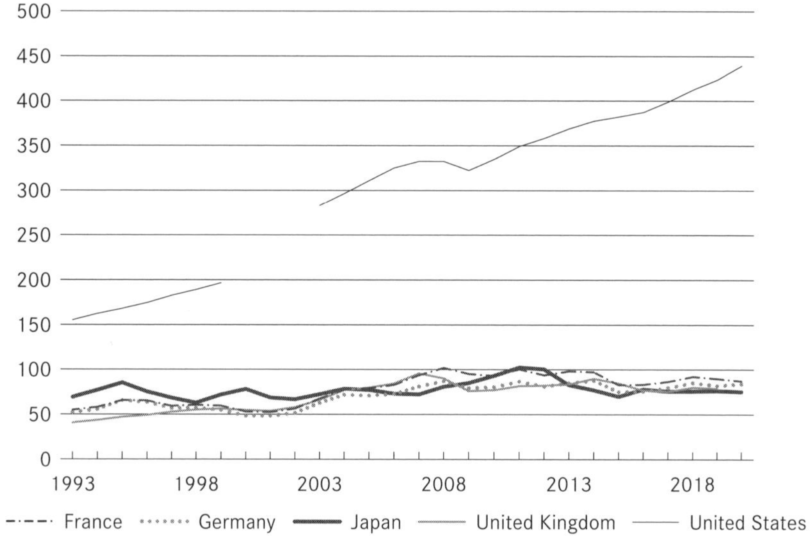
500
450
400
350
300
250
200
150
100
50
0
1993
1998
2003
2008
2013
2018
France
Germany
Japan
United Kingdom
United States

資料：UN Data.

業にあることが示唆されるのである。なお，2013 年頃以降，米国を除いて各国とも生産性が停滞したことも特徴的である。因みに 1970－91 年において各国とも生産性の上昇率が最近の 30 年間よりかなり高かった。特に日本の製造業の生産性が 1980 年代末から 90 年代初頭にかけて米国よりも高かったことが印象的である。ただ，これは急激な円高の時期であったのでドル換算の日本の生産性が膨らんでいたのであろう。

以上の分析結果をまとめると次のようである。第 1 に，日本は 1970 年代以降，脱工業化が進行してきた。最近の 30 年間に雇用者ベースの脱工業化が自動化・省力化で付加価値ベースより急速であった。第 2 に，欧米諸国も同じ現象を示しているが，日本は欧米よりまだ GDP と雇用者数における製造業の割合が高い。日本が後から欧米へのキャッチアップ型工業化を進めてきたことを反映している。第 3 に米国との生産性格差は製造業にもみられるが，第 3 次産業において顕著である。

要するに日本が米国と比べて製造業の生産性も低水準であるが，特にサービスなどの第 3 次産業の生産性格差が歴然である。因みにデータが古いが，

図 1-5　労働生産性（製造業）：1993-2020 年

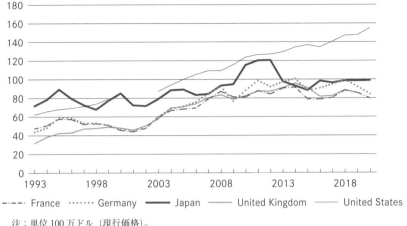

180
160
140
120
100
80
60
40
20
0
1993
1998
2003
2008
2013
2018
France
Germany
Japan
United Kingdom
United States

注：単位 100 万ドル（現行価格）。
資料：UN Data.

McKinsey の調査（2001 年）によると，1999 年に輸出志向工業では日本の生産性が米国より 20％高かったが，雇用者比率は 10％に過ぎなかった。一方，サービスと農業は日本の生産性が米国より 37％も低いが，全雇用の 75％も占めた。

図 1-1 の知見と生産性の考察とを合わせて，日本は英国などへのキャッチアップができたが，米国とはその過程が完了していないといえよう。

第 3 節　発展段階論からみた日本の経済停滞解明と再浮揚の課題

1990 年代以降の日本経済が停滞した現象をどう説明すれば良いか。いくつかの仮説を提示してみよう。

第 1 の仮説は政策的誤りによる競争力への重大な影響を与えたという見方である。

第 1 節でふれたように，主として日本銀行の金利政策の誤り（政策変更・対応が遅れたこと）で不動産や株価などの資産デフレが生じた。不良債権，金融システムの混乱で銀行の貸し出し能力がなくなった。また，円高・為替変動で不確実性が高まり，企業の長期投資を阻害したという見方もある（伊丹，

2019）。しかし，この仮説は不良債権の問題がほぼ解決された 2008 年以降，特にアベノミクスの開始（2012 年）以降の経済停滞を説明できない。

　第 2 の仮説は，日本とアジアとの分業が変化したことである。戦後日本の発展過程を振り返ってみると 1970 年代以降，アジアとのダイナミックな分業を抜きにして日本経済を論じられない。言い換えれば，その分業が質的に変化し，具体的には工業品の生産・輸出においてアジア諸国が日本を追い上げていくプロセスである。しかし，90 年ごろまでのその追い上げは日本経済をより能率的に発展させ，日本の経済大国化に貢献したのに対して 90 年代に入ってからは日本経済の停滞を促進する要因の 1 つになってしまった。なぜであろうか。その要因を明らかにすることができれば日本の産業構造の転換方向に関する戦略も示唆されるであろう。

　1970 年代に韓国や台湾などの新興工業経済（NIEs），80 年代にタイやマレーシアなどの ASEAN 諸国も加わって日本を急速に追い上げてきた。産業分野では繊維などの単純労働集約的産業から家電製品のような熟練労働集約型産業へと日本の比較優位がアジアの追跡を受けて次から次へと失われてきた。しかし，その蔭で日本はより高い付加価値分野，技術集約的産業・省資源型産業への転換を迫られ，結局，自動車，半導体，高級な耐久消費財などへのシフトに成功し，先進国の中で最高な経済成長を維持できたのである。日本とアジアとのそのような分業のダイナミックな展開はアジアでの工業化の雁行型波及の過程であり，日本とアジアとの雁行型分業であった。日本はその分業の成果として経常黒字の拡大，対外直接投資の拡大，世界最大の対外純資産・最大の政府開発援助（ODA）の供与など世界のトップの地位になり，日本が文字通り経済大国になったのが，この時期である。

　ところが，90 年代以降に入ってからアジアの追い上げが日本経済の停滞に重なってしまった。その理由は大きく分けると次の 3 つであろう。

　第 1 に，中国が本格的に登場したのでアジアの追い上げのスケールが格段と大きくなっただけでなく，そのスピードも極めて速い。中国が「世界の工場」として躍進した（世界の工業生産に占める中国のシェアは 1990 年の 2％未満から 2015 年の 20％へ大きく上昇した）が，大国にはみられない異例の外国直接投資への依存度が高いため，工業生産・輸出の拡大テンポが速い。このス

ケールとスピードの追い上げの前に日本企業は対応として中国などへ生産拠点をシフトさせたので中国の追い上げ過程を促進したが，日本国内では産業構造高度化への努力は十分でなかった。①アジアの追い上げ→②日本企業の対外直接投資拡大→③アジアからの製品輸入拡大→④国内の産業構造高度化・産業調整（比較劣位化産業の生産要素から新しい成長産業への転換）→⑤アジアとの新しい分業の展開により成長を維持，といった 80 年代までのパターンが 90 年代に見られなくなって，総じて③の段階に止まったのである。より正確に言うと，④と⑤も展開したが，そのスピードは①，②，③までのそれよりかなり遅くなった。この現象は貿易黒字の縮小（1992 年の 13 兆 8278 億円から 2001 年の 7 兆 1135 億円へと大幅な縮小，そして 2011 年から赤字への転落），工業部門の雇用の縮小（製造業の雇用者数は 1990 年の 1505 万から 2001 年の 1284 万，2019 年の 750 万人へと縮小）などに反映されている。

　第 2 に世界の技術の変化方向が日本にとって不利になった。アナログからデジタルへの変化とインターネットの発展で電子産業の複雑性を低下させ，後発国に追い上げられやすくなった。このため，そのような分野において比較優位が日本から韓国へシフトした。伊丹（2019）はこの点を強調している。対照的に自動車産業において日本は競争力を維持しているが，そのような複雑性のある産業はほかにあまり見られないのである。

　第 3 に前節でみたように，日本経済が本格的に脱工業化の時代を迎えたのでアジアとの分業や国際競争力などを考えるとき工業部門に限定することは無理である。従来日本経済は製造部門が強く，商業・金融・保険・教育・医療などを含むサービス部門が保護・規制などで総じて弱かったが，工業部門のウエイトが急速に低下しただけでなく，第 1 の事情に直面したので，非効率でウエイトが高まったサービス部門を相殺できなくなったのである。これが，90 年代以降の日本経済の深刻な問題の 1 つである。したがって現段階に日本の問題の 1 つは既存のサービス部門を効率化する一方，競争力のある新規サービス産業を創出することである。

　このため，日本とアジアとのダイナミックな雁行型分業は工業部門に限定しなく，第 3 次産業も含むべきである。しかし，指摘されてきた日本の第 3 次産業の生産性が低いので経済全体が衰退した。したがって，第 3 次産業において

技術革新の努力をし，生産性を向上させなければならない。

　第3の仮説は国家ライフサイクルにおける潜在力の低下で日本経済が停滞したとの主張である。Kindleberger（1996）が示した国家のライフサイクル（life cycle）によれば国家は生成，発展・成長，成熟，衰退の過程を辿る。この考え方はVernon（1966）のプロダクトサイクルや人間の生命線と似ているが，国家の場合，理論的に衰退段階の後，新しいサイクルを開始することがあり得る。しかし，歴史的にこれまでそのようなケースがほとんどない。1980年代の衰退から90年代以降の回生を果たした米国は例外かもしれない。

　Kindleberger（1996）によればライフサイクルにおける衰退の要因は制度の硬直化で，新時代への対応ができなくなる。また，既得権益の抵抗，企業の技術開発・投資意欲の欠如，社会全体の活気の欠如などの要因が重なっている。典型的なケースとして19世紀末から衰退した英国で，その背景に社会全体が経営者を軽視し，起業家精神が弱まった。また，第3次産業の競争力も弱く，国際金融拠点がロンドンからニューヨークへシフトした。

　他の要因で経済発展が高度な水準に到達した国はやがて低成長の段階を迎える可能性もある。人口の高齢化や環境の制約のほか，脱工業化の段階に生産性が工業化の時代より低い。しかし，日本は他の主要な先進国より長期的に成長率が低かったのはなぜか[3]。特に米国は1990年代から情報技術（IT），インターネットを中心に技術革新を実現し，最近の30年間に平均して2.5%近く成長してきた（日本は同1%未満）。

　なぜ日本が停滞したか。最近，特に米国と比較して日本は人的資源や無形資産への投資が少なすぎるとの指摘がでてきた（伊丹，2019；宮川，2018）。無形資産はソフトウエア，データベース，研究開発，設計，市場調査，ブランド資産，企業特殊的人的資源（firm-specific human resources）などを含む（Haskel & Westlake, 2018；宮川，2018）。Haskel and Westlake（2018）のデータによれば1990年代の半ばから米国は無形資産への投資が有形資産関連投資より多くなり，また増加しつつあった。英国も2000年代に入ってから無形投資が有形のそれよりも多くなったが，産出額に占める比率として共に低下してきた。一方，宮川（2018）によれば1995-2012年に無形資産投資額のGDP比率として日本（7-8%）は主要先進国の中で一番低い。特に米国（14

-15%）と比べて7-8％ポイントも小さい。人材投資のGDP比率をみると，日本が格段と小さい。

さて，第3の仮説や脱工業化の現象は日本などの成熟先進国の成長を鈍化させることを示唆している。しかし，技術革新や無形資産への積極的投資が経済成長をある程度維持できると言える。工業化が進行した時代と比べて成長率が鈍化せざるを得ないが，停滞を回避し，成長を続けることができるのであろう。約20年前に筆者（トラン，2002）は日本経済の再浮揚戦略として技術導入を中心とした雁行型発展からイノベーションに基づくプロダクトサイクル型発展への転換が必要であると主張した。最近，Hubbard and Kane（2013）は日本が（1980年代まで）成功したのは追い上げ資本主義（catching-up capitalism）または国家資本主義（state capitalism）であったが，今は発展モデルをベンチャー型資本主義（venture capitalism）に転換させる必要があると主張しているが，筆者の見解と同様である。

まとめ：日本経済の現段階の課題

　経済発展段階論から見て日本経済の現段階は脱工業化の進行を特徴づけられている。成熟先進国になったこの段階に経済成長が前の段階と比べて鈍化する傾向があるが，停滞が避けられないわけではない。技術革新の努力により経済成長をある程度維持できるのである。特に情報通信技術，デジタル技術が重要になった現段階に特殊な人的資源をはじめとする無形資産への積極的投資が重要である。この段階に工業部門が縮小してもプロセスイノベーションで既存製品の生産効率化を図り，プロダクトイノベーションで新製品の開発を進めることで競争力を維持できる。またサービス産業が経済成長に主導的役割を占めるようになったのでこの分野におけるイノベーションを一層強化しなければならない。

　日本経済の現段階の課題としてイノベーションにつながる積極的投資で潜在力，サプライサイドを強化することである。日本経済の再浮揚にとって不可欠な戦略であると考えられる[4]。

[注]

1　図1-1には示されていないが、日本がフランスやイタリアなどにもキャッチアップできた。因みに1人当たりGDPを名目為替レートで換算すれば急激な円高のもとで、日本の1人当たりGDPが1987年から米国を上回る水準になったのである。この現象で日本が米国を含む欧米諸国にキャッチアップできたとみる研究者もいる。例えば小浜・渡辺（1996）、12頁。

2　小峰・村田（2014）、99頁。原資料は総理府経済社会総合研究所の国民経済計算データ。

3　1990年から2019年までの年平均成長率を見ると、日本は0.96％と1％未満で、英国2％、フランス1.57％、ドイツ1.49％、米国2.47％よりかなり低かった。

4　原田泰教授も近著で投資・資本ストックの重要性を強調している。つまり、日本の生産性が伸びないのは資本ストックが足りないからであり、1人当たり資本ストックが増えれば実質GDPも増える。また新しい資本には新しい技術が入る（原田、2024、第1章）。要するに投資とイノベーションは相互関連するのである。同感である。われわれも本書で同様な見解を持っている。

[引用文献]

伊丹敬之（2019）『平成の経営』日本経済新聞出版社。

小浜裕久・渡辺真知子（1996）『戦後日本経済の50年―途上国から先進国へ』日本評論社。

小峰隆夫（2019）『平成の経済』日本経済新聞出版社。

小峰隆夫・村田啓子（2014）『最新・第5版日本経済入門』日本評論社。

トラン・ヴァン・トゥ（2002）「雁行型発展からプロダクトサイクル型発展へ転換せよ―日本経済の再浮揚戦略」『日本経済研究センター会報』（9月1日）。

原田泰（2024）『日本人の賃金を上げる唯一の方法』PHP新書。

宮川努（2018）『生産性とは何か―日本経済の活力を問いなおす』筑摩書房。

Haskel J., & Westlake, S. (2018). *Capitalism without Capital: The Rise of the Intangible Economy.* Princeton University Press. （山形浩生訳［2020］『無形資産が経済を支配する―資本のない資本主義の正体』東洋経済新報社。）

Hubbard, G., & Kane, T. (2013). *Balance: The Economics of Great Powers from Ancient Rome to Modern America.* Simon & Schuster. （久保恵美子訳［2019］『なぜ大国は衰退するのか―古代ローマから現代まで』日経BPマーケティング（日本経済新聞出版）。）

Kindleberger, C. P. (1996). *World Economic Primacy 1500-1990,* Oxford University Press. （中島健二訳［2002］『経済大国興亡史 1500-1990（上・下）』岩波書店。）

Kuznets, S. (1966). *Modern Economic Growth: Rate, Structure, and Spread.* Yale University Press.

Maddison Project Database (2018). version 2018. Bolt, J., Inklar, R., de Jong, H., & van Zanden, J. L. (2018). Rebasing 'Maddison': new income comparisons and the shape of long-run economic development. Maddison Project Working Paper, nr. 10. www.ggdc.net/maddison.

Vernon, R. (1966). International Investment and International Trade in the Product Cycle. *Quarterly Journal of Economics,* May.

Vogel, E. F. (1979), *Japan as Number One: Lessons for America.* Harvard University Press.

第2章

米国とドイツの成長要因と日本への示唆
——日本企業の国内投資はなぜ低迷したのか

保倉　裕

はじめに

　「失われた30年」は，今やごく日常的な用語と化している。1990年前後からのほぼ30年間の日本経済の低成長は，それ程に日本の1つの環境となってしまった感がある。

　本章では，この日本の長期にわたる低成長を，同じ先進国である米国およびドイツと比較しながら，その特質を明らかにし，今後の対処策への示唆を提示しようとするものである。

　まず，日本・米国・ドイツのこの30年間の経済成長の状況を，実質GDP総額成長率の変化で比較してみる。実質ベースで，各国の1990年の実額を起点とし，それに対する各年のGDP実額の伸び率を確認すると，2020年は1990年対比，米国97.5％，ドイツ47.9％に対し，日本は23.9％であり，日本の伸び率が相対的に低水準である。

　次にGDPを支出項目別に，最終消費支出，総資本形成，純輸出（輸出－輸入）について上記と同様の手法で3カ国の比較を行った。そこで日本と米国・ドイツとの間に顕著な差異がみられたのが，総資本形成である。2020年の1990年対比伸び率をみると，米国140.6％，ドイツ28.2％に対し，日本は▼11.0％である。これを図として表した図2-1をみると，日本の低迷ぶりがよくわかる。

　総資本形成の主体は，家計・企業・政府に大別され[1]，国別にこれらの構

図2-1　日本・米国・ドイツの総資本形成額の対1990年伸び率推移（実質，%）

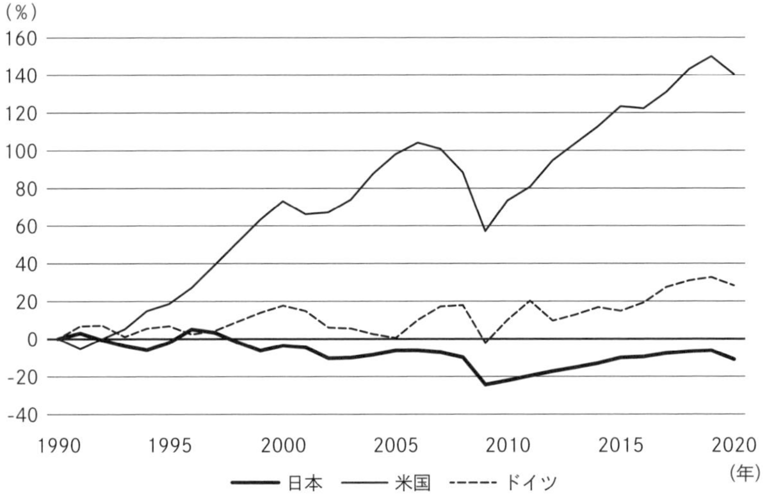

出所：National Accounts Main Aggregates Database より筆者作成。

成比に多少の差異がみられるが，最も大きな構成比を占めるのは企業である[2]。また，日本企業による国内投資の低迷は，日本の低成長の主要な要因の1つとして多くの専門家により指摘されている。したがって，本章では，企業（Corporate）による総固定資本形成（Gross Fixed Capital Formation, 以下GFCF）の内容に焦点を絞り，米国・ドイツと比較しつつ，日本の企業による国内投資が，この30年間低迷してきた背景の検討を進めることとする。

　この国内投資の低迷という状況をもたらした背景については，各論者の立つ視点により多様な見解がみられる。筆者は，それらの見解も踏まえ，以下のような構成をもって検討を進めたいと考える。

　まず，日本企業の国内投資の低迷をもたらした構造を考察すると，それは高度成長期の成功体験を背景に確立された企業自体の体質と，高度成長期以降，特に1980年以降の，経済・社会状況全般の底流となる構造的な趨勢という2つの側面からの「質的」な要因が，この30年間に次々と生じた経済・社会状況の大きな変動に直面した日本企業がそれらに対応する過程で，結果として，国内投資の抑制という「量的」な現象をもたらしたものとして捉えることができる。

　こうした認識から，第1に「質的」な要因の内容を検討することとし，日本企業の持つ企業体質，および1980年以降の経済・社会状況の全般的趨勢について，その特質を明確にする。第2に「量的」な側面の検討に移り，この30年を概ね10年毎に区切り，その各時期の経済を中心とする事象と特質を確認し，その各々の時期に日本企業がどのような対応をし，その具体的対応が「質的」な要因とどのように関連しているのかを，各々の時期ごとに検討する。

第1節　日本企業の持つ「質的」な要因の検討

1．企業体質

　日本の企業は，高度成長期に，特に製造業の分野で大きく発展した。その成功体験は，日本の企業に，以下のような「製造業的」体質を植え付けた。

　まず，製品の技術面・コスト面での競争力について日本は組立型，即ちIntegrated（一貫生産）型の製法・製品に強みがある。

　次に，営業戦略の面では，「良いモノは売れる」という基本認識が浸透・定着し，この認識により，日本企業は既存市場の重視と製品の改良・精緻化の指向を強めることとなる。

　また，経営管理の面では，雇用維持の重視と安定経営の指向が強くみられる。雇用の重視とはいわゆる正社員の雇用重視である。これが，既存業務部門の維持の重視につながり，この帰結として，雇用ニーズの調整弁および労務費圧縮策としての非正規雇用の増加，雇用維持を優先するための賃金抑制，社内バランスを考慮しての重点部門への集中投資の躊躇，といった施策がとられることとなった。さらに，こうした基本方向は，企業全体の安定経営の指向を強め，リスク回避，保険的措置の重視といった経営姿勢に繋がっていった。

　こうした企業の体質は，プロセスイノベーション（Process Innovation）指向を強め，プロダクトイノベーション（Product Innovation）指向の相対的低下につながったと思われる。

2．経済・社会状況全般の底流となる構造的な趨勢

　経済・社会全般の底流となる趨勢のうち，企業の投資に与える影響が大きい

と考えられるものを，ここで確認しておく。

　第 1 は，潜在成長率の低下と少子高齢化の進行である。日本の潜在成長率は 1990−1995 年の時点では米国・ドイツと同水準であったが，1999−2000 年以降，急激な低下を示し，米国・ドイツも低下の傾向をみせるも，日本は両国の水準を大きく下回る状況となった[3]。そして，この潜在成長率低下の主要な要因として挙げられるのが，少子高齢化の進行である。1980 年代後半から出生率の低下が明確になり，生産年齢人口の総人口に占める比率も 2000 年代から減少傾向となった[4]。

　第 2 は，日本の産業構造が第 3 次産業中心に変化したことである。GDP の産業別構成比でみると，この変化は特に 2000 年代から顕著になる[5]。これは，経済全般の傾向として，無形資産の価値の相対的上昇を想定させる。

　第 3 は，対外環境の変化である。日米間では 1980 年代半ば以降，半導体などを巡る通商摩擦が激化した。一方，ほぼ同時期に台湾・韓国が電子機器を中心に製造国として台頭，そして 90 年代になると中国の急成長が始まった。また 1990 年前後からは，マレーシアやタイが高成長を続け，これにインドネシアやベトナムなどが続き ASEAN 諸国が経済発展を遂げた。

　なお，第 4 に付け加えたいのは，1990 年代半ばに開始された日本の低金利である。これは上記の諸状況・環境に対する政府・金融当局の政策対応と考えられるので，ここで「趨勢」の 1 つとして扱うのは適当とは思えないが，企業の投資に関連する経済全般の「環境」として留意しておくべき事項と考える。

　さらに，敢えて第 5 の趨勢として記しておきたいのは，学問的厳密さには馴染まぬが，「時代の空気」である。高度成長期の日本は，「欧米へのキャッチアップ」が経済・社会全般の国家目標として無言のコンセンサスであったと思われる。しかし，エズラ・ヴォーゲルの『ジャパン・アズ・ナンバーワン』が出版されたのが 1979 年，そして 1985 年のプラザ合意を経て，日本はこの目標を達成したかのような或る種の陶酔感を味わい，同時に次なる国家目標を見出せなくなっていったのではあるまいか。

　こうした企業体質と社会・経済の趨勢の下で，企業は 1990 年以降の 30 年の状況に如何に対応したのだろうか。この点を次に考察する。

第 2 節　1990 年以降の 30 年間の経済・社会状況の変化と日本企業の対応

　1990 年以降の日本経済が経験することとなった経済・社会状況の変化は，乱気流の如き振幅の大きなものであった。

　この 30 年間の経済・社会状況の変化の振幅は，ほぼ 10 年単位で 3 つの時期に区分して考察するのが適当ではないかと考える。何故なら，これら 3 つの時期に生じた経済・社会状況の変動が各々特有の性格を持つと考えられるからであり，また米国・ドイツと比較した日本の投資動向関連の数値にも，ほぼ 10 年の区切りで，大きな変化がみられるからである。

　日米独 3 カ国の企業による GFCF の実額の変化を辿ってみると[6]，図 2-2 にみられるように，この 10 年毎に相互の相対関係が変化している。

　1990 年代末に米国が日本・ドイツに優る伸びを示したが，その伸び率の乖離は次の 2000 年代では特に 2006－2008 年の日本・ドイツの伸び率の回復によ

図 2-2　企業（Corporate）による GFCF の対 1995 年伸び率（%）

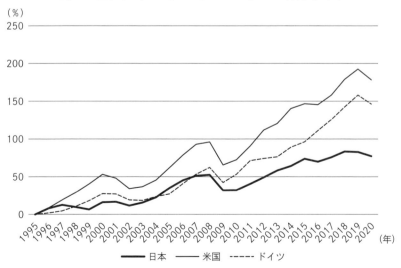

出所：OECD データより筆者作成。

り，拡大することなくほぼ維持された。しかし，2010 年代に入り，米国・ドイツに比べた日本の伸び率の低調さが目立つようになり，2016 年以降の後半では，日本と米国・ドイツとの乖離が拡大したのである。したがって，企業による GFCF という視点で日本の「失われた 30 年」をみるとき，米国・ドイツと比較した低成長が顕著になるのは，リーマン・ショック以降の 2010 年代，特にその後半であることに注目しておきたい。

　次に，これら 10 年毎の各々の期間に発生した経済・社会状況の主な変動を確認しておくこととする。

1．1990－2000 年
(1)　米国・ドイツの状況
　1989 年には東西冷戦の終結が宣言され，1991 年 12 月にはソ連が崩壊した。そうした中，米国経済は，1993 年より好循環に入り，1996－2000 年は拡大期であった。一方，この期間は，製造業から情報関連産業中心に経済構造を大きく変貌させた時期でもあった。1990 年には Microsoft の Windows 3.0 が発売され，1994 年には Amazon が，1998 年には Google が，創業している。しかし，これらの急速な成長は，1999－2000 年のいわゆる「IT バブル」の生成と 2001 年のその崩壊へとつながる。

　ドイツ経済にとっては，この時期は，その後の経済活動の基礎となる体制を整備する期間であった。1990 年 5 月に東西ドイツが統一された。1992 年にマーストリヒト条約調印，1994 年には欧州通貨機構（EMI）が設立され，これが 1998 年の欧州中央銀行（ECB）へと発展する。1999 年 1 月からは，欧州連合の統一通貨「Euro」の外国為替取引が開始されている。

(2)　日本の状況
　1985 年のプラザ合意以降の円高進行のなか，1980 年代末には不動産価格，株価が高騰し，経済はバブル状態となり，そして 1990 年代初頭に崩壊する。その結果，不良債権の増加による金融機関の経営困難が生じ，1997 年には北海道拓殖銀行，三洋証券，山一証券などが相次ぎ破綻した。その後，都市銀行，長期信用銀行などが合併し，東京三菱銀行（三菱 UFJ 銀行の前身），三井

住友銀行，みずほ銀行などが誕生し，経営基盤強化が図られた。さらに1997年4月には消費税が3%から5%へ引き上げられた。一方，この時期，円の対ドル・レートは1990年に1ドル＝144.8円（平均値）から，1995年には1ドル＝94.1円と円高へ，それが1998年には1ドル＝130.9円と円安になり，乱高下した。なお，1995年1月には，阪神・淡路大震災，また1997年7月にはアジア通貨危機が発生している。

(3)　日本企業の投資行動への影響

　この期間の日本企業の投資行動に関しては，多くの視点からの分析がみられるが，次のような要因により投資が抑制された，との見方が主な見解である。

　第1は，需要面からの見方で，バブル期の旺盛な需要の反動から，バブル崩壊後は国内需要自体が減少した。さらに，これに震災，消費税，海外経済の混乱が加わったことから，需要停滞につながった，とみる。

　第2は，企業の投資余力面からの見方で，バブル期に企業は結果的に過剰投資を行ったために，過剰設備を抱え込み，過大な償却負担，過大負債に苦しむこととなった（いわゆる「バランスシート不況」論）。これにより，旺盛な投資を行える財務的体力がなかった，とみる。

　第3は，金融機関の経営体力面からの見方で，バブル崩壊後に金融機関は不良債権処理など，いわば後ろ向きの対応に追われたことから，設備投資などの融資に結果として積極的に対応できなかったことがある，とみる。

　第4に，プラザ合意以降の円高[7]を要因とする見方もみられる。円高を国内経済の活性化に活用できなかったこと，また，円高が製造業の海外直接投資（FDI）を加速させ，これが輸出減少（＝輸出向け国内生産への投資の減少）につながったこと，などを投資抑制の要因とみるのである。

　すなわち，全体観としては，この時期は，バブルの後遺症により，企業が積極投資を行う余裕がなかった期間であったと理解される。

2．2001−2010年

(1)　米国・ドイツの状況

　米国では，2001年にいわゆる「ITバブル」の崩壊，9月には「同時多発テ

ロ」の発生，2003年にはイラク戦争の勃発，と経済・政治両面で波乱が続い
た。しかし，FRB（連邦準備理事会）の金利引き下げによる金融緩和が奏功
し，2003年以降，経済は回復する。しかし，2000年代半ば以降，信用度の低
い借り手に対する住宅ローン，いわゆる「サブプライム・ローン」が増加する
中，これをベースとする証券化商品の投機的取引が破綻し，2007年8月には
パリバ・ショックが，そして2008年9月にはリーマン・ショックが発生し，
100年に一度と形容される世界的金融危機が発生し，経済は大混乱した。

　ドイツも，2003年以降の世界経済の回復やユーロ安などを背景に，輸出の
増加による外需に支えられ経済は順調に拡大した。しかし，上記の世界的な金
融危機の影響から逃れることはできなかった。

(2)　日本の状況

　日本では，2000年代初頭まで金融混乱の影響が続き，2003年にはりそな銀
行への公的資金注入があり，金融を含む多くの経営・事業統合が生じ，産業
再編が進行した。経済全体は，円ドル・レートの安定や中国向け輸出の拡大に
よって，2003−2008年は順調な成長を遂げた。しかし，その後は米国やドイ
ツと同様，上記の世界金融危機の影響を受けた。

　この期間，日本の経済・社会は構造的な変動につながる以下のような状況の
変化に直面することとなる。

　経済の面では，2004年に国際決済銀行（BIS）に関わる「バーゼルⅡ」が合
意され，これにより海外営業拠点を有する預金取扱金融機関は「自己資本比率
を8％以上にする」との国際統一基準に係るリスク計算の精緻化が定められ，
2007年3月末より適用された[8]。また，日本銀行の金融政策では，1999年2月
よりゼロ金利政策が導入され，続いて2001年3月以降には量的緩和政策も開
始され，低金利・金融緩和の政策が常態化していった[9]。

　社会全般の問題としては，少子化の傾向が明確になってくる。2001年には
出生率（人口千人当たり）は9.3（1985年：11.9，2020年：6.8），合計特殊出
生率は1.33（1985年：1.76，2020年：1.33）の水準となった。

(3)　日本企業の投資行動への影響

　日本企業の GFCF は，漸く IT バブル崩壊と金融の混乱の負の影響から脱した 2003−2008 年の時期は増加基調に転じた。しかし，それは長続きせず，2008 年末からの世界金融危機によって外需が急変し，その影響は大きかった。こうした振幅の大きな状況変化のなかで，日本企業の投資に関連する以下のような姿勢の変化が明確になってきた。

　第1に，「安全経営」を優先する経営姿勢を強めたと思われる。

　まず IT バブル崩壊，リーマン・ショックの外的な震源による2つの急激な経済の下降の経験は，ビジネス環境の激変の現実性と恐ろしさを痛感させるものとなった。

　また，金融面での「バーゼルⅡ」の影響は，金融機関にリスク資産の圧縮を選好させ，これは従来の企業と金融機関の関係であったいわゆる「メインバンク制」への信頼を弱めるものとなり，企業に「自衛」の必要性を強く感じさせるものとなった。

　2000 年以降，企業の自己資本比率は大幅に上昇する[10]が，これはこうした経営者の経営姿勢を反映したものと考えられる。

　第2に，株価など株主利益をより一層重視する指向を強めたと思われる。この期間に，株主構成に大きな変化がみられ，1999−2000 年の時点で，外国法人等の割合が上昇し 19％弱の水準となった。他方，金融機関の割合が漸減し 40％を割る水準に低下，2010 年時点では，両者の差はごく僅かとなった[11]。

　第3に，国内市場の将来の成長に確たる展望を描き難いという認識を強めたと思われる。少子化は潜在成長率の低下をもたらす要因と考えられ，それにより国内市場の将来の拡大に期待した投資の実施が抑制されることとなったものと推定される。一方，成長を続けるアジアなどの海外市場を視野に入れた海外直接投資（FDI）は着実に増加し，特に 2006 年以降に増加傾向が明確になる。

　以上の通り，この時期の全体観としては，この時期そのものよりも次の 10 年で企業の投資に抑制的な影響を持つであろうと考えられる要素が出揃い，明確に認識された期間であったと考えられる。

3．2011－2020 年

(1)　米国・ドイツの状況

　米国は，2009 年 6 月を底に 128 カ月といわれる長期の景気回復を続け，それは 2020 年 2 月に終了することとなった。それは，コロナ禍が猛威を振るい出した時期である。

　欧州の 2010 年代当初は，ギリシャ，スペインなど苦しい経済運営の国がみられたが，ドイツは輸出主導で安定した経済運営を行い，この期間は良好な経済状態であった。

(2)　日本の状況

　日本も 2009 年春以降，リーマン・ショックの影響から脱し回復軌道に乗るかにみえたが，その障害となったのが急激な円高の進行であり，さらに，2011 年 3 月 11 日の東日本大震災，同年 10 月のタイの大洪水などによるサプライチェーンの機能麻痺が加わり，景気が持ち直したのは 2012 年末であった。その後は 2014 年 4 月の消費税増税（5%→8%）などの影響もあったが，総じて緩やかな成長が長期に継続した。

(3)　日本企業の投資行動への影響

　日本経済は，2012 年末以降，安定した成長を示したが，それは常に「緩やかな」ものであった。図 2-2 にみられる通り，2011－2012 年の日本と米国・ドイツとの企業による GFCF の伸び率の乖離は，震災などの日本の特殊事情である程度は理解できるが，2016 年以降の乖離の拡大は，日本と米国・ドイツとの間に何らかの構造的な差異が発生していることを示している。この期間に，企業の投資に抑制的な影響を与えたと考えられる要素については，前項で既に述べたが，さらにこの期間で目立った動きを示した事項を，以下に挙げておきたい。

　第 1 に，産業別の競争力に変化が生じたことである。日本の輸出産業の中心であった電機産業大手企業の衰退が目立ち[12]，産業の中心が輸送機器（自動車関連）に移行するようになった。これは，特に情報関連産業の競争力が弱いことを示唆するものと評価されている。

　第2に，経営姿勢に影響を及ぼす株主構成に大きな変化があり，外国法人等の株式保有割合が2013年で30.8%となり，金融機関の26.7%と逆転した。以後，この両者が拮抗する関係は2020年まで変化しなかった。こうした株主構成の趨勢が，企業経営者のROE重視，株価重視，短期業績重視の指向を強めさせる要因となったとみられる。ただし，この事象に関しては，耳目を集める事例のみに拘泥せず，総合的・冷静な分析に基づいて評価すべきものと考える。

　第3に，国内市場の成長性に関連する事項としては，出生率の低下が一段と進み，少子化が明瞭に意識されるようになる。また潜在成長率も2013-2015年では1%前後に回復をみせたが，特に2017年以降，急激な下降を示した[13]。これらは，国内市場の成長性への期待を弱めるものとなった。一方，アジア・北米・欧州に対する海外直接投資（FDI）が2011年以降拡大し，この増加は特に2016年以降，より顕著になった。

　これらの動きをまとめてみると，この時期は，企業の国内投資を抑制させる諸要素が，日本企業の体質と融合し，経済環境として常態化し定着した期間であった，と理解される。

第3節　企業の経営姿勢と産業の競争力

　これまでの考察から，日本の企業と経済・社会全般に存在した「質的」な要素が，投資抑制という「量的」な結果をもたらすのは，大別すれば，2つの要因によるものと集約できる。それは，企業経営者の経営姿勢の問題と個々の企業自体の競争力の問題である。

　ところで，そもそも企業は何故投資をするのであろうか。これには主に2つの誘因があると考えられる。1つは，既存製品の生産・販売量の拡大，製品機能の付加・改良，あるいは製造費用の低減（コスト・ダウン）である。そして，いま1つは，製品機能の飛躍的高度化も含めた新たな製品・事業分野への進出である。すなわち，上述の経営姿勢と企業自体の競争力，そしてこれら2つの投資目的，この組み合わせに基づき，短期・中期・長期の時間軸の下で，個々の投資案件は検討・実施される。こうした認識から，次に，経営姿勢に関

連する具体例として，国内投資との対比で活発さが目立つ海外直接投資に関連する問題を，そして，企業自体の競争力に関連する具体例として，競争力が低下したとされる電機・電子産業など無形資産に関連する産業の問題を採り上げ，これらの要因に関する考察を進めたい。

1．海外直接投資（FDI）に関連する問題

　日本企業のFDIに関しては，安易なコストダウン策との観点から国内投資低迷の一因とみる見解や，海外M&A後の対象企業の円滑を欠く運営の事例をとり上げ日本企業の海外企業に対する評価・運営能力を批判的に視る意見など，総じて厳しい評価がなされているように思われる。しかし筆者は，企業の投資活動は，国内・海外を全体として総合的に捉え，評価すべきではないかと考える。そうした観点から，以下に，日本のFDIの状況に関する考察を行う。

　まず，日本のFDI実績を確認してみると，プラザ合意以降では1990年が1つのピークであり，1990年代後半の金融混乱後，この水準に戻るのが2006年，そしてリーマン・ショック後の2011年以降は明確な増加基調となり，特に2016−2019年は増加が著しい。ちなみに，日本の各年のFDI実績（UNCTADデータ）の対企業GFCF実績（OECDデータ）比率を比較してみると，2000年代半ばの7％前後の水準が2010年代半ばには17％前後と約10ポイント上昇している。この点だけをみれば，FDIの増加分を国内投資に回せば2010年代後半のGFCFが10％程度上がった筈だとの解釈もできよう。しかし，筆者の見解はそれとは異なる。それは，以下の理由による。

　第1に，日本・米国・ドイツのFDI実績の対企業GFCFの比率を比較してみると，日本のFDIの対企業GFCF比率は，1990年前半から2010年までは米国・ドイツの水準を下回っており，ようやく2011年以降米国・ドイツの水準に並んだというのが実状である。したがって，日本の比率が突出している訳ではない。むしろこの20年間での日本のFDIの低水準を問い直すべきかとの解釈も成り立つ。

　第2に，日本が行ったFDIをコストダウン対策としてみる見解が少なくないが，投資先の地域でみると，この見方を余りに重視するのは実態を見誤る危険があると思われる。

日本の FDI は，アジア，北米，欧州で 8 割強を占め，これら 3 地域でほぼ 3 分の 1 ずつという構成となっている。したがって，FDI の目的の内実は，コストダウン，投資先現地市場対応，新規分野進出など多岐にわたるものと理解すべきであろう。

以上より，日本企業の経営姿勢に関しての問題は，投資そのものへの積極性の不足という心理的要素の問題よりは，経営者が国内投資の積極化を躊躇する判断に至る費用対効果の評価プロセスにあったのではないかと考える。

2．無形資産に関連する産業の問題
⑴　日本の半導体産業の衰退

日本の半導体産業は，1980 年代をピークにその競争力が低下したとされるが，その凋落の背景に関しては，識者の多くの見解が示されている。それらは以下に要約できる。

半導体集積回路（IC）を用途からみると，情報記憶用のメモリー IC と計算用のロジック IC に大別される。また，製造者のタイプでは，ロジック IC の場合，回路設計のファブレス企業と製品製造のファウンドリー企業があり，またこの設計・製造両工程を垂直統合的に行う IDM（Integrated Design Manufacturer）もある。

半導体産業は，装置産業であり，規模の経済性が効くことから，市場支配力を確立するには，低コストで大量に供給を行えるコスト・リーダーシップ戦略が有効である。

こうした性格を有する半導体産業での，日本の競争力低下の要因としては，以下が指摘される。

日本が競争力を持っていたのは主にメモリー IC であり，また，製造企業はほとんどが IDM であった。そうした体質の日本の半導体産業は，日米半導体協定（1986 年）により価格決定の自由を奪われ，コスト・リーダーシップ戦略がとれなくなり，収益力を低下させた。

一方，韓国（サムスン電子）はメモリー IC の一種である DRAM でコスト・リーダーシップ戦略をとり，1992 年には世界一の生産量となった。また，台湾は 1980 年代後半以降，半導体製造の一層の規模の経済と機能の専門化が追

求されるなかで，ロジック IC のファウンドリーとして急成長を実現し，1987
年に設立された TSMC が世界一となる。

　こうした状況に，日本は，数量を追わず製品差別化で競争するという対応を
とる。しかし，この方針は，規模の経済の影響が大きい半導体産業では，収益
性の回復には結びつかない。

　そして，この量を追わず差別化戦略を指向する日本の姿勢は，半導体のみな
らず，太陽光パネル，液晶パネルなどの日本発のエレクトロニクス製品が，発
展段階に入るとコスト・リーダーシップ戦略をとる韓国，台湾，中国などに主
導権を奪われるという状況と共通する要因となっている。

(2)　知的財産生産物と情報・通信技術の投資状況

　無形資産に関連する産業に対する日本の投資状況を，無形資産との関連が深
いと推定される知的財産生産物（Intellectual property products，以下 IPP）
および情報・通信技術（Information and communication technology，以下
ICT）に焦点を当てて，米国・ドイツと比較してみた。

　まず IPP の状況をみてみると，GFCF 総額に対する IPP 投資額の比率では，
日本は着実に増加させており，米国には多少及ばぬものの，ドイツよりは一貫
して高い水準にある。日本のこの比率は，特に 2000 年代に入り堅調な伸びが
みられ，2000 年代半ばにはほぼ米国の水準に並ぶ。しかし，2016 年以降は停
滞の状況となっている[14]。

　次に，ICT 投資額の状況を，IPP と同様の方法で比較してみると[15]，様相は
IPP とはやや異なる。日本・米国・ドイツの比率の推移は図 2-3 の通りである。

　ICT 投資額に関しても，実額で米国との乖離が拡大しているが，IPP と異な
り，ICT では対 GFCF 比率で，日本は 1998 年以降，ドイツの水準も下回って
いる。

　これらの数字は，日本の無形資産関連産業の競争力の強化を考えるとき，特
に情報・通信技術に関連する投資の充実が求められていることを示している。

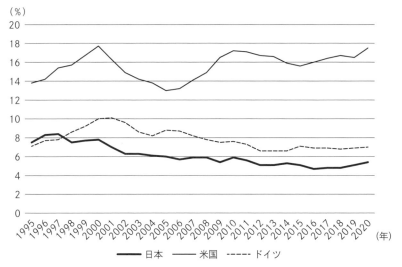

図 2-3　ICT 投資額の対 GFCF 総額の各国比較（％）

出所：OECD データおよび内閣府統計より筆者作成。

第 4 節　米国・ドイツとの比較を通しての日本への示唆

　以上の米国・ドイツとの比較を中心とした考察に基づき，日本企業の国内投資強化に向けての幾つかの示唆を提起したい。

　言うまでもなく投資の主体は主に企業であるが，日本の投資の活発化には政府との協働が必須である。筆者はそうした認識を持って，考察を進める。

　第 1 に提起したい事項は，中長期的な日本経済・社会の方向性についてのコンセンサスの構築である。これは企業経営者と政府が連携して推進し，学界も含め，衆知を集めて取り組むべきことである。個々の企業経営者にとっては，各々の企業の生き残りと繁栄が業務上の使命であり，その観点から個別の投資案件の費用対効果を判断している。投資に対する積極的な経営姿勢や具体的な決断には，企業経営者が投資のリターンについて期待できる展望を持っていることが前提となる。したがって，企業経営者に積極的な投資の実行を求めるには，企業経営者に積極的な展望（Positive Perspective）を感じさせる中長期

的な日本経済・社会の方向性の提示が必要なのである。

　この方向性には，次のような内容を望みたい。1つは，「日本は今や他国を『追う立場』にいる」という冷静な認識を示すことである。これはいたずらに危機感をあおる意図からではない。自らの立っている位置を客観的に認識すべきだということである。そしていま1つは，「明るい展望」を示すことであり，それには4つの要素が含まれることが望ましい。すなわち，①明確な具体性を備えたコンセプトを持っていること，②潜在成長率の上昇につながると感じられること，③将来の財政状況への信頼性を感じさせること，そして，これが最も重要と思われるが，④その方向性が企業にビジネス・チャンス（事業機会）をもたらす可能性を感じさせること，である。こう考えると，近時，活発な議論を呼んでいるグリーン・トランスフォーメーション（GX）などは，新たな「時代の空気」を醸成する有力な「方向性」の候補ではないかと感じられる。

　第2に，上述の方向性の提示を前提として，企業には以下の事項を提起したい。

　まず，全般的な経営姿勢に関しては，①企業経営の基本スタンスとしては，組織内の既存のバランスと安定よりも，企業の成長への寄与を重視すること，および，②企業の競争力における規模の経済（即ちコスト・リーダーシップ戦略）の有用性を再評価すること，を求めたい。

　また，企業の競争力を強化する具体的措置としては，次の諸事項を希望したい。すなわち，開発案件の，①特質としてのProduct Innovation案件の重視，②分野としての情報・通信技術の重視，③提携相手としてのベンチャー企業・海外企業の重要性の認識，④必要設備対応としての設置・稼働までの迅速さの重要性の認識，である。

　第3に，再び，企業経営者と政府とで連携して進めることが望ましいと考える事項を2点挙げておく。その1つは，新たな開発・投資への挑戦を促すインフラとして，投資に対する保険的な機能を備えたリスク・テーク・システムの充実が望まれることである。なお，これは投資に対するモラル・ハザードを招かぬよう適切な配慮が必要なことは言うまでもない。そして，いま1つは，特に情報・通信技術関連を念頭に置いた人的資源の質量両面での強化である。

　近時，歴史の永い大企業でも，大胆な事業構造変革による顕著な業績改善と成長が高く評価される事例が出てきており，既に企業経営者の判断基準に大きな変化が生じつつあるものと推測される。

　こうした日本企業の新たな経営姿勢による運営と技術開発の展開が，現下の流動的な国際情勢のなかで，日本に強いソフトパワーをもたらすことを願い，日本企業の投資の活性化を期待したい。

［注］
1　総資本形成は，総固定資本形成と在庫変動からなっている。日本の内閣府の統計では，総固定資本形成・在庫変動の各々を民間（法人企業，家計）・公的（公的企業，一般政府）と類別している。一方，OECD など欧米の統計では，総固定資本形成（Gross Fixed Capital Formation, GFCF）の構成部門として家計（Household），企業（Corporate），一般政府（General government）の 3 つに分け，各々の構成比を発表している。

2　2020 年実績では，GFCF の企業の構成比は，日本 67.2%，米国 51.4%，ドイツ 57.2%。

3　1990－1995 年平均の潜在成長率は，日本 2.7%，米国 2.8%，ドイツ 2.9%。これが 2006－2011 年平均では日本（2006－2012 年）0.4%，米国 1.9%，ドイツ 1.1% となる（経済産業省（2016）『通商白書』）。その後もこの相対関係に大きな変化はみられない。

4　出生率は，1980 年から減少に転じ（1979 年：14.2（人口千人当たり，以下同様）→ 1980 年：13.6），1990 年：10.0，2000 年：9.5，2010 年：8.5，2015 年：8.0，2020 年：6.8 と急激に下降する。また生産年齢人口の総人口に対する比率も，1990 年：69.5%，2000 年：67.9%，2010 年：63.3%，2020 年：59.3% と 2010 年代以降に低下が目立ってくる（総務省「国勢調査」）。

5　第 3 次産業の GDP 構成比は，1980－1990 年では 60% 前後であったが，2000 年では 68.5%，2010 年には 73.4% に上昇，これ以降，ほぼこの水準が維持されている。

6　OECD データの 1990 年以降の GFCF 実数値（名目）に，同じく OECD データの Corporate の対 GFCF 比率を掛けて算出した各年の数値を，1995 年の数値を基準として，伸び率として示した。1995 年を基準としたのは，OECD データで Corporate の対 GFCF 比率のデータがドイツについては 1995 年分以降で示されていることによる。

7　円の対ドル・レート（年平均）は，1984/1985/1986/1987 年で 1 ドル＝ 237.5/238.5/168.5/144.6 円（IMF）。

8　「バーゼルⅡ」は，2007 年夏以降の金融危機を契機に，内容の一層の厳格化・精緻化が検討され，2017 年には「バーゼルⅢ」が最終合意される。

9　日本銀行の量的緩和政策は，2001 年の導入後，2006 年に解除される。しかし 2010 年には「包括的な金融緩和政策」の下で資産の買い入れが行われるようになり，その後，2013 年の「量的・質的金融緩和」，2016 年の「マイナス金利付き量的・質的金融緩和」へと進んでゆくこととなる。

10　自己資本比率は，1999 年まではほぼ 19% 程度で安定していたものが 2000 年から急上昇を始め，2010 年では 35% の水準となり，2010 年代半ばには 40% 超となる。

11　1998/1999/2000 年でみると，外国法人等が 14.1/18.6/18.8% と増加，一方，金融機関は 41.0/36.5/39.1% と減少。また 2010 年では，外国法人等 26.7%，金融機関 29.7% である（東京・名古屋・福岡・札幌証券取引所（2022）「投資部門別株式保有比率の推移（長期データ）」『2021 年度株式分布状況調査の調査結果について』）。

12　三洋電機が 2011 年にパナソニックの子会社化，2012 年のエルピーダメモリー（半導体メーカー）の破綻，シャープの経営困難と 2016 年の台湾・鴻海による買収，などが発生。

13　日本の潜在成長率は，2017 年 2−3Q（以下，各年同様）で 0.52％，2018 年 0.25％，2019 年 0.13％，2020 年 0.13％（日本銀行（2023）『需給ギャップと潜在成長率』分析データ）。

14　日本の IPP 構成比は，1990 年：10.2％，2000 年：16.2％，2010 年：23.4％，2020 年：21.6％。米国は日本より 4％前後上回り，ドイツは 5％程度下回る水準で推移。

15　OECD データには，日本の ITC の構成比率が記載されていないことから，内閣府統計の「形態別の総固定資本形成」の資産分類のうちの情報通信機器の金額を総額で割って比率を算出し，各年の構成比として使用することとした。したがって，データの出所の統一性はない。

[参考文献]

伊丹敬之（2019）『平成の経営』日本経済新聞出版社。

長内厚（2023）「日本の半導体産業の凋落と復権のための要件」『学士會会報』No. 959。

河野龍太郎（2022）『成長の臨界―「飽和資本主義」はどこへ向かうのか』慶応義塾大学出版会。

ギャロウェイ，スコット著／渡会圭子訳（2018）『GAFA　四騎士が創り変えた世界』東洋経済新報社。

小島明（2013）『「日本経済」はどこへ行くのか 1　危機の二〇年』平凡社。

小林慶一郎（2023）「日本経済「停滞の三十年」から持続的な発展への展望」『学士會会報』No. 962。

島田晴雄（1997）『日本再浮上の構想』東洋経済新報社。

田中賢治（2019）「堅調な企業収益と低調な設備投資のパズル」『経済分析』第 200 号，内閣府経済社会総合研究所。

田中賢治（2020）「日本企業の設備投資不振の要因分析―成長期待，不確実性，失敗経験の影響―」埼玉大学大学院人文社会科学研究科。

野口悠紀雄（2023）『どうすれば日本経済は復活できるのか』SB 新書 635。

原田泰・飯田泰之編著（2023）『高圧経済とは何か』金融財政事情研究会。

Arsov, I. & Watson, B. (2019). Potential Growth in Advanced Economies. *Bulletin*, December 2019. Reserve Bank of Australia.

[参照統計]

経済産業省『通商白書』各年版。

総務省（2022）『国勢調査』。

東京・名古屋・福岡・札幌証券取引所（2022）「投資部門別株式保有比率の推移（長期データ）」『2021 年度株式分布状況調査の調査結果について』）。

内閣府『国民経済計算（GDP 統計）』各年版。

内閣府『世界経済の潮流』各年版。

日本銀行（2023）『需給ギャップと潜在成長率』。

日本貿易振興機構（ジェトロ）（2023）『直接投資統計』。

OECD (2023). *Data*.

UN Statistics Division (2023). *National Accounts Main Aggregates Database*.

UNCTAD (2022). *Handbook of Statistics*.

第3章

日本の国際競争力の変化
——企業の R&D 投資と競争力の関係

苅込俊二

はじめに

バブル崩壊後の日本経済の長期的停滞は「失われた 20 年（あるいは 30 年)」と呼ばれる。1990 年代の銀行の不良債権問題や企業のバランスシート毀損といったバブルの負の遺産は 2000 年代にほぼ解消した。そして，安倍政権が発足した 2012 年以後，これまでとは次元の違う金融緩和等を実施し，経済浮揚を試みたが，日本経済はバブル崩壊前の勢いを取り戻せてはいない。

日本経済が成長力を取り戻せないのはなぜか。長引く経済不振の一因として日本の国際競争力低下が指摘される。スイスのビジネススクール，IMD（国際経営開発研究所）が発表した 2023 年の「世界競争力ランキング」で日本は 64 カ国中 35 位となり，1989 年から 4 年連続して 1 位だった面影はもはやない。

企業における競争力向上の生命線と言えるのが研究開発（R&D）活動である。R&D 投資を通じて生み出される新技術や新しいビジネス手法は，生産性の向上や収益性の拡大などに寄与するとみられるからだ。この点は多くの先行研究からも確認できる。

例えば，Griliches（1986, 1998），Cohen and Klepper（1996）などは米国企業を対象として R&D 支出と企業業績の間に強い相関関係があることを示したほか，Goto and Suzuki（1989）は，日本企業の R&D 収益率を産業別に推計した結果，医薬品，自動車などのセクターで高い収益がもたらされたことを示した。特に，1970 年代の R&D 投資は産業全体の生産性向上に大きく寄与した

としている。

　また，R&D 活動を生産性向上につなげていく上で，資本や労働といった経営資源が効率的に再配分されるメカニズム構築も必要と言える。こうした観点から，Baily et al.（1992），Foster et al.（2001）などは，画期的な技術や洗練されたビジネスモデルを有する企業が市場に参入したり，技術の陳腐化によって競争力を失った企業が市場から退出する，いわゆる企業の新陳代謝を通じて経済全体の生産性が高まることを実証している。

　企業における競争力の源泉たる R&D 活動がいかに新技術や革新的システムを生み出し，企業のパフォーマンスを向上させるのか。これは，日本経済の先行きを展望する上で，欠かせない視点といえる。本章では，日本企業の R&D の動向をサーベイし，日本企業が抱える問題点を抽出，それらを基に日本の成長力を高める課題，方策は何かを探る。

第 1 節　日本の R&D 投資の現状と問題点

1．日本の R&D 投資は世界トップレベル水準にあるが，成果は地盤沈下傾向

　企業競争力を強化する取り組みである R&D 活動において，日本は主要先進国の中でも高い水準を保っている。

　日本の R&D 支出額（2021 年）は，米国，中国に次ぐ第 3 位である。もっとも，米国と中国は近年，支出額を大きく増加させる一方，日本は微増であり，その差は広がっている。現在，日本の R&D 支出額は米国の 4 分の 1，中国の 3 分の 1 にとどまる。また，R&D 支出額の対 GDP 比をみると，日本は 1990 年代に世界でトップだったが，2010 年に韓国，2020 年には米国に追い越された（図 3-1）。

　日本の R&D 支出を研究主体別にみると，2021 年度は企業が 14.2 兆円，大学が 3.8 兆円，公的機関が 1.5 兆円，非営利団体が 0.2 兆円である。すなわち，R&D 投資の主体は企業である（支出額全体に占めるシェアは 72.1％）。日本企業の R&D 投資額は GDP 比でみると，2021 年は 2.58％と米国（2.68％）とほぼ同規模にあり，ドイツ（2.09％），英国（2.07％）といった他の先進国と比べて水準が高い。これを企業規模別にみると，大企業が占める割合が高く，上

図 3-1　主要国の R&D 支出額の対 GDP 比率

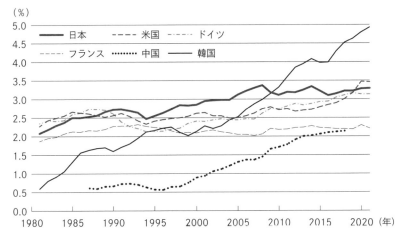

注：1990 年以前の中国および韓国の値は未公表。
資料：OECD, Main Science and Technology Indicators.

表 3-1　日本の R&D 投資額上位 10 社

2010 年		R&D 投資額 （億円）	割合 （%）	2020 年		R&D 投資額 （億円）	割合 （%）
1	トヨタ自動車	7,303	6.1%	1	トヨタ自動車	10,904	7.9%
2	パナソニック	5,278	4.4%	2	本田技研工業	7,800	5.6%
3	本田技研工業	4,876	4.1%	3	ソニー	5,252	3.8%
4	ソニー	4,268	3.6%	4	日産自動車	5,035	3.6%
5	日産自動車	3,993	3.3%	5	デンソー	4,920	3.5%
6	日立製作所	3,952	3.3%	6	武田薬品工業	4,558	3.3%
7	東芝	3,188	2.7%	7	パナソニック	4,198	3.0%
8	キヤノン	3,158	2.6%	8	日立製作所	2,935	2.1%
9	デンソー	2,901	2.4%	9	キヤノン	2,723	2.0%
10	武田薬品工業	2,889	2.4%	10	NTT	2,326	1.7%
	上位 10 社合計	41,806	34.8%		上位 10 社合計	50,651	36.5%
	総合計	120,100	100%		総合計	138,608	100%

注：上場企業の研究開発費は連結値のため海外子会社を含めた研究開発費，全体の研究開発費は各
　　国の国内研究費のため海外で行った研究を含まない。
資料：科学技術・学術政策研究所「科学技術指標」。

位 100 社で R&D 投資額全体の 77％を占める。このうち，上位 10 社だけで全体の 36.5％（2020 年）を占めている（表 3-1）。

　また，産業別にみた支出状況では，輸送用機械器具が 3.7 兆円と突出しているが，これに医薬品（1.4 兆円），電子部品・デバイス（1.1 兆円）と続く。これら 3 業種だけで全体の約半数を占めている。こうしてみるに，日本の R&D 活動は大企業を中心とする一部企業が集中的に行っている姿がうかがえる。日本における産学官の資金の流れをみると，企業等の R&D 資金は 98.4％を自己負担している。日本企業は R&D 資金を自前で調達し，海外や政府からほとんど頼っていない。

　R&D 活動は，基礎研究，応用研究，開発研究と分類される。これについて，企業部門の内訳をみると，基礎研究が 7.5％，応用研究が 16.1％，開発研究が 76.4％と，応用・開発研究が占める割合が大勢だ。研究開発，製品開発において科学的な知見の活用が重要性を増す中で，基礎研究への投資は増加傾向にあるものの，企業の競争力強化のためには大学や公的部門との連携強化などを行っていくことが求められていると言えるだろう。

　では，研究開発による成果（アウトプット）はどうだろうか。

　研究力を測る主要な物差しである論文指標をみると，国際的な地位が低下している。欧米諸国及び中国では，論文の数並びに被引用数が上位の論文数，さらにそれらに占める国際共著の割合が増加傾向であるのに対し，日本では国際共著論文数は増加しているが，国内論文数が減少している[1]。そして，他の論文から引用される頻度の高い論文（被引用数上位論文）数をみると，日本は「上位 10％論文数」が 2000 年[2]は 4 位（全体に占めるシェアは 7.3％）だったが，2020 年は 12 位（シェアは 3.8％）まで順位を落とした。分野別にみると，日本は物理学，臨床医学，化学のシェアが高く，計算機，工学，環境・地球科学が低い。一方，中国と韓国では，材料科学，化学，工学のシェアが高い。

　論文指標では地位低下がみられる一方，特許申請数は存在感を示している。国際比較に有用なパテントファミリー数[3]のシェアを見ると，米国と日本の順位は 1990 年代後半に入れ替わり，2000 年代は日本が第 1 位を維持している。ただし，2000 年代中頃からシェアはやや減少傾向にある。申請分野の内容をみると，電気工学，一般機器，機械工学が高いシェアを有する一方，バイオ・

医薬品，医療機器，情報通信技術のシェアは低い。

　また，特許申請件数に比べると商標の出願は少ない。100万人当たりの商標出願数（2022年）をみると日本は31.7件と，米国（77.4件），中国（123.6件），韓国（103.9件）と比べ低位にとどまる。このことは，日本が特許を申請できるだけの技術力は有するも，それら技術を新しい製品，サービスの形で提供することが十分でないことを示唆するものである。

　このように，日本におけるR&D投資の成果は引用される重要論文の割合低下にみられるように地盤沈下している。特に，情報通信，バイオ，ナノテクといった先端分野において欧米諸国及び中国に見劣る傾向が窺がわれる。こうした戦略的に重要な分野で技術的に他国に後れを取ってしまうことは，日本経済の将来的な成長力を制約する，大きな懸念材料だと言えるだろう。

２．日本はR&Dは投資効率が低い

　日本のR&D投資は主要国の中で高い水準にあり，科学技術力も地盤沈下がみられるも高いレベルを維持していることは間違いない。ただ，こうしたR&D活動が本来，技術力ある製品を生み出すなど，生産性の向上に結びついていくことが重要である。しかし，1990年代以降の日本ではR&D投資のGDP比率は高まる一方で，全要素生産性の伸びは低下している。このことは，R&D投資の規模に見合う生産性の向上がなされない，換言すれば，多額のR&D投資や高い技術力が必ずしも企業収益に結びついていないことを示唆している。

　R&D活動と企業パフォーマンスとの関係をみるために，付加価値をR&D投資規模で相対化することで，R&Dの効率性を示す指標を作成した。ここで留意すべきは，R&D投資を行ってから成果が表れるためにはラグがあることである。また，企業業績のうち，R&Dの成果部分だけを抽出することは困難である。このため，先行研究では一定の仮定のもとにR&D効率を計測している。例えば，内閣府（2005）は，5年間の営業利益（あるいは付加価値）累積額を，その前に実施された5年間のR&D投資累積額で除すことで，R&D効率を定義している。本章では，内閣府の手法にならい，R&D効率を計測した（図3-2）。

図 3-2　日本，ドイツ，米国の R&D 効率

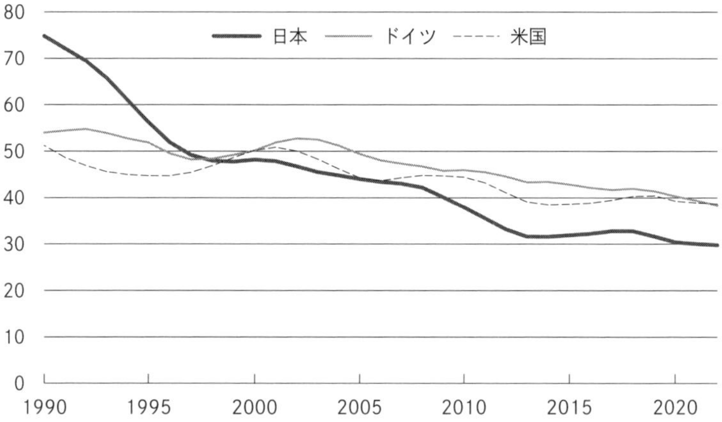

注：企業の付加価値（5 年間累計額）に対して，その 5 年前の R&D 投資（累計額）
　　を除して算出。
資料：OECD, OECD Main Science and Technology Indicators.

　日本における R&D 効率の動きをみると，1990 年代初頭は高い倍率を示して
いたにもかかわらず，2000 年代に入るとドイツ，米国を下回り，さらに 2010
年後半は 30 倍台の低位で推移している。他方，ドイツ，米国も長期的なトレ
ンドとして低下傾向を示すも，低下幅は日本ほどではない。

　また，内閣府（2005）が行った企業における R&D 支出額と営業利益の関
係[4]をみると，日本は諸外国に比べて R&D 支出額が大きいにもかかわらず営業
利益が低く，とりわけ製造業よりも非製造業部門において R&D 効率が低いこ
とが示されている。では，日本企業の R&D 効率が低下してしまい，低位にと
どまっているのはなぜか。その理由として，以下のような点が指摘できよう。

(1)　低収益分野に投資が集中

　まず，日本企業の R&D 投資は収益率の低い産業や分野で投入されがちであ
る。

　総務省「科学技術研究調査報告」では毎年，R&D 投資に関して業種別の
データを公表している。そこで，売上高に占める営業利益の割合（収益率）を
業種別に計測した。なお，同調査報告では，営業利益は 2014 年以後，発表さ

れなくなったため，2013 年までのデータを基に分析した[5]。

　収益率を計測した結果，全産業（除く金融）では 3.1%，製造業平均が 3.3%
であった。他方，R&D 投資額が大きい業種の収益率（営業利益／売上高）をみ
ると，輸送用機械器具が 1.9%，医薬品が 13.5%，電子部品・デバイスが 1.5%，
電気機械が 3.3% となり，医薬品を除くと収益率は高くない。このことは，日本
の R&D 投資が収益率の低い産業や分野に投入されがちであったことを示して
いる。そして，輸送用機械，電子・電機産業は，日本経済において中核をなす
産業であることから，これら業種で多額の R&D 投資を行っても高い収益を生
み出せなかったことが日本経済を低迷させる要因となった可能性がある。

(2)　日本の技術の価値が低下

　第2に，日本の持つ技術価値が世界的に評価されなくなった可能性がある。
　日本企業が他国で生み出せない優れた技術を開発しても，その価値が世界に
認められなければ何にもならない。実際，2000 年代の動向を振り返ると，技
術や品質が優れていることは必ずしも製品競争力に直結しなくなったことがわ
かる。この時期は，欧米諸国が製品のモジュール化や新興国も巻き込んだ製造
モデルを構築したことで，携帯電話をはじめとするデジタル製品の海外市場に
おける日本企業のシェアが大きく低下した。日本は従来，カイゼン（改善）に
代表されるプロセス・イノベーションを得意としてきたが，デジタル化の進展
に伴うモジュール化はプロセス・イノベーションの余地を小さくし，日本の技
術的価値を低下させた。
　日本企業の R&D 投資の中身について，Nagaoka and Walsh（2009）によれ
ば，6 割を超える企業が既存事業強化を重視している。一方で，米国企業では
その割合が半分以下となっており，新技術の開拓など技術基盤強化を重視する
傾向が窺われる（図 3-3）。日本企業は，より高品質の製品を生み出すために，
既存事業の強化に R&D 投資を行ってきたが，世界的な環境変化の中で，それ
らは結果的に競争力を有しない製品開発への投資となった。すなわち，日本企
業は，クリステンセンの言う「イノベーションのジレンマ」に陥った可能性が
ある。
　日本企業が海外市場を取り込めていない原因は，日本の技術的価値が低下し

図 3-3　日本・米企業の R&D 投資の目的

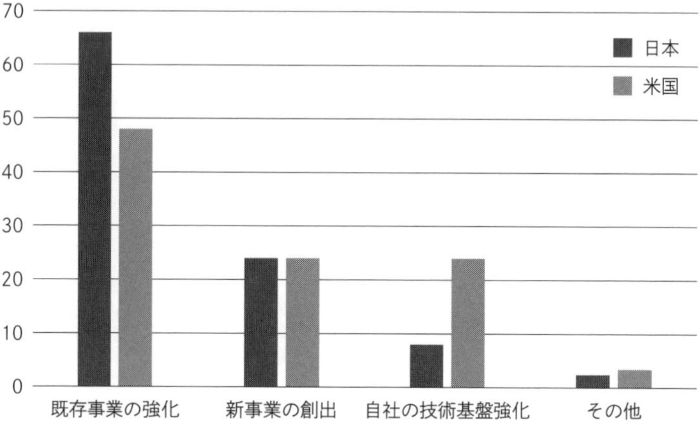

資料：Nagaoka and Walsh（2009）に基づき作成。

たことばかりが原因とは言えない。むしろ，高品質の製品を生み出す技術力を日本企業は依然として有するが，日本製品が海外の消費者のニーズに合致しなくなったことが問題と言える。他国ブランドが市場ごとのニーズを見極めて製品開発を行うのに対し，日本企業は「良いモノであれば売れる」との過去の成功体験もあり，「日本市場で売れたものは海外でも売れる」との考えのもとで製品開発を行っていた。

　日本企業にとっては，高所得国で1億人規模の日本市場が主戦場であった。このため，まず国内で激しい市場競争を強いられた。例えば，BS デジタル放送の開始時（2000 年）には，シャープ，ソニー，東芝，パイオニア，日立，松下，三菱電機，JVC の 8 社がデジタル放送対応テレビを自社生産し，シェア獲得に向けた競争を繰り広げた[6]。こうして，特異なまでに高性能化された製品は「ガラパゴス製品」と揶揄されるように，日本では競争力を有するも，海外では消費者のニーズに合致しない，競争力のない商品となってしまった。

第2節　R&D 投資に基づく競争力強化に向けた課題

　現在，日本は，今後の成長分野と言われる AI（人工知能）や再生可能エネ

ルギー，EV（電気自動車）などで諸外国の後塵を拝している。たしかに，米国や中国に比べれば投資規模で差が開いてしまったが，研究開発力は依然として高い水準にある。問題は，それを活かしきれていないことにある。日本企業に必要なことは，R&D 活動そのもの以上に R&D による成果をいかに企業業績（収益）に結びつられるかにある。では，どのような点が課題と言えるだろうか。

1. 大企業を中心とする「自前主義」からの脱却

　先に見た通り，日本の R&D 活動は自動車や電機・電子部門の大手製造業が中心である。そして，日本企業は自社内での技術開発を重視する「自前主義」の傾向が強い。日本企業の新規事業創出は，海外拠点を含めた自社研究所でその大宗が行われていることが多い。そこでは，他社技術の導入についてはパーツや部材として利用するも，第三者が開発した技術を自らのものとする動きはなされてこなかった。他方，米国企業は，自社の技術戦略上必要と判断した技術やライセンスなどを買収や企業提携に形で取得する。こうした傾向は情報通信分野で顕著であった[7]。

　また，日本企業は 1980 年代までの成功体験もあり，大企業を中心に自己の技術に自信を持っていたが故に，自前技術を先鋭化させることが競争力につながるという，いわば「技術発」の視点が強かった。このため，日本企業はデジタル化などの大きな潮流変化に対して，自らを適応させようとする意識が欠けてしまい，環境変化への対応で遅れてしまった。

　内閣府（2015）によれば，自社内で開発を進めるも事業化に至らなかった技術やアイデアは，「検討の継続や他の組織で活用されることは少なく，そのまま消滅してしまうことが多い」とのアンケート結果が示されている[8]。このような例にみられる通り，自前主義の傾向が R&D 投資の成果を有効に活用できない背景となっており，自社の R&D 部門だけに閉じるのではなく，経営的な視点を持ち合わせて，R&D の効率性を高める姿勢が求められる。

　また，多くの企業が，R&D 活動が成果に結びつかない理由として，研究・開発人材の量的不足，質的不十分さを挙げている。こうした人材が質・量ともに低下しているにもかかわらず，日本企業は人材不足を補うオープンな研

究体制の構築ができていない。画期的なイノベーションを生み出すためには，多様な視点から物事をみたり考えたりする必要がある。そうした点では日本国内という視点は狭いものとなっており，R&D活動におけるグローバル化が重要と言えるだろう。

2．高い技術力を製品や企業収益に繋げる技術経営の実践

　第2に，高い技術力を製品や企業収益に繋げる経営（MOT：Management of Technology）を実践できるかが重要である。

　企業は一般的に，R&Dによる新技術の創出が起点となり，それ（シーズ）を製品化するプロセス，すなわち設備投資を経て，生産，販売に至り，最終的に売り上げや利益に結びつけていく。こうして得られた収益を基に次なるステージのR&Dに投入して，新たな技術が開発される，といった具合にビジネスサイクルがポジティブに回っていくならば，効率よくR&D活動が行われているとみなせる。つまり，企業としてどれだけ高い技術力を持っていたとしても製品化や事業化につながらなければ，経済的価値を高めることはできない。そこで，自社が持つ技術力を戦略的に活用し，経済的価値の向上を図るMOTの考え方が必要となってくる。

　日本の場合，1990年代までは最新の技術やアイデアなどを欧米諸国から取り入れ，それを徹底的な生産合理化によって製品開発していく，いわゆるキャッチ・アップ型で発展を遂げた時代にはMOTの視点はさほど必要とされなかった。しかし，新興国の追い上げを受けてキャッチ・アップされる側になり，自らの技術をいかに企業収益に結びつけていくかが求められるようになると，MOTの重要性がより高まる。

　MOTのポイントは自社が持つ重要な技術を活かした戦略目標を立てることである。「自社にとっての中核技術」を明確にし，技術戦略目標が確立されれば，R&Dの方向性が定まり，R&Dにかける時間の短縮化やコストダウンを実現できるだろう。また，自社の持つ技術を集約しプラットフォーム化することで，事業間の技術を組み合わせる横断的な技術開発も可能となる。従来，日本では自社の持つ独自技術を起点とする製品開発が行われがちだったが，今後は「顧客に選ばれる製品」となるために，顧客ニーズに合致した製品開発，い

わゆるマーケットインの発想がより求められよう。

　さらに，自らが開発した技術の価値を高めるという観点からは，国際標準化に対する戦略的な取り組みも必要である。WTO（国際貿易機関）は加盟国に対し，政府調達基準を作成する際，国際規格を基礎とするよう義務付けている。そのため，国際規格の設定段階で主導権を握るならば，自国の技術や規格が市場で受け入れられやすい環境となるだろう。しかし，2000年代初頭まで日本は国際標準化への意識が希薄であった。当時，欧米諸国がこれを主導していたが，日本は2006年に「国際標準化戦略目標」を掲げて，国際標準化への取り組みを強化した。この結果，代表的な機関であるISO（国際標準化機構）における国際幹事[9]引受数をみると，2021年時点で，ドイツ（131件），米国（98件）に続き，日本は80件となり，フランス（79件）や英国（77件）と並ぶまでになった。欧州諸国は，幹事国割合が高いことに加えて，規格決定等の投票では協調することが多いため，その意向が結果に反映されやすい。こうした状況を鑑みれば，日本としては近年，存在を高めている中国や韓国などアジア諸国との協調を図ることで，より存在感を高めていく環境作りが必要といえよう。

3．企業の新陳代謝やサービス業の振興を通じた，経済全体の生産性を向上させる

　研究開発などで得られた新しいシーズを社会的に実装し，生産性向上に結び付けていく経路や効率性の追求という観点では，資本や労働といった経営資源を再配分するメカニズムが有効に機能することも重要である。それは，新しい技術やアイデアを有する企業が参入する一方で，技術の陳腐化や市場ニーズに応えられない企業は退出する，いわゆる新陳代謝が活発になされることを意味する。

　この点で，新たな産業を生み出し，経済・社会構造を変革するダイナミックなイノベーションを生み出す「担い手」として，スタートアップへの期待は大きい。しかし，資金・人材面でリソースの乏しいスタートアップをいかに育成・強化するかは非常に大きな課題である。特に，日本では欧米諸国と比べて起業に対する意識の低さが指摘される中で，起業への意欲を高める環境整備

が喫緊の課題と言えるだろう。岸田政権は 2022 年を「スタートアップ創出元年」と位置づけ，「スタートアップ成長 5 カ年計画」を発表，5 年間でスタートアップへの投資額を 10 倍に増やし，ユニコーン企業[10] を 100 社創出するという目標を掲げた。スタートアップが革新的な製品・サービスを投入し，新たな需要を掘り起こすことで，日本経済の再浮揚の起爆剤として，貢献する役割が期待されている。

　また，日本では産業構造や就業構造においてサービス業の重要性が高まっているが，サービス部門の労働生産性の低さが以前から指摘されており，いかに生産性を向上させられるかは今後の日本経済活性化の鍵であると考えられる。

　現在，IT のハード・ソフトとネットワークを中核とするデジタル技術は，スマートフォンなどの普及，センサーの低価格化，通信技術の発達，コンピュータの処理能力の向上などによって急速に高度化した。こうした状況下，製造業においては，デジタル化やモジュール化によって，先端製品領域でも短期間でコモデティ化してしまい，単にモノを製造するだけでは競争力を維持できなくなっている。IoT（Internet of Things）や M2M（Machine to Machine）に伴う，いわゆる「つながる経済」へのシフトは，「モノ」すなわち製品により満たされるものから，「コト」（サービス）消費により満たされるものへとニーズを変化させている。こうして，モノではなくコト（サービス）消費による付加価値を生み出す「製造業のサービス化」が加速しているが，この潮流に日本企業はうまく乗ることができなかった。

　現在は，デジタル技術を活用して新製品・サービスやビジネスモデルなどを創造し，顧客に新たな価値を創出する，いわゆる DX（デジタル・トランスフォーメーション）によって産業構造の抜本的な変革も期待されるが，日本は DX に本腰を入れて取り組んでいるとは言い難い状況にあり，こうした面からも対応が急務と言えるだろう。

第 3 節　結論

　日本は R&D 投資促進に重点を置いた政策をとってきたが，R&D 投資の不足が日本企業の競争力を低下させてきた訳ではない。本章で見た通り，日本の

技術・知識ストック自体は高い水準にあるにも関わらず，それを収益に結実させる経営ができていなかったことが問題といえる。そして，R&D投資が十分に収益に結びつかない傾向が継続した結果，日本企業の事業を創発していく力，競争力を弱めてしまった。

　既存企業のイノベーションを成功させる上で，収益を生み出す成熟事業とリスクを抱える新規事業の双方を抱え，「知の深化」と「知の探索」の両面を推進する「両利きの経営」の必要性が指摘されている。日本企業の場合，「知の深化」は比較的得意だが，「知の探索」をいかに行っていくかが問われている。従来，大企業中心の自前主義で研究開発を進めてきたが，その限界が見えている現在，より開かれた形での体制作りが必要となってこよう。日本が有する技術はいまだ世界的に見ても高い水準にある。それが世界市場に受け入れられるようにするには，日本という垣根を越えて，グローバルに技術や人材といったリソースを取り入れる発想が重要である。グローバルな視点からの研究開発の取り組みは緒に就いたばかりだが，これを着実に進展させていくことが，日本の競争力回復のカギを握るものだと考える。

[注]
1　研究分野ごとの論文数をみると，日本は，1980年代前半は基礎生命科学，化学，物理学の占める割合が大きかったが，2021年になると，その割合が化学で11.3％ポイント，物理学及び基礎生命科学は5.2％ポイント減少している。他方で，臨床医学は割合を17.0％ポイント増加させ，環境・地球科学（3.8％ポイント）と材料科学（3.2％ポイント）が増加しており，重点分野の構成に変化がみられる。
2　3年移動平均値。2000年の場合，1999年，2000年，2001年の平均値である。
3　特許の計測には留意が必要である。特許は，基本的に各国に関連する法律がそれぞれあり，その国で出願した特許はその国内だけで効力が認められる。それゆえに発明を権利化したい国が複数ある場合は，それぞれの国に出願を行う必要がある。また，ある国の出願数は，自国からの出願が最も大きくなる傾向（ホームアドバンテージ）が強い。こうした性格を踏まえると，単純に特許出願数を国ごとに比較することはあまり意味をなさない。このため，特許について国際比較をする際，パテントファミリーの考え方が用いられることが多い。パテントファミリーとは，優先権によって直接，間接に結び付けられた2カ国以上への特許出願の束である。
4　内閣府（2005）は，日本，米国，EUの企業部門における営業利益（2009～13年累積額）と研究開発費（2004～08年累積額）を比較することで，研究開発効率を計測している。
5　産業部門別に見た収益率は，営業利益（2008～13年累計額）を売上高累計（2008～13年累計額）で除して求めた。
6　欧米や韓国では，それぞれの分野で高い競争力を有する企業は少数に絞られていたことから，寡占状態の国内市場にそれほど配慮しなくても，海外展開を積極化できる環境が整えられていたと考えられる。

7　IT 関連を中心にイノベーションや画期的技術が生まれやすいシリコンバレーには，新規技術に対する評価を専門としたハビタント（目利き役）が存在し，技術を取り込みやすい環境が整っている。

8　内閣府が行ったアンケート調査結果によれば，事業化に至らなかった研究テーマの処置として，「他の事業者への売却・譲渡」と回答した割合（15％）を大きく上回る 68％の企業が「社内に眠らせている」と回答している。

9　国際幹事国は，標準化作業のために会議開催や資料を作成する事務局としての役割を担うが，それら作業を通じて，標準化の規格策定における議論での主導権を発揮することにつながる。

10　設立年数が 10 年以内と短く，未上場ながら企業評価額が 10 億ドルを超える企業。ユニコーン企業は世界に 1000 社以上存在するが，2023 年時点で日本は 10 社に満たない。

[参考文献]

市川朋治・中野誠（2005）「研究開発投資と企業価値の関連性―日本の化学産業における実証分析」『経営財務研究』第 24 巻第 2 号，133-147 頁。

大塚哲洋（2011）「日本企業の競争力低下要因を探る～研究開発の視点から見た問題と課題」『みずほ総研論集』2001 年Ⅱ号，みずほ総合研究所。

経済産業省（2013）「通商白書 2013」。

権赫旭・金榮愨・深尾京司（2008）「日本の TFP 上昇率はなぜ回復したのか：『企業活動基本調査』に基づく実証分析」RIETI ディスカッション・ペーパー 08-J-050。

榊原清則（2003）「日本経済の成長パフォーマンスの低下に企業はどうかかわったか」『一橋ビジネスレビュー』第 51 巻（2），東洋経済新報社。

内閣府（2005）「平成 17 年度版 年次経済財政報告書」。

Baily, M., Hulten, C., & Campbell, D. (1992). Productivity Dynamics in Manufacturing Plants. *Brookings Papers: Microeconomics*, 4, 187-267.

Cohen, W. M., & Klepper, S. (1996). A Reprise of Size and R&D. *Economic Journal*, 106, 925-951.

Foster, L., Haltiwanger, J. & Krizan, C. (2001). Aggregate Productivity Growth: Lessons from Microeconomic Evidence. NBER Chapters, in *New Developments in Productivity Analysis*, 303-372.

Griliches, Z. (1986). Productivity, R&D, and the Basic Research at the Firm Level in the 1970s. *The American Economic Review*, 76, 141-154.

Griliches, Z. (1998). *R&D and Productivity: the Econometric Evidence*. The University of Chicago Press.

Goto, A., & Suzuki, K. (1989). R&D Capital, Rate of Return on R&D Investment and Spillover of R&D in Japanese Manufacturing. *Review of Economics and Statistics*, 71, 555-564.

Jaff, A. B. (1986). Technological Opportunity and Spillovers of R&D: Evidence from Firm's Patents Profits and Market Value. *The American Economic Review*, 76, 81-89.

Nagaoka, S., & Walsh, J. P. (2009). Commercialization and Other Uses of Patents in Japan and the U.S.: Major findings from the RIETI-Georgia Tech inventor survey. *RIETI Discussion Paper Series*, 09-E-010, RIETI.

O'Reilly, C. A., & Tushman, M. L. (2016). *Lead and Disrupt: How to Solve the Innovator's Dilemma*. Stanford University Press.

Sadao, N., & Walsh, J. P. (2009). Commercialization and Other Uses of Patents in Japan and the U.S.: Major findings from the RIETI-Georgia Tech inventor survey. *RIETI Discussion Paper Series* 09-E-010, RIETI.

第4章

日本経済システムの改革と日本経済活性化戦略

西　晃

はじめに

　本章では，日本経済の再浮揚の方法を経済システムは制度の集まりと捉える比較制度分析の視角から検討する。なぜ，経済システムに注目するかというと，アセモグル（広野編，2023）や齋藤（2013）も示唆するように，複数の制度で構成される経済システムは適切に選択すれば経済成長を促す機能を持つからである。

　日本型経済システムは，キャッチアップ過程で高度経済成長を実現した経済システムの代表で，米国型経済システムは，先進国で経済成長を続けている経済システムの代表である。前者は市場に代わる制度を活かした経済システムであり，後者は市場メカニズムを最大限活用している経済システムといわれている。高度経済成長の時代はキャッチアップ過程で，情報の非対称性や契約の不完備性などの市場の失敗が多く存在し，全面的に市場メカニズムに依拠しない日本型経済システムが効果的であった。しかし，現代においては市場環境もより整備され，日本経済を取り巻く環境も変化したことから，より市場メカニズムに依拠した制度改革が求められてきた。1990年代以降の環境変化の代表的な点として，(1) キャッチアップ成長からフロントランナー成長の時代[1]，(2) 人口構成の高齢化と少子化，(3) 企業競争環境のグローバル化，などが挙げられてきた。

　キャッチアップの時代は，外国からの技術導入が中心で，投資機会が明確で

あったためリスクが少なく銀行中心の間接金融が有効に機能できたが，今は不確実性が高いフロントを行く技術革新型企業への投資が必要で，リスクに応じた価格が設定できる資本市場を通じた直接金融が成長に寄与すると言われている。人口の高齢化は，賃金後払いの性格がある年功賃金制の維持を難しくしている。経済のグローバル化は，企業の競争相手が自国企業や先進国企業だけでなく，労働コストの安い途上国企業とも競争する必要がある。このように前提条件が異なってきたことから，1990年代以降，経済システムのサブシステムである金融システム，コーポレート・ガバナンス，雇用システムなどの制度改革が進められてきた。しかし，サブシステム（制度）間でお互いに働きを強めあう青木（2014）が定式化した「制度的補完性」を十分考慮してこなかったため，改革の足並みがそろわず改革が途中で頓挫し[2]，制度間で成立してきた安定的な関係が崩れ，制度的ミスマッチが，30年以上続く日本経済停滞の一因となっている。

　米国は，1980年代初頭の深刻な不況を契機に，いち早く大企業のホワイトカラーを中心に外部労働市場重視の新しい雇用システムへ転換し（キャペリ，2001），韓国は1998年の通貨危機を境に金融システム，雇用システムの改革を通じてフロントランナー成長モデルへ転換し（アギヨン他，2022；根本，2003），企業のダイナミズムを復活させた。一方，日本は経済システムがキャッチアップ成長モデルから完全に脱却できておらず企業のダイナミズムが発揮できていない。その主な原因の1つは先に触れた制度改革が，制度的補完性を十分考慮せず，サブシステム単独で行われてきたためである。

　本章では，金融システム，コーポレート・ガバナンス，雇用システムにフォーカスし，日本経済の再浮揚策を検討する。第1節では分析枠組みを示し，第2節で，日本型経済システムの変容の実体を把握し，改革の現在位置を確認する。第3節の結論では，第3節の結果を踏まえたうえで，制度的補完性から見た日本経済の課題と政策含意を導出し，まとめとする。

第1節　分析枠組み

　本章での分析枠組みとして，青木昌彦らによってはじめられた多様な制度の

存在を認めゲーム理論を使って分析する比較制度分析を用いる。「制度」は，経済活動を行う上での公式，非公式の決まり事であるが，比較制度分析では経済主体間の安定した取引パターンで，「ゲーム理論の均衡（ナッシュ均衡）」と定義する（青木・奥野編，1996；鶴，2006）。つまり，ゲーム理論的に企業（経営者）と利害関係者（債権者，株主，従業員など）との間のゲームで，どのように繰り返しプレイが行われるかの共有化された予想（shared beliefs）が自己拘束的になる仕組みと言替えることができる。一国の経済システムを構成する代表的な制度（サブシステム）として，金融システム，コーポレート・ガバナンス，雇用システムがある。また，それぞれのサブシステム間で，お互いにその均衡を補強しあう「制度的補完性」がある。これは本章のキー概念となる。

　比較政治経済学者である Hall and Gingerich（2009）は，制度的補完性を踏まえ，経済成長率が，多数小株主と直接金融で成り立つ「市場型の企業統治」と「流動的な労働市場」のセットか，もしくは正反対の少数の安定大株主と間接金融で成り立つ「銀行型の企業統治」と「長期雇用」のセットで最も高く，中間はもっとも経済成長率が低いことを実証分析で示した[3]。つまり，現代の米国型経済システムもしくはかつての日本型経済システムのいずれかがよいことになる。Hall and Gingerich（2009）は，市場型もしくは銀行型（メインバンク型）のいずれかに特化したコーポレート・ガバナンスが望ましいと暗に示しているが，日本としては，後戻りは難しく，フィリップ・アギヨン他（2022, cp. 7）が示唆する通り，前者を目指すことがよりよい選択といえよう。

　本章では，それぞれのサブシステムが，経済主体間の協調的行動を自己拘束的に作り出す「関係依存型システム」[4]から法律に基づく市場ルールに従う「アームズ・レングス型システム」[5]への移行状況をそれぞれの特徴を見定めながら制度的補完性の観点から評価する。また，制度改革が成功するためには，補完性が存在する全てのサブシステムを同時並行的に改革しなければならない。一部のサブシステムだけの改革は，他のサブシステムが元に戻そうという力が働き，マイナスの効果しか生まない。

　図4-1（左）は日本型経済システム，図4-1（右）は米国型経済システムを構成するそれぞれ関係依存型およびアームズ・レングス型のサブシステムの機

図 4-1　日本型経済システムと米国型経済システムの経済成長との関係

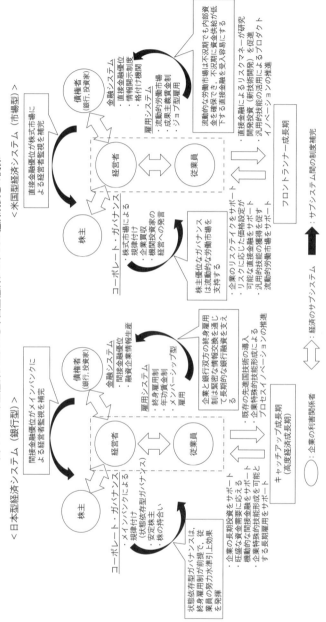

注：本章で中心に議論するサブシステムのみ抜粋。

出所：鶴（2006)，47頁，図 1-1 を参考にして筆者作成。

能，サブシステム間の制度的補完性，経済成長との関係を簡単に素描した図表である。それぞれの特徴を参考にして読み進めてほしい。

　「制度的補完性」の重要性を身近な例で示そう。道路走行上のルールで，日本は「左側通行」で，走行する車は右ハンドルが普通である。それは右側に運転席があった方がすれ違いや右折時などに視界が広く確保でき交通事故を抑制できるからである。「左側通行」と「右ハンドルの車」とは制度的補完性があるといえる。もし，ここに「左ハンドルの車」が増えてくると「左側通行」という制度を変えない限り制度的補完性が弱体化し事故リスクが高まることは容易に想像できよう。

第2節　マクロ経済の停滞と日本型経済システムの変容

1．日本の金融システムの現状と分析

　日本の金融システムの特徴は，企業の資金調達手段が金融機関（おもに銀行）からの借入が多く，間接金融中心といわれてきた。では現時点でどうかと問われると，中小企業（資本金1億円未満）に関しては，依然として間接金融優位の金融構造であるというのが答えとなろう。大・中堅企業（同1億円以上）のみフォーカスすれば，直接金融優位がかなり進んでいるといえる。

　財務省の法人企業統計調査によると1990年の大・中堅企業の銀行借入総額は約208兆円で，借入総資産比率は31.4％であったが，2019年にはそれぞれ約190兆円と16.1％へ低下している。一方，中小企業は，1990年に銀行借入総額は約203兆円で，借入総資産比率は42.2％であったが，2019年にはそれぞれ約270兆円と42.8％へ上昇している。つまり，大・中堅企業の借入額低減分を凌駕する形で中小企業の借入額が増加していることになる。

　図4-2の民間企業の資金調達の推移をみると，1990年代以降，過剰債務の解消へ向けて銀行借入を縮小し，徐々に株式や株式以外の証券を増やし直接金融にシフトしつつあるように見えたが，2000年代後半以降再び，銀行借入の増大に転じたのが見て取れる。

　一方，これを資金の最終的な供給主体である家計側からみると，やや異なる姿が浮かび上がる。家計資産を日本銀行の「資金循環統計」で確認すると，現

金・預金の割合は，統計で確認できる1970年代以降現在まで一貫して右肩上がりに伸びている。株式等・投資信託受益証券のようなリスク資産は景気の影響を強く受け増えたり減ったりを繰り返しているが非常に低いままである。このことは家計がリスク回避的で継続的に間接金融を後押ししていることになる。なお，図4-2で1990年代後半から2000年代後半まで銀行は企業への融資を減らしたが，増え続けた家計から銀行へ流れた資金はいったいどこに行ったのであろうか？

　実は，銀行は企業への融資の代わりに国債購入を増やしていった。しかし，日本銀行による異次元緩和により，2013年以降，日本銀行が民間銀行から国債を買い進めたため，再び増えた銀行資金は，企業への融資と現金・預金のまま銀行内に滞留することになった。現状では，家計貯蓄が銀行に集まり，銀行は国債等で運用しながら融資は中小企業中心に行っている。しかし，中小企業とはいっても研究開発投資を短期間で利益化することが難しい技術革新型企業は，往々にして担保としてとれる有形資産を持たないため，銀行にとって積極的な融資先とはならず，むしろ避けるべき融資対象で，結果的に家計貯蓄が技

図4-2　民間非金融法人企業の資金調達の推移（残高）

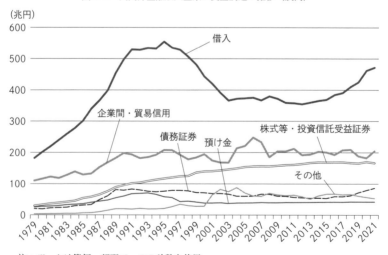

注：データは簿価，額面ベースの計数を使用。
出所：日本銀行「資金循環統計」より筆者作成。

術革新型企業へ流れず，リスクマネー不足となっている[6]。政府による家計に
対する金融教育推進などに加えて，企業の株式分割，ベンチャー投資への条件
緩和，個人向けに非上場ベンチャー企業の小口化したファンド組成や投資への
税優遇処置の拡大などによる投資家のすそ野拡大，ベンチャー企業経営の IT
化・DX 化支援等は喫緊の課題といえよう。

　江川（2008）は，歴史的に形成された間接金融優位は，株式の発行市場の発
達を制約し，市場によるコーポレート・ガバナンスが欠如したことから経営者
による株主を重視しない行動がとられたと説明している。例えば，配当利回り
は低く抑えられ，その結果，家計は配当への魅力を感ぜず投資を控えるとい
う行動がとられ，間接金融優位をさらに強めるというスパイラル現象が見ら
れた。しかし，近年，「コーポレート・ガバナンス・コード」の改訂（2018 年
6 月），再改訂（2021 年 6 月）などを受けて経営者も株主を意識した行動が高
まってきた。その結果，配当利回りも高まり，家計もリスクテイクに積極的に
なり直接金融優位が強まる可能性が出てきた。一方，中小企業の直接金融優位
化は遅れており，先にも触れたとおり中小企業向け直接金融市場の育成が急務
となっている。

　ではなぜ企業の資金調達が，間接金融から直接金融優位へ進まないのであろ
うか？　その要因として，過去の歴史により偶然決まった制度に自己拘束され
る歴史的経路依存性で成立した間接金融制度自体の慣性（inertia）が有力であ
るが，もう 1 つ大きな要因がある。日本独特の雇用システムとの制度的補完性
である。本要因については雇用システムの項でも触れることにする。

2．日本のコーポレート・ガバナンスの現状と分析

　コーポレート・ガバナンスには，分類すると広狭二義の説明が考えられる。
広義の説明として，広田真一が日本取締役協会のコラムのインタビュー記事
（2019 年 3 月 19 日）で語った「企業がよりよい経営を行うための仕組み・方
策・制度」とするのが分かりやすい。狭義では，「効率的な企業経営に従事さ
せるように規律を与えるメカニズム」と説明されることが多い（鶴，2006 他）。
　日本型コーポレート・ガバナンスは，資本市場や株主総会による規律付け
（モニタリング）の代替として，通常は干渉しないが，企業の財務状態が悪化

した場合にメインバンクへコントロール権が自動的に移行し，経営再建に向けた事業の再組織化なされるというメインバンクによる「状態依存型ガバナンス」で密接な情報交換や役員派遣を通じたモニタリング機能により企業経営者が規律付けられてきたというのが通説となっている。メインバンクの要件は，融資企業への長期的な最大の資金融資，融資企業の重要な株主，融資企業への役員を派遣，融資企業が一定水準の利益をあげている場合にはその経営に不関与，ひとたび経営危機に陥った場合には経営支援を行う，などが挙げられる。

　メインバンクの主たる機能としては，幾つかあるが，ここでは，融資企業へのモニタリングによる規律付け（モニタリング機能）に焦点を当てることにする。具体的には，次の2点について検討することにする。①安定株主対策として銀行・企業間の株式持合いは維持されているか，②メインバンク（債権者かつ株主）の立場で経営の規律付けが図られているか，を確認する。合わせて企業レベルの財務データを使って，従来型の日本企業に比較して，米国型企業に近い機関設計[7]としての「指名委員会等設置会社」（株主重視）が企業株主価値を高めているかを検証する。また，メインバンクによるガバナンスが無ければ，これまで日本企業の雇用制度を担保していた経営者支配が崩れ，終身雇用制の変化を誘発する可能性があるが，この点についても確認する。

　まず，銀行による融資企業の株式保有および株式持合い比率について確認してみよう。JPX日本取引所グループの調査レポート（「2021年度株式分布状況調査の調査結果について」2022年）を見ると，1990年，信託銀行を除く金融機関の持株比率は，33.2%あったが，2021年には，7.2%まで低下している。また，西山（2020）の研究レポートでも，上場銀行の上場企業との株式持合い割合が，2000年の12%弱から2019年の3.3%まで低下したと報告されている。このことは，銀行はもはや融資企業に対して安定株主とはいえない状況である。また，その一方で，外国法人の株式保有割合が増えていることから，メインバンクに守られた経営者主導の経営が後退したと言えよう。

　次にメインバンクによるモニタリング機能を確認しておこう。青木（1995）は，1980年代の金融自由化（規制緩和）によるメインバンク・レントの低下と企業の銀行借入依存度低下と合わさってモニタリング機能に陰りが生じていることを指摘していた。1990年代以降を対象にした実証研究は少ないが，岡

部（2009）は，全国一部上場企業のうち 1989 年は 501 社，1999 年は 499 社を
対象として，企業の株主価値（トービンの q）に対するメインバンク関係の影
響力をクロスセクション分析で推計した。結果はいずれの時期もマイナス有意
となりモニタリング機能は否定された。一方，海外投資家による株式の保有は
企業価値を高める上で有効に作用していることを明らかにした。広田（2009）
は，日本の大企業とメインバンクとの間の 1973 年から 2008 年までの 35 年に
亘る取引資料から「メインバンクの安定性」「融資関係」「持株関係」「役員派
遣」「コミットメントラインの主幹事銀行」など多岐にわたる内容を調査し
た。また，2005 年，2006 年，2008 年に企業の財務担当者と銀行の融資担当者
へのインタビューを実施した。その結果，日本のメインバンクの機能は，かつ
てはモニタリング・ガバナンスが中心であったが，現在ではリスクヘッジ・金
融サービスの提供が重要になっていると結論付けている。金融自由化の進展と
バブル崩壊によりメインバンクのモニタリング機能は喪失したという現在の通
説を裏付ける結果となっている。

　次に，日本企業において，米国型に近いコーポレート・ガバナンスを持つ企
業（指名委員会等設置会社）と従来の日本型コーポレート・ガバナンスをもつ
企業（監査役会設置会社）のそれぞれのパフォーマンスを比較しながら企業
株主価値を高める規定要因を分析することにする[8]。比較対照するデータは，
日本取締役協会の指名委員会等設置会社リストから，2015 年以前に指名委員
会等設置会社となった銀行業及び国営の特殊法人である日本郵政を除外した資
本金が多い順の 20 社とした。対する監査役会設置会社も資本金の多い順に，
対象社数が少ない指名委員会等設置会社と同業種，同企業数の 20 社とした[9]。
データは，それぞれの企業の 2016 年度から 2021 年度までの 6 年間のパネル
データとした。

　ではまずコーポレート・ガバナンスの違いによる経営パフォーマンスの違
いを先の 40 社の記述統計から平均値を確認してみよう。指名委員会等設置会
社の企業において，総資産利益率（ROA）は概ね差は無いが，企業株主価値
（Tobin Q：1.72），自己資本利益率（ROE：10.14％）は共に，監査役会設置会
社の企業（1.39，7.76％）と比較して高いことがわかる。これは株主による内
部コントロールを通じた経営者への規律付けが効いていることの表れであり，

企業に高い利益をあげることが期待されている証拠といえよう。

　次に指名委員会等設置会社の組織形態（ダミー変数使用）やその他の規定要因が，企業株主価値に与える影響を先の40社の財務データを使って実証的に検証することにしよう[10]。表4-1にまとめてある推計結果では次のことが言える。

　企業株主価値（Tobin Q）に対する各種要因の影響力は，(1) 指名委員会等設置会社は，監査役会設置会社に比べて企業株主価値が高い（モデル1，2），これは先の記述統計の結果とも整合的である，(2) 借入総資産比率は，企業株主価値にマイナスの影響を与えている，メインバンクによるモニタリングが既に機能していないと類推できる，(3) 外国人持ち株比率，個人投資家持ち株比

表4-1　Tobin Q と指名委員会等設置会社／監査役会設置会社との関係

	モデル1	モデル2
指名委員会等設置会社ダミー	0.500*** (3.33)	1.519*** (3.75)
負債総資産比率	0.002 (0.42)	0.002 (0.40)
借入総資産比率	−0.019*** (−3.31)	−0.023*** (−3.88)
外国人持ち株比率	0.029*** (6.25)	0.033*** (7.01)
個人投資家持ち株比率	0.029*** (4.68)	0.035*** (5.44)
金融機関持ち株比率	0.007 (1.24)	0.008 (1.28)
総資産の自然対数値	−0.225*** (−3.81)	−0.234*** (−3.98)
独立社外取締役比率	−0.023*** (−4.04)	−0.0004 (−0.05)
指名委員会等設置会社ダミーと独立社外取締役比率の交差項		−0.025*** (−2.87)
constant	5.000*** (5.45)	2.593*** (2.66)
R^2	0.666	0.670

注：1）推計データは，Edinet の有価証券報告書から抽出した。データはサンプルサイズ（企業40×年次6）240のパネルデータ。
　　2）指名委員会等設置会社ダミーを使ってトービンQへの影響を推計するが，固定効果モデルでは，時間を通じて一定の説明変数はオミットされるため，プーリングモデル（OLS）に業種ダミーと年次ダミーを追加して推計した。*** は1%水準で推計パラメータ値が統計的に有意であることを示す。なお，業種ダミーと年次ダミーの推計結果の表示は省略。

率共に高いほど企業株主価値を高める，(4) 独立社外取締役比率の向上は，むしろマイナスの影響を与えている。今回推計の対象にした企業は成熟企業であり，必ずしも企業価値に対し正の影響は与えないようだ（モデル 1），(5) 独立社外取締役比率の向上が与える企業株主価値への負の影響は指名委員会等設置会社の方が高い（モデル 2），などが明らかになった。なお，今回のモデルでは内生性を考慮した推計を行っていない点に留意が必要である。

　また，本節の冒頭で触れたこれまで日本企業の雇用制度を担保していた経営者支配が崩れ，終身雇用制の変化を誘発しているかどうかを先の 240 企業・年度のパネルデータを使って検証したが[11]，生産量の変化に対する雇用の弾力性は，双方ともに約 0.11 で，差はなく終身雇用制への影響は発見できなかった（制度的補完性のミスマッチ）。理由は，指名委員会等設置会社は，未だ上場企業の少数派（上場企業全体の 3.9％）で，雇用の流動化を惹起するような，年功を基礎とした賃金体系の廃止までは踏み込めていないのであろう。

3．日本の雇用システムの現状と分析

　厚生労働省が，1970 年代以降，30 人以上の常用労働者を雇用する全国の民営事業所で，約 5000 強の事業所を対象として（有効回答率は約 50％）調査した結果（「労働経済動向調査：結果の概要」，「労働経済の分析」），経済危機や不況期の企業の雇用調整方法の選択は，残業規制や配置転換などであり，希望退職者の募集や解雇は以前から少なく，2002 年（IT バブル崩壊による不況期）を除き，2022 年 2Q までにおいても 5％以内であり，長期雇用慣行を維持しようとしていることがわかる。このことから日本企業は，短期的利益の確保より，企業組織と従業員雇用の安定性を重視していることがわかる。これは，前節で検証した生産高に対する雇用の弾力性が低い結果と整合的である。

　雇用の流動性について確認してみよう。厚生労働省の雇用動向調査（1964〜2021 年）で入職率と離職率を見ると，景気に応じてシクリカルに変動しているが，トレンドとしては，1970 年代後半以降，15％前後で入職率と離職率が安定して推移している。このことは雇用ストックが低下してフロー部分が増加しているわけではないので，全体として雇用が流動化しているとはいえない。しかし，入職者，離職者の内訳はかなり変化している。

　厚生労働省「雇用動向調査」の1991〜2021年までのデータを見ると，特に2007年のリーマン・ショック以降，製造業の大企業（1000人以上）で，流動化がさほど進んでおらず，むしろ入職者・離職者が共に徐々に減少している（付加価値規模の縮小に比例）。一方，サービス業を中心とした非製造業では，転職入職者や非正規社員の増加もあり，雇用の流動化が進んでいる。製造業の大企業で終身雇用制が維持されているが，雇用の流動・非流動の二極化の様相を示しており，製造業を中心に雇用の非流動分野の産業が縮小しつつあるため，産業全体として終身雇用制の縮小の流れは止められず，製造業大企業についてもいずれ雇用の流動化は避けられないであろう。

　次に年功賃金制度について確認しておこう。図4-3を見ると，日本は，過去から現在に至るまで勤続年数別賃金カーブがフラット化していることから勤続年数による年収格差が縮小していることがわかる。しかし，勤続年数別賃金カーブが当初なだらかで勤続年数が長くなるとグラフ上昇の傾斜が急になる形状をしており，後払い賃金体系（Lazear, 1979）の傾向を残している。そのため若年労働者については，益々賃金上昇を実感できなくなっている。一方，英

図4-3　勤続年数階級別賃金カーブ

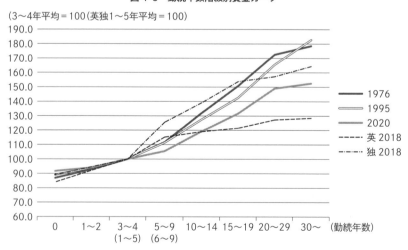

注：男性の賃金カーブを示す．勤続年数3〜4年（英独は1〜5年）の賃金＝100とした。
出所：厚生労働省「賃金構造基本統計調査」1976, 1995, 2020；労働政策研究・研修機構「データブック国際労働比較2022」。

独については，勤続年数平均 2.5 年以降，グラフ上昇の傾斜が急になり勤続年数が長くなると傾斜が緩くなる形状をしており，勤続年数が短くても生産性に見合った賃金上昇を実感できることが推測される。図では表していないが年齢階級別賃金カーブでみてもフラット化が進んでおり，年功賃金制度は徐々に後退している。このことは，労働者が長期勤務のインセンティブを持てなくなり，雇用の流動化が進む可能性が高まる。

　なお，必要とされている直接金融優位の金融システムと雇用システムとの制度的補完性を高めるためには，ジョブ型人事制度の導入による終身雇用制見直しが有力な 1 つの方法となろう。また，中途採用・経験者採用の拡大，副業・兼業制度の導入，最低賃金の引き上げ，退職金・企業年金制度の見直し，自己都合退職時の不利益の撤廃，失業手当や職業訓練の充実なども雇用の流動化の呼び水となる可能性がある。

　経済成長を目的とした低生産性産業から高生産性産業への労働移動の観点からも雇用の流動性を高める必要がある。その場合，終身雇用制維持の傾向が強い製造業大企業の正規雇用者の流動化が課題となろう。転職に伴うリスクやコストが高いために，才能があり他企業や他産業への転職を希望している正規雇用者の潜在能力が退蔵されている可能性がある。総務省の労働力調査で，正規雇用の内，転職を希望する人が，2014 年平均で男女計 303 万人（正規雇用者全体の 9.2％），2018 年に同 369 万人（同 10.6％），2022 年に同 527 万人（同 14.7％）と急増していることからも窺える。

　青木（2014）は，「日本におけるベンチャービジネスの発展が遅れている理由は，巷間で言われているようにリスク・キャピタルの不足によるのみではなくて，むしろエンジニアなどが従来の大企業にまだ閉じ込められた状態にあるからだと考えています」と言い，終身雇用制を日本におけるイノベーションの阻害要因の 1 つに挙げている。アセモグル（広野，2023, 297 頁）もインタビューの中で，日本社会でイノベーションが起きにくい要因を聞かれ，新規参入者への容易な資金調達と支援の制度的問題に加えて「一緒にアイデアを実現しようとあちこちからやって来るような人々を（柔軟に）雇用できる環境に整えているかどうか。日本はおそらく，米国やほかの国々に比べ，そこでつまずいているのだろう」と答えている。その対策として，転職希望者がスムーズ

に転職できるように，企業ではなく「社会が雇用を確保する」制度を政府は早急に構築する必要があろう。デンマークが1993年に導入したフレキシキュリティ（Flexicurity）[12]と呼ばれる労働市場政策が参考になる。この制度は2本の柱に支えられている。1つは，柔軟な労働市場で，法規制の簡素化と退職金額に上限が設けられ訴訟に至ることなく企業は雇用調整が容易になった。一方，労働者の生活の保障がもう1つの柱となり，失業保険が最長3年間，賃金の90％まで支給される（一定の上限はある）。さらに職業訓練に政府が潤沢に予算を投じ，失業者が新たな技能や資格を習得して早期に労働市場に復帰できるようにした。この仕組みはデンマーク社会に根付いており，他のEU諸国へも広がっている。

　また，終身雇用制のもう1つの特徴として，青木（2014, 105頁）も指摘するとおり，企業を取り巻くサブシステムの中で，終身雇用制が制度体系の根幹にある点が挙げられる。よって，最も影響力のある制度的仕組みと考えられるため，雇用システムの改革を進めれば，他のサブシステムもドミノ倒し的に改革が容易になるかもしれない（青木・奥野編，1996, 331頁）。

第3節　結論：日本経済の課題と政策含意

1．制度的補完性から見た日本経済の課題

　日本型経済システムを構成するサブシステムの中で，サブシステムの変容を金融システム，コーポレート・ガバナンス，雇用システムを中心に，米国型経済システムに特徴的なアームズ・レングス型制度を対立軸として現状分析を試みた。

　金融システムにおいては，大・中堅企業において直接金融が進んでいるが，中小企業を含めると依然として間接金融中心である。一方，コーポレート・ガバナンスは，メインバンクによるモニタリング機能は否定され，実証的，法制度的にも関係依存型からアームズ・レングス型制度への移行の進捗が確認できた。雇用システムは，製造業大企業において終身雇用制が維持されているが，サービス業を中心とした非製造業では雇用の流動化が進んでいる。年功賃金制度については，若年労働者と熟練労働者の賃金格差は次第に解消されつつある

が，未だに勤続年数階級別賃金カーブに後払い賃金体系の傾向が残っている。
3つのサブシステムの中で雇用システム改革が最も遅れていると言えよう。改
革を進捗順に示すと，コーポレート・ガバナンス＞金融システム＞雇用システ
ム，となろう。

　サブシステム間の安定性は制度的補完性で強力に維持されているため，1つ
のサブシステムを異なるシステムへ移行しようとしても，自動的に他のサブシ
ステムが同じ方向に移動することがないことはすでに説明した。

　現状は，サブシステム間に制度的ミスマッチが生じており，企業の中でもタ
イプが典型的な日本型，米国型，中間型（ハイブリッド型）に分かれてきてい
る。大企業の中でもオリックス，ソニー，東芝，日立などは米国型のコーポ
レート・ガバナンスを求めており，一方，キヤノン，トヨタ，松下などは日
本型に近いコーポレート・ガバナンスを維持している（鶴，2006, 145頁）。た
しかに企業は個々にコーポレート・ガバナンス，金融システム，雇用システム
を選択できる面もあるが，制度的補完性は制度間で効果を発揮するもので，
企業単位ではない。そのことを考えると，多様化した企業の形態は各サブシス
テム間の制度的補完性を十分発揮できず，産業または一国全体として，経済シ
ステムと経済成長間の好循環の達成に阻害要因となり，マクロ経済の不安定を
惹起する可能性がある（宇仁，2005）。これは，第2節「分析枠組み」の最後
に触れた身近な例の「左側通行」の道路に「右ハンドルの車」と「左ハンドル
の車」が混在している状況に似ている。世界的にはまれだが，日本では個人が
「右ハンドルの車」か「左ハンドルの車」かを自由に選べるが，その混在の程
度が増えれば，「左側通行」と「右ハンドルの車」との間の制度的補完性が弱
まり，交通システム全体が不安定化することは容易に想像できよう。

2．政策的含意

　経済システムの各サブシステムの構成要素間やサブシステム間で，比較制度
分析でいうところの制度的補完性が存在し，制度（ゲーム理論の均衡）の安定
が保たれている。但し，その均衡がパレートの意味で最適とは保証されておら
ず，環境や条件が変われば，経済成長のためにより適切な制度（均衡）への移
行（改革）が必要となる。

　しかし，1つのサブシステムだけの改革だけでは，マクロ経済の不安定化な
どのマイナス効果しか生まない。経済システムを構成しているサブシステムを
同時並行的に改革すること，もしくは最も影響力のあるサブシステムから改革
を進めることが成功の確率を高めることになると思われる（宇仁，2005）。ま
た，日本型経済システムと米国型経済システムのそれぞれの良い面だけを取り
入れたハイブリット企業も考えられるが，その存続は容易ではない。

　日本型経済システムに見られる関係依存型制度の事後的平等が，米国型経済
システムに見られるアームズ・レングス型制度が持つ公正な取引（事前的な平
等）の支持を低下させる可能性が指摘されている（村瀬，2016）。

　今後，政府は，「日本型経済システム」からの完全脱却とより市場メカニズ
ムを重視した「米国型経済システム」を参考にしながらも制度的補完性を考慮
した日本独自の経済システムを目指すべきであろう。改革の順序は同時並行的
に進めることが理想である。あえて優先順位をつけるならば，もっとも影響力
が強い雇用システムの改革を先行して進めるべきである。つまり，雇用システ
ム＞金融システム＞コーポレート・ガバナンスの順での改革となろう。アセモ
グル（広野，2023, 298 頁）は，2013 年当時，マクロ政策による政府支出増だ
けでは限界があり，新規事業が生まれやすい環境整備と一握りの大企業による
市場支配をなくすことが重要だと言及したが，現状を見ると的を射ていたよう
に思われる。本プロジェクトのキーワードに沿って説明すると，経済システム
の制度的補完性を踏まえた改革によって，企業の規模に依存しない新たな研
究開発「投資」や ICT「投資」が促され，少子高齢化による「潜在成長力」
の低下を抑えることができ，世の中が必要とする財・サービスを継続的に供給
し，フロントランナー成長へ乗り換えることが可能となる。ICT 投資は社会
のディジタル化を促し，例えば，サービス業の生産性向上や，ベンチャー企業
による直接金融を通じた資金調達が容易になるなどが考えられるだろう。な
お，本章では，金融システム，コーポレート・ガバナンス，雇用システムの3
つのサブシステムに焦点を当てたが，日本型経済システムを構成する残りのサ
ブシステムである企業間システムと政府（規制）システムの分析と考察が今後
の課題である。

[注]

1　「フロントランナー成長」は新しい財・サービスを次から次に世に出すという意味で「プロダクトサイクル型発展」とほぼ同義であり，トラン・ヴァン・トゥ早稲田大学名誉教授は，20 年以上前の 2002 年 9 月 1 日に，日本経済研究センター会報で，「雁行型発展」から「プロダクトサイクル型発展」への成長戦略の転換の必要性をいち早く提起していた。しかし現実は警鐘が生かされなかった。

2　宇仁（2005）は，1980 年代後半以降，イギリス，フランス，ドイツは金融改革と雇用改革を同時に進めたためマクロ経済の不安定化を発生させずに直接金融の比率を高めることに成功したと説明している。一方，日本は雇用改革を進めなかったので頓挫した。

3　彼らは前者を市場コーディネーション，後者を戦略的コーディネーションと表現した。株主支配の分散程度，株主市場規模，銀行アクセス度などを因子分析して共通次元のコーディネーション指数を算出し（0〜1），パネルデータを利用しコーディネーション指数や雇用流動性指数などと組み合わせて経済成長率の関係を推定し，両者の関係が非線形であることを実証的に示した。つまり縦軸に予測経済成長率，横軸にコーディネーション指数 0〜1 を配置し，原点に近いのを市場コーディネーション（自由市場），1 に近いのを戦略的コーディネーション（調整市場）で，グラフが U 字形を描くことを発見した。

4　「関係依存型システム」は，経済主体間の協調的な行動を自己拘束的に作り出す私的秩序の一種である。取引主体が機会主義的な行動をとらないような仕組みとして「相手が欺かない限り協力し続ける」という「しっぺ返し戦略」がとられる。

5　「アームズ・レングス型システム」は，文字通り「距離を置いた関係」に依存した米英型システムである。「関係依存型システム」のように長期的・継続的・多面的ではなく，短期的・スポット的・単一的である。新古典派的な市場メカニズムに近い。この場合の取引主体が機会主義的な行動をとらないような仕組みは，所有権制度，情報開示制度などの司法制度が担うことになる。透明性のある市場機能を活用した制度・システムである。

6　財務省「（株）日本政策投資銀行の特定投資業務の在り方に関する検討会」第 1 回（令和元年 10 月 3 日開催）議事要旨を参照（https://www.mof.go.jp/policy/financial_system/councils/dbjttkentou/tt/tt1summary/index.html）。

7　機関設計とは，株式会社の運営で「意思決定を下す者（機関）」を決めること。機関には，株主総会，取締役，取締役会，監査役，監査役会，会計参与，会計監査人，指名委員会，監査等委員会などがあるが，「株主総会」＋「取締役」は必須の機関で，その他の機関は，会社の規模や方向性に応じて追加する形で任意に構成が可能。

8　現在，上場企業に対する機関設計は，大きく 3 つの形態がある。米国型コーポレート・ガバナンスに近い「指名委員会等設置会社」，従来の日本型コーポレート・ガバナンスの「監査役会設置会社」，それと 2 者の中間で折衷型の「監査等委員会設置会社」となっている。指名委員会等設置会社では，所有と経営の分離に加えてさらに経営と執行を分離している。具体的には，取締役会の中に社外取締役が過半数を占める 3 つの委員会を設置し，取締役会が経営を監督する一方，業務執行については執行役にゆだね，経営の合理化と適正化を目指している。近年は折衷型の「監査等委員会設置会社」が増えている。

9　対象企業数は，電気・ガス業 1 社，電機・精密・機械 7 社，小売 1 社，建設・資材 3 社，素材・化学 1 社，医薬品 3 社，情報通信・サービスその他 3 社，鉄鋼・非鉄 1 社の 20 社である。

10　具体的には，Tobin Q（（株式時価総額＋有利子負債）／（株主資本＋有利子負債））を同じ期の指名委員会等設置会社ダミー，負債総資産比率（負債／総資産），借入総資産比率（（銀行借入＋社債）／総資産），外国人持ち株比率，個人投資家持ち株比率，金融機関持ち株比率，総資産の自然対数値，独立社外取締役比率（独立社外取締役数／取締役数），指名委員会等設置会社ダミーと独立

社外取締役比率の交差項に回帰した式を推計した。

11　宇仁 (2005) にならって Y が雇用量の対前年増加率，X が生産高の対前年増加率で，β を OLS で推計し弾力性と定義した。なお，生産高の代理変数として売上高を使用した。$Y\_it = a\_i + \beta X\_it$

12　アギヨン他 (2022), cp. 11 参照。デンマークのフレキシキュリティ政策が参考になる。

[参考文献]

青木昌彦 (1995)『経済システムの進化と多元性』東洋経済新報社。

青木昌彦・奥野正寛編 (1996)『経済システムの比較制度分析』東京大学出版会。

青木昌彦 (2014)『青木昌彦の経済学入門』ちくま新書。

アギヨン，フィリップ&アントニン，セリーヌ&ブネル，サイモン著／村井章子訳 (2022)『創造的破壊の力―資本主義を改革する 22 世紀の国富論』東洋経済新報社。

宇仁宏幸 (2005)「雇用制度と金融制度の補完性とマクロ経済的安定性（特集　経済制度の補完性とマクロ経済的安定性）」『調査と研究：経済論叢』第 31 号，2005 年 10 月。

江川雅子 (2008)『株主を重視しない経営』日本経済新聞出版社。

岡部光明 (2009)「日本におけるコーポレート・ガバナンス―その特徴，変遷，今後の課題」『国際学研究』34 号，明治学院大学。

キャベリ，ピーター著／若山由美訳 (2001)『雇用の未来』日本経済新聞社。

齋藤潤 (2013)「経済成長と経済システム」樋口美雄・駒村康平・齋藤潤編著『超成熟社会発展の経済学』慶應義塾大学出版会。

鶴光太郎 (2006)『日本の経済システム改革』日本経済新聞社。

トラン・ヴァン・トゥ (2002)「雁行型発展からプロダクトサイクル型発展へ転換せよ―日本経済の再浮揚戦略」『日本経済研究センター会報』2002 年 9 月 1 日。

西山賢吾 (2020)「我が国上場企業の株式持ち合い状況（2019 年度）」『野村資本市場クォータリー』2020 年秋号。

根本直子 (2003)『韓国モデル　金融再生の鍵』中央公論新社。

花崎正晴 (2014)『コーポレート・ガバナンス』岩波新書。

広田真一 (2009)「日本のメインバンク関係：モニタリングからリスクヘッジへ」RIETI Discussion Paper Series 09-J-023。

広野綾子編 (2023)『世界最高峰の経済学教室』日本経済新聞出版。

村瀬英彰 (2016)『シリーズ新エコノミクス金融論　第 2 版』日本評論社。

Hall, P. A., & Gingerich, D. W. (2009). Varieties of Capitalism and Institutional Complementarities in the Political Economy: An Empirical Analysis. *British Journal of Political Science*, 39 (3), 449-482.

Lazear, E. P. (1979). Why Is There Mandatory Retirement? *Journal of PoliticalEconomy*, 87 (6), 1261-1284.

第Ⅱ部

日本経済の再浮揚戦略とは何か

第5章

世界的有望な産業の成長戦略と新時代の産業政策

瀬藤芳哉

はじめに

　近年，産業政策が世界中で重視され，新たな施策が実施されるようになった。日本においては伝統的に産業政策とは，主に経済産業省が実施する産業振興や産業構造変革のための施策で，政府が特定産業のチャンピオンの育成や勝者の選定（pick winners）等を行うことにより，産業の競争力の強化を目指すことが中心であった。あるいは市場を重視し「市場の失敗」の修正の範囲で政府が市場に介入するといったアプローチも取られてきた。近年，気候変動リスクや地政学リスク等への認識が広がる中，こうした課題には政府が主体的に対処すべきとの認識が世界的に広がっており，日本政府も新たな枠組みとして「ミッション志向の産業政策」に本格的に取り組み始めた（表5-1参照）。ただ，後述するように産業政策には失敗が多いのも事実である。本章では過去の産業政策の成功や反省を振り返り，今後どのような点に留意すべきか考えていく。第1節では産業政策の推移を述べる。国の発展段階がキャッチアップにあることなどが政策の効果に係ることを述べる。第2節ではキャッチアップ局面での産業政策を主に述べる。日本の第二次世界大戦後の産業政策，中国で展開されている産業政策についてみる。第3節ではフロントランナー局面にあるEU，米国における産業政策を検討し，留意すべき点を検証する。第4節では日本のとるべき産業政策の検討を行う。アジアとの連携や半導体分野および研究開発について留意事項を検討する。第5節では以上を踏まえて，まとめと提

言を行う。

表 5-1　ミッション志向の経済政策　8 分野

新機軸の施策の柱	長期目標	今後 5 年程度の当面の課題（例）
炭素中立型社会の実現（GX）	2050 年 CN 実現／今後 10 年で 150 兆円超の官民投資，20 兆円規模の政府支援	GX 経済移行債を活用した規制・支援一体型の先行投資支援（グリーンイノベーション基金の拡充等を通じた革新的な技術開発支援や，社会実装等に向けた設備投資支援など）（2023-32 年度）
デジタル社会の実現（DX）	2030 年までに国内で半導体を生産する企業の合計売上高（半導体関連）を 15 兆円超／ハード，ソフト，ルールに渡るデジタルライフラインを全国的に整備	先端・従来型半導体，半導体部素材・装置，次世代半導体の設計・製造基盤等の確立支援（2021 年度以降順次），半導体産業人材のための各地域における産学官連携の仕組み・体制の全国への展開（2021 年度〜）や，半導体の設計・製造を担うグローバル人材の育成（2023 年度〜）
経済安全保障の実現	自律性向上，優位性・不可欠性確保，国際秩序維持	経済安全保障推進法に基づく特定重要物資の不断の見直しや，見直しも踏まえた支援策の検討（基金，事業環境の不確実性に対応するための資本強化等の必要性を検討）
新しい健康社会の実現	2040 年に健康寿命を 75 歳に／2050 年に公的保険外サービス 77 兆円，世界の医療機器市場のうち 13 兆円	グローバルヘルスケアスタートアップの育成プログラムの実施
レジリエンス社会の実現	災害大国日本として，途上国の適応市場（2050 年約 70 兆円）含め世界市場を獲得（P）	スタートアップ関連施策（SBIR 制度等）との連携　SX 経営との連動　海外展開に向けた FS の実施
バイオものづくりの実現	2030 年時点で総額 92 兆円の市場規模	GI 基金バイオものづくり PJ の着実な事業の執行（2022 年度〜）
成功志向型の資源自立経済	2030 年に 80 兆円，2050 年に 120 兆円のサーキュラーエコノミー市場を実現	産官学サーキュラーエコノミー・パートナーシップでの個別政策課題（標準化，マーケティング，プロモーション，国際連携，技術検討等）の検討の深堀り
少子化対策としての地域の包摂的成長	地域の企業の成長等を通じた可処分所得・時間の向上等により，希望出生率 1.8 を回復し，更に人口動態の安定化をもたらす希望水準が実現できるような経済環境を作る	中小企業・小規模事業者における事業再構築・生産性向上等，及びその関連施策と一体的に行う賃上げへの支援

出所：経済産業政策局「経済産業政策新機軸部会第 2 次中間整理骨子（案）について」2023 年 5 月。

第 1 節　産業政策の重要性

1．推移

　1980 年代以降，経済運営にあたっては，概ね市場を重視し市場の様々な制約を取り払うことで企業間の競争が経済を活性化すると考えられ，政府の介入を伴う産業政策はあまり顧みられなかった。こうした思潮が主流派の経済学者では一般的であった。しかし産業政策の歴史を振り返ると紆余曲折がある。元々は独立直後の米国で初代財務長官のハミルトンが製造業を重視する産業政策を進めた。また第 1 次大戦に敗れたドイツでは復興のため国内で過当競争を避ける産業合理化が進められた。これを目撃したのが当時の日本の商工省官僚（岸信介他）で，日本でも取り入れられ，1940〜1960 年代に産業政策が積極的に実施された。日本の敗戦後の復興においては，貿易保護政策で国内産業を保護しつつ，ターゲティング政策で競争力のある企業を育成し，軽工業から重工業化への転換をはかった。こうした産業政策と戦後の日本の目覚ましい経済成長の関係が世界的に注目を集め，研究の対象となった（例えばジョンソン，2018）。政策の評価については異論もあるが，概ね成功したと評価されている（大橋，2021）。しかし，その後，日本と欧米の間で貿易摩擦が激しくなり，1980 年代後半からは内需拡大や市場開放が重要課題となり，それまでのような特定産業を支援する産業政策から，競争環境整備，市場機能強化の構造改革が中心的な課題となった。さらに 1990 年代以降になると規制緩和や減税など市場環境を整えることを目的とする新自由主義的ないし水平的な政策に転換した。ただこの間も個別の産業やプロジェクトを垂直的に支援する政策が多数実施されたが，1960 年代以降の数々の施策は失敗が多いと評価されている（例えば瀧澤他，2016）。

　以上を見ると日本が欧米にキャッチアップを図る局面では産業政策がうまく働いたが，局面が変わり，いわばフロントランナーの立場に置かれてからは産業政策は必ずしも有効とはいえない。世界的に見ても，日本，韓国，台湾，中国等を例に，開発途上段階の国において政府がキャッチアップの手段として産業政策をとることに有効性を認める学者や専門家が多い。ではフロントラン

ナーの立場にいる米国や欧州での産業政策の評価はどうかというと，慎重な意見が多い。実際，欧米ではいくつも産業政策が実施され，失敗は多いものの成功もある（エアバス，アポロ計画等）。以上のように，産業政策と言っても，経済発展の局面の違い，産業やプロジェクトの違いにより，成功と失敗が交錯している。今後はどのように対処すべきだろうか。

　今，状況は大きく変化している。気候変動リスクの認識が広まり，こうした地球規模の課題には政府が主体的に対処すべきとして「ミッション志向の産業政策」（マッツカート，2021）が主張され，支持をえるようになった。さらに米中対立の進行，ロシアのウクライナ侵攻といった地政学的な不安定要因が現れた。またコロナウィルスの世界的流行により，それまで経済活動の前提となっていた流通とサプライチェーンに脆弱性があることが明らかになった。特にコロナ禍による半導体の供給の停滞で世界中の電機製品や自動車等の生産活動は停止を余儀なくされた。こうした地政学リスク，自然災害リスクが顕在化する中で，「経済安全保障」が意識され，産業活動の維持・確保のために各国政府は様々な産業政策を取り上げ始めた。日本においても同様の動きがあり，特に成長戦略の一環として重視されている（飯田，2023）。このような背景の下で，この数年，先進各国で巨額の補助金や税額控除などを通じ，政策に沿った重要産業（半導体製造工場や脱炭素関連事業）の国内誘致を図る動きが目立つ。

　以上のような流れの中で，産業政策が各国で打ち出されている。ここで産業政策の内容を振り返り，日本の再興につなげるにはどうすべきかを検討する。

2．産業政策とは何か

(1)　内容

　「産業政策」に様々な定義がある。狭い定義としては「戦略的に重要と考えられる特定の産業（例えば製造業）を支援する政府の施策」がある（Siripurapu & Berman, 2022）。他方，OECD は 2013 年のレポートで企業の事業環境を改善する政府の取組み全般を指すとしており，日本の産業政策のイメージから見るとかなり広範である。安橋は産業政策の様々な定義を紹介し，自らは「産業間あるいは産業内の資源配分（産業構造の転換を含む）を行うために有用なあ

らゆる政策」と定義した（安橋，2022）。本章でもこの広い定義で考える。産業政策は多種多様な政策の集合体で，色々な分類方法がある。次に政策手段の分類および対象別の分類により，政策の特徴を整理したい。

(2)　政策手段による分類

　産業政策の代表的な研究（伊藤他，1988）では，政策手段として㋑自国産業育成（幼稚産業保護），㋺戦略貿易政策（補助金を利用した先端産業の育成等），㋩情報共有（審議会等で政府・財界・学会等が共通認識を持つ），㋥過当競争と参入抑制政策，㋭研究開発，をあげている。㋑の自国産業育成について，規模の経済性の働く産業，例えば重化学工業のような固定費の大きい産業においては，必要なセットアップコストを政府が補助することで戦略的に保護育成しうる。あるいは自動車産業のように各企業の生産量の増大が，産業の生産費用の低下を通じて他の企業の生産を誘発しコスト競争力が生まれる産業でも（マーシャルの外部性のある産業）同様の効果がありうると指摘される（伊藤他，前掲書；鈴村・奥野，1993）。ただ，実際に外部効果が必ず生まれるか，どの程度の効果が生まれるかの予測は困難である。従い，戦後の日本や途上国が先進国の経験を参考にしてキャッチアップを目指す発展戦略では有効性が高いが，フロントランナーに立つ先進国の産業では難しいとの趣旨が指摘される（鈴村・奥野，前掲書）。

　㋺の戦略貿易政策は上記㋑の政策手段の1つと位置付けられる。例えば特定の産業・企業の投資に補助金を供与することで外国企業に対し国際競争力を強化しうるとされる。ただし，これは近隣窮乏化政策とみられ他国の反発を生む可能性がある（安橋，前掲書）。

　㋭研究開発はイノベーションのため重視される。日本の超LSI研究組合は成功との評価が多い（安橋，前掲書）。

　他にも様々な政策論がある。ポーターは企業戦略論を国の競争力創出にも適用し，イノベーションが最重要とした上で，そのためのクラスター形成政策を推奨している。その上で日本政府が様々な施策を通じて初期需要を喚起しイノベーションを支えたことを評価している（例：ファクシミリ，産業用ロボット）。クルーグマン（1996）は，産業政策の効果に懐疑的で，特定の産業でな

く研究開発への支援を行うべきだとする。

(3)　対象による分類（垂直と水平）

　「垂直的産業政策」と「水平的産業政策」に分けられることもある（以下「垂直政策」「水平政策」）。垂直政策では重要な産業を特定し（ターゲティング），保護・育成・振興を行う。その意味で伝統的な産業政策と重なりが多い。上記(2)で言えば，⑦ないし㊀のすべてが動員される。水平政策は，ある政策目的（例：国際競争力強化）のために全産業に共通した基盤を整備すること（例：情報インフラの整備）を指す（田中他，2022）。その意味で，市場での企業間競争を重視する競争政策と親和性が高い。垂直政策と水平政策の有効性は実施される国の発展段階や経済・産業の状況等により違う面が見られる。この2つの区別を踏まえて，これまでの歴史や先行研究を通してみると，途上国が先進国の経験に基づきキャッチアップを目指すような場合，産業政策，特に垂直的な産業政策に有効性が見られる（例えば，世界銀行の元チーフエコノミストのジャスティン・リン）。しかし先進国で新たな産業育成や技術開発を目指すような場合には垂直政策は失敗が多いことが指摘されている。例えばフランスでは政府支援によりチャンピオン企業の育成を図ったが失敗した。日本でも後述のとおり旅客機や半導体等の分野で産業育成を目指したが失敗している。この原因については新しい技術や産業についての政府の判断能力の限界が指摘されている。特に個別プロジェクトの支援には技術やビジネスについての情報と判断，臨機応変な対応が必要であるが，多数の関係者を巻き込んで政治的に決定された国策案件では簡単ではない。

　以上のような背景からフロントランナー局面にある先進国では特定の産業や企業への支援は避け，産業基盤の育成・強化のため水平的な産業政策が使われることが多い（アギヨン他，2022）。

　次節では，キャッチアップ局面での産業政策の例として日本と中国を検討する。

第 2 節　キャッチアップ局面での成功と限界

1. 日本での成功と限界

　既に触れたように，戦後の産業政策については概ね効果が認められている。例えば大橋（2021）は，1940〜60 年代，欧米資本に対抗するため，重化学工業のような規模の経済性が働く資本集約的な産業を国内で育成することおよび，国内産業の再編・最適化を通じて過当競争を防止したという点で産業政策は一定程度の役割を果たしたと評価する。また伊藤（1993）は高度成長期の日本の自動車産業を取り上げて，以下のような条件の存在が設備投資を活発にしたと指摘する。① 1955 年に GATT に加盟した日本は自由化のスケジュールが定められており，当初は国内産業保護のため施行された輸入制限や直接投資規制の政策が恒久化しないことを企業が認識していた（伊藤他，1988）。②自動車産業は寡占的な市場で，ライバル企業の動向を強く意識していた。③欧米の自動車メーカーの参入が確実であるため，国内で価格競争でなく設備投資を志向した。④メーカー間の価格競争が激しい状況でなかったため新規企業の参入を容易にした。⑤また国内市場が大きく成長を支えたとする。

　その後，日本は高度成長を遂げ，欧米との貿易摩擦，日米構造協議等を通じ，産業構造が変化した。70 年代以降，新たな産業の育成が図られたが，政策の大方は効果が疑問視されている。1980 年代以降の IT 産業プロジェクトは殆ど失敗したともいわれている（瀧澤他，2016，189 頁）。上記の超 LSI 研究は別にして，シグマ計画，エルピーダ等，多額の国費が投入された半導体のプロジェクトが失敗に終わった。最近でも三菱重工による国産ジェット旅客機 MSJ には多額の補助金が投入されたが，必要な米国航空局の型式証明が取得できず中止された。原因としては，必要だった型式証明取得の体制（組織，人材，ノウハウ等）が十分揃えられなかったこと等が指摘される。

　岡崎は，日本の戦後を 19 世紀末に始まった先進国経済へのキャッチアップ過程の完成局面と捉え，戦後は先進国との格差をフロンティア技術の導入によって埋めることに成功したとする。そして 1990 年代に入るとこうした成長余地は使いつくされた。今後はフロントランナーとしてイノベーションが必要

となると指摘している（岡崎，2017；瀧澤他，2016）。

　以上をまとめると，日本の高度成長期は産業政策が投資を活発化し，産業の競争力をもたらしたとの意見が一般的と言える。しかしキャッチアップ後は失敗も多い。特に支援の対象つまり補助金等をどの分野・産業・プロジェクトに向けるべきかの判断は難しい。こうした政府の能力の限界は欧米でも常に指摘されてきた。

2．中国

　短期間に急速な経済成長を遂げた中国の産業政策が世界的に注目を集めている。1970年代後半から経済システムが「計画経済」から「社会主義市場経済」に移行し，その中で産業政策が実施された。中国はその開発政策の策定にあたり，先進国のこれまでの経験を参考にできるメリットを十分に活用したと言える。1994年の「1990年代の産業政策の概要」では機械・電子，石油化学，自動車，建設が支柱産業とされていた。その後，国有企業の民営化等の市場自由化も進められたが，2006年頃からは国内産業・企業の基盤強化や研究開発が強調され，2020年までにイノベーション社会を目指すとの方針が打ち出された（2006年「国家中長期科学技術発展計画」）。2015年に発表された「中国製造2025」では先端10分野を指定し，2025年までに製造強国の仲間入り，2049年までに世界の製造強国の先頭グループに入るとする。これを受けて，産業投資基金の設置，政策銀行による融資，税制優遇措置，補助金が用意されている。こうした動きは米国，EU，日本などに対抗的な政策を取らせる大きな要因になっている（なお，中国政府の産業政策を批判的にとらえた論考としては，丸川（2020）がある）。

　アギヨンは，中国の経済成長とその産業政策を検証し，競争的な市場で補助金等の産業育成の施策が実施されると生産性向上が見られるとしている。特に重要な条件は市場が競争的であり，新規参入を妨げないこととしている（Aghion et al., 2015）。

　実際，中国市場の競争は激しい。中国の1990年のWTO加盟は外国企業の参入と競争を生み出してきた。ここで民間企業のファーウェイの例を取り上げ，民間企業の自主性の重要性を確認したい。

　中国は先進国にキャッチアップを続けてきたが，通信分野では著しい発展を遂げ最先端に立つようになった。当初，中国には4大通信機器メーカーがあったが，最大の成功企業は民間のファーウェイである。他の国営メーカー2社（巨龍，大唐）は国から研究開発資金を受け取っていたため自律的な経営ができなかったと推察される（今道，2017）。例えば2000年代初期は携帯通信技術が3G，4Gへと進化する移行期にあった。中国は中国独自の標準規格TD-SCDMAの開発に注力し，ファーウェイもその開発のために独シーメンスと合弁会社を設立した。しかし結局TD-SCDMAは普及せず，WCDMA等が主流規格となったが，ファーウェイはWCDMAの開発もしていたおかげで市場シェアを拡大した。このようにファーウェイは技術規格の方向性が不透明な時期に複数の可能性に備えていた。これに対して国有企業は国からの資金供与を得ていただけに経営上の選択肢が狭められ，柔軟な対応が難しかったものと思われる。丸川（2020）もファーウェイの研究開発を評価している。

　以上から，キャッチアップ局面にあった中国経済は産業政策の有効性が見られた。そしてフロントランナー局面に立たされた業界では民間企業に成功例が見られたと言える。

第3節　フロントランナー局面：先進各国の状況

1．EU
⑴　推移
　本来，EU（前身のECも含む）では欧州での自由市場，自由貿易，企業間競争の確立を目標とし，域内単一市場での企業間の自由競争の促進こそが経済発展やイノベーションを生むとの観点から競争政策を重視してきた。ただ，加盟各国はその国の歴史や事情に応じ産業政策を講じてきた。その意味で産業政策は加盟各国の政策領域であった。EUとしては単一市場の理念に基づき，加盟国が産業政策に基づき特定企業への補助金を交付する場合等には，EU域内市場の競争を歪曲しないかに注意を払ってきた。しかし，近年EUも産業政策に取り組みに積極的な姿勢を取るに至った。EUではこの競争重視と産業育成の2つの関係について議論が繰り返されてきたと言える。そして産業政策に

おいても，競争政策と親和的な水平的アプローチと産業育成に近い垂直的アプローチの妥当性について議論が繰り返されてきた。2006年の欧州委員会レポートに基づき推移を見ると以下のとおりである（Maincent & Navarro, 2006）。

<u>1970〜1980年【垂直アプローチ】</u>　この時期は，特定の産業の育成を図る垂直的アプローチ（セクター産業政策）が重視された。特にフランスやドイツ等がナショナル・チャンピオンの育成を図った。この頃，厳しい国際競争に晒された鉄鋼業を欧州で維持すべきかが検討されたが，結局，鉄鋼業の維持が競争政策や貿易政策より優先され，ECSC（欧州石炭鉄鋼共同体）条約が締結された。

<u>1980〜1990年頃【垂直アプローチから水平アプローチへ移行期】</u>　上記により鉄鋼業については事業維持に成功した。しかしこうした政策には国からの継続的な補助が必要であり，持続不可能であるとの認識が広まった。また個別プロジェクトではエアバスの支援は成功したが，他では必ずしも成功したとは言えない。高解像度TVの開発を目指したEUREKAプロジェクトは失敗した。またEU企業の域内活動が進み，ある国の産業政策の効果は域内の他の加盟国に漏れてしまうという事情（スピルオーバー効果）もある（田中他，2022）。さらに当時の世界的な新自由主義の思潮もあり，競争政策重視が打ち出されてきた。

<u>1990〜2000年【水平アプローチ】</u>　上記の流れを受け，1990年に制定された「産業政策ガイドライン」では①水平アプローチが採用され，競争政策重視・単一市場理念の重視が明確にされた。EUは企業に良好な枠組みを提供することに焦点を当てるとし，特定の企業を選んで支援すべきでないとの立場を示した。ただ全面的に水平アプローチに転換したわけではない。エアバス等に対しては国の支援が認められ，実施された。またITで先行する米国を意識し，②科学技術基盤の強化姿勢が目立つ。

<u>2000年以降【水平アプローチの修正と新たな課題】</u>　しかし，その後も米国ではIT産業が成長し経済を牽引しているのに対しEUではIT産業の成長が遅く，米国に遅れている。また欧州で雇用を支える製造業の衰退への懸念も生まれ，チャンピオン企業の育成の議論が再燃した。

　こうした状況に関し，欧州委員会のレポート（Terzi et al., 2022）は，

EU は水平的アプローチの下，基本的にセクターや産業を問わず中立的に研究・開発支援を行ってきたが，結果は戦略的に重要なセクター（電池）が遅れていると指摘した。そして脱炭素に向け「欧州グリーンディール」に示される経済の抜本的で急速な変革が必須であるとし，そのための産業政策に取り組むべきとする。また地政学的緊張が高まり「戦略的自立」が必要であり，サプライチェーンの多様化のためにも積極的な産業政策が必要とする。ただし EU の単一市場を目指し，競争政策を厳守すべきともしている。また EU 内で極端に地域的な不平等が生まれないことが必要だとしている。

(2)　産業政策の評価

以上のように EU は産業政策の取組み姿勢を明確にしているが，その場合でも競争政策との関係をどうするか，また産業政策の実施に伴い発生しがちな問題にどう対処するかも検討している。2006 年欧州委員会レポートは，産業政策・特定産業への政府支援のあり方について以下を指摘している（Maincent & Navarro, 2006）。

① 特定の製品やデザインへの補助は（広いセクターや産業を対象にした場合より）成功しにくい。

② 特定産業への間接的な支援（法規制，公的支援を受けた大学の研究）は大きな効果をもたらし得る。競争的な条件の下での政府調達も有効である。米国政府は半導体等の入札で厳格な競争条件を課しているのに対し，欧州ではナショナル・チャンピオンを優先しており，イノベーションが生まれにくい。

③ テクノロジーのリーダーにキャッチアップを目指す産業への公的支援は，特に方法（safe path）が分かっているときは成功しやすい（日本，韓国，欧州のエアバス等）。他方で，テクノロジーの最先端にあるようなセクターでは垂直アプローチはリスクが高く成功しにくい。予測不可能な開発に向かない。しかしハイテク産業であっても比較的確実な方法（relatively safe path）があって規模の経済の働く分野では公的支援は成功の可能性が高まる。

2022 年の欧州委員会レポート（Terzi et al., 2022）では，以下を重要な留意

点に挙げている。

① 未来志向であること（Future-oriented）。

② 企業ではなくセクターとテクノロジーを重視する。戦略的に重要と考えられる企業のための政策はかえって企業のイノベーションを奪う可能性がある。

③ 企業規模を作為的に大きくすべきではない。競争政策を歪めてはならない。

④ 産業政策は方向性をトップダウンで示すものだが，同時に企業の実験的試み，イノベーションと創造性のボトムアップを奨励する必要がある。起業家精神が大事であり，競争法を厳格に適用し，EU の基本理念である単一市場が重要である。

⑤ 透明性が重要である。特定の利益集団や政治家との結びつきは政策の独立性を失わせる可能性がある。政策や結果等が常に監視され，必要に応じ修正される必要がある。

⑥ イノベーションの開発と同時に需要の確保が重要である。生み出されたイノベーションを競合企業からの買収等から守る必要もある。

⑦ 産業政策には失敗が不可避であるが，大事なのは失敗を認識し，政策を修正することである（Rodrick, 2014 参照）。

(3) EU の現状方針

　こうした背景の下で 2020 年 3 月に公表された EU の「新産業政策」を見ると競争力強化のための市場統合の深化，欧州グリーンディールによる 2050 年までの気候中立の実現および欧州デジタル化（EU 域内の ICT 化，デジタル単一市場政策）が重視されている。さらに安心安全，所得格差の縮小，安全保障といった新たな課題も重視されている。

　また，EU の産業政策の大きな特徴は，競争力強化のため科学技術支援プロジェクトに重点を置いてきた点である。研究助成のための「枠組み計画　第 1 次〜7 次」以来，基礎研究，研究者キャリア開発，インフラ支援，産業リーダーシップ，社会的課題への取り組みが行われ，2021 年には「ホライゾン・ヨーロッパ」が採択された。またスタートアップ企業を支援するため，米国の

DARPA を手本にヨーロッパ・イノベーション・カウンシルが設立された。

　以上，EU の産業政策は，垂直的アプローチは有効でないとの認識から水平的アプローチに移行し，科学技術支援等が重視されてきた。給付された補助金等は多くの場合既存の大企業に有利に働き，新規参入の障害になったとの指摘もある（アギヨン他，2022）。しかし最近の新しい課題に対処するため産業政策に積極的になっている。以上見たように EU も日本と同様に産業政策で試行錯誤してきたことが窺える。

２．米国

(1)　推移

　米国は先進国の中でも最も産業政策に消極的で，嫌悪してきたとさえ言われる。特に 1980 年代以降は，市場を重視する新自由主義あるいはワシントン・コンセンサスのもとでは，その傾向が強い。ただ，そうは言っても，過去に外部からの重大な脅威があるたび例外的に産業政策がとられた。大恐慌への対策として 1930 年代のニューディール政策が実施された。また旧ソ連との宇宙開発競争から DARPA（Defense Advanced Research Projects Agency）が設立され，またアポロ計画も実施された（Siripurapu & Berman, 2022）。日本の半導体技術の脅威に対し半導体技術開発コンソーシアムのセマテックを設立した。今，中国との地政学的対立が深まり，半導体技術に脅威を感じ，半導体関連の「CHIPS 法」により，半導体産業の育成を目指している。

　また，実際には戦略等を明示しないで特定の産業や企業を優遇することが行われており，いわば"ad hoc and de facto"な形で産業政策が実施されてきたと指摘されている（Congressional Research Service 2023.1.3）。その支援にあたり，育成対象となる製造業や貿易を総括的に明示するような形でなく，一般的あるいは産業横断的な形（法人税の減免等）で，あるいは産業や企業向けの政策の形（電気自動車等）で行われた。

　他方，R&D に対する補助金は継続的に投入されてきた（DARPA，NASA，NIH 他）。既にみたように新しい産業政策を主張する学者の間でも，イノベーションの面で DARPA や NASA への評価は高い。また半導体産業の育成面では，政府が大学の研究者を支援したことおよび新しく開発された半導

体の需要を軍事やアポロ計画が支えた点が評価されている（ミラー, 2023）。

(2)　産業政策への評価

　米国の産業政策については1970年代から研究されており，最近ではピーターソン国際経済研究所（PIIE）の研究があり（Hufbauer & Jung, 2020），そこでは先行研究を次のようにまとめている。Nelson（1982）の研究は，半導体，商業航空機，コンピューター等，7つの産業の1960年代から1970年代の記録を調べ，政府の産業支援にはR&Dの支援が最も有効であると指摘している。成功した支援形態は，㋑政府調達（例：国防省による航空機の調達），㋺研究者にR&Dの配分を任せる研究費支援（例：米国の農業の研究），㋩潜在的なユーザーが研究の方向を決めること（例：半導体のセマテック）である。ただし企業間競争が激しい場合，研究成果の権利に関心が集まり，上記㋩のユーザー主導の研究は実現が困難になる。また政府が商業的に勝ちそうな業者を選ぶのは適切でない。様々な手法（規制，独禁法，特許，等）の何が適切かについてはケースバイケースで一概には言えない。Cohen and Noll（1991）の研究は，連邦政府によるR&Dの商業化は，NASAによる通信衛星プロジェクト以外は成功とは言い難いとし，産業政策に対し懐疑的である（Hufbauer & Jung, 2020）。

　このPIIEの研究ではさらに過去の産業政策18件を検証し，国際競争力，雇用，テクノロジーの観点から以下のとおり評価している。

① 貿易政策（輸入規制等）による産業政策：少数の例外を除き効果がない。

② 特定企業への補助金：新エネルギー開発の補助を受けた3社（ソリンドラ，他）は，いずれも失敗に終わった。先端技術の開発はリスクが高く公的資金を1～2社に集中するとそれ以外の企業のイノベーションによる解決を妨げる可能性がある。他方，アラバマ州へのメルセデスベンツ進出，クライスラーの救済等は雇用面で一定の効果があった。

③ R&Dの公的支援：DARPAが顕著な成功を収めている。セマテックはまずまず成功。

④ 以上をまとめると，㋑産業政策で雇用創出は可能。㋺輸入規制はほとん

ど効果がない。㈅単一企業にテクノロジー開発を任せると可能性が狭まる。㈃R&D 支援が最も適切。

　以上の検討を踏まえ，PIIE はバイデン政権の産業政策は，サプライチェーンの脆弱性を減らし中国に対抗するためにやむを得ないものと評価している。問題は，産業政策につきものの失敗をどうするかであると指摘している（Hufbauer & Jung, 2020）。

　以上の EU と米国の検討を表 5-2 にまとめた。全体として，広い対象（特定企業でなく産業等），R&D 中心，企業や研究者の自主性の尊重，等が見られる

表 5-2　成功・失敗の事例　EU, 米国の研究から

	対象について	手法の例	自主性の尊重の例	留意点
【EU】Maincent (2006)	広くセクターや産業を対象　○ 特定製品・デザインへの補助　△	①特定産業への間接的な支援(法規制，公的支援を受けた大学の研究)　○ ②政府調達は競争的な条件　○	(テクノロジーのリーダー企業等へのキャッチアップ方法 "safe path" が判明しているか)	注 1)
【EU】Terzi (2022)	セクターやテクノロジー対象　○ 特定企業　×	需要が大事　○	企業の実験的試み，イノベーション，創造性のボトムアップ，起業家精神を奨励	実施にあたり失敗を認識し，政策修正が必要
【米国】Nelson (1982)	R&D の支援　○ 政府による winner 企業選定　×	政府調達　○	研究者が研究費の配分，潜在ユーザーが研究の方向を決定（半導体セマテック）	注 2)
【米国】Choen & Noll (1991)	R&D 商業化支援 6 件のうち成功は 1 件 (NASA) のみ			
【米国】PIIE (2020)	産業に向けた R&D の支援　○ 特定産業保護（輸入規制）　× 特定企業への補助　×	R&D の支援（産業向け）　○ 輸入規制（特定産業保護）　× 州の企業誘致に成功例あり　△	成功している DARPA には政治的介入がない	過去の数多の失敗から学ぶ

　注：1）企業規模を作為的に大きくすべきではない。競争政策を歪めない。
　　　2）競争法を厳格に適用，単一市場を実現する。
　資料：各報告書をベースに筆者が作成。

場合に成功していることが多い。また，過去に学び失敗したら政策修正が必要と強調されている。

3．産業政策への含意

　上記 1.2. を踏まえると以下のようなケースで産業政策の有効性が高まると考えられ，今後の実施において留意すべき点と考えられる（表 5-3 参照）。

(1)　キャッチアップ局面

① 目標が明確な場合はターゲットを定めて政府が支援する（例：中国等の成長戦略，高度成長期の日本の自動車産業）。

② また，テクノロジーのリーダーへのキャッチアップを目指す場合で方法（safe path）が分かっている場合。

③ 規模の経済が働く産業やマーシャルの外部性の働く産業では，政府が補助金等でインフラのセットアップコストを供給する（例：自動車産業）。

表 5-3　産業政策見取り図

	領域	指針の有無	主な政策	例	主な留意点
A	キャッチアップ局面　　幼稚産業　　例：巨額の設備投資（セットアップコスト）を要する	先例がある	ターゲティング○	戦後日本，中国，韓国	競争的であること　価格競争（消耗戦）に陥らない　各国の歴史による（ロドリック）　政府の限界→民間の経営判断を尊重する（MSJの失敗）
B	フロントランナー局面　先端産業　例：半導体	不透明	ターゲティング△　水平支援　R&D支援	EU　米国	政府の限界→民間の経営判断を尊重する（チャンピオン企業の育成失敗）
C	新しい課題　　例：脱炭素	不透明	セクター横断的　　水平支援　R&D支援	米国　アポロ計画	制度設計を常に見直す（ロドリック）　国がリスクをとる（マッツカート）

資料：筆者作成。

④　上記①②③のようなケースで，市場が競争的であれば企業の投資活動が一層活発化する例が見られる（例：日本の高度成長期の企業の設備投資競争，アギヨンの中国研究）。

⑵　キャッチアップ後

①　ターゲット設定は難しい。クルーグマン他（1996）は特定の産業でなく，研究開発支援を行うべきとする。実際にも水平的産業政策が選択されることが増える（欧州，米国，日本）。補助・支援の対象は特定企業でなくセクターが良い。産業への間接的な支援（法規制，公的支援を受けた大学の研究等）も有効。

②　フロントランナーのハイテク分野では技術の進展に不確実性が大きく，政府がターゲットを選ぶことは難しい。民間企業の創造性，起業家精神を尊重すべき（例：日本の過去の IT 支援の失敗，ファーウェイの成功）。

③　比較的確実な方法（relatively safe path）が見つかっており，規模の経済の働く分野では成功可能（例：エアバス）。

⑶　イノベーションの育成

初期段階での需要の喚起・創出を行う（ポーター他，2000）（例：米国 NASA や軍による初期半導体の購入，日本は電電公社がファクシミリを利用促進）。

⑷　政策見直しのメカニズム

産業政策の失敗を認識し，政策を修正することが大事（岡崎，2015；Rodrik，2014）。また透明性が重要。

第4節　日本のとるべき道

前節では産業政策の実施上の課題を検証し，その難点も浮き彫りになった。そして米，EU とも難点や限界を認識しつつも，経済安保や脱炭素等に取組むため，あるいは成長のために産業政策を進めている事情が明らかになった。日

本においても，現在の国際環境や世界的課題への取組みと成長のために産業政策が必要と考えられ，前節で得られた含意を踏まえ，特に GX，DX に取り組む必要があると考えられる。

　他方，これまで日本の産業政策で取り組まれた DX や GX は進展に難しさがあった。これらの進展を図るためアジアとの連携を下記 1. で提言する。さらに下記 2. および 3. で，やはり産業政策の対象となっている半導体，イノベーションの意義と留意点を取り上げる。

1．日本の課題とアジアとの連携

　日本が直面する課題は多い（経済産業省産業構造審議会，2023）。その中の重要項目として，①少子高齢化の進む人口減少，②脱炭素（GX），③テクノロジー，特に IT 化（DX），がある。例えば③に関し経産省ではデジタルトランスフォーメーション（DX）として企業のデジタル技術やデータ化の推進を進めようとしており，経団連は 2018 年に「Society5.0」を発表し DX を心臓部に位置付けている。しかし実際にはいずれのテーマにおいても進展の遅れが見られる。そこでこうした課題への取組みに，日本が深く関与して近年成長著しいアジアと連携することが考えられる。

　戦後の日本はアジアに ODA を含む積極的な経済支援を行い，企業も膨大な投資を行い，自動車や電機の製造拠点を確立している。そして今アジアは消費市場としても発展し，日本からアパレル，日用品に加え，サービス・セクターでも大型の小売業，コンビニエンスストア，外食チェーン等が進出している。教育分野でもアジアから多くの留学生を受け入れてきたし，日本から現地に赴いた教員あるいは企業 OB で現地で技術指導に携わっている日本人も少なくない。日本の課題とアジアを結ぶため，官民連携してこうした経済関係や人脈を活かすことが考えられる。

　上記①で触れた人口減少と経済の低迷で日本での購買力が落ちている。高級アパレル等の需要は中国が日本を上回る存在になりつつある。したがって中国をはじめアジア地域での展開が重要であるが，留意すべきは，これら地域で電子取引（EC）が発展しアリババのような EC プラットフォームの活用が重要になっている点である。EC を基盤にしたビジネスモデルはすでに中国が日本

を凌駕しており，東南アジアでの発展も目覚ましく，これまでの伝統的な小売
手法ではこうした消費をタイムリーに捉えることが困難になってきている。その意味で DX は喫緊の課題である。すでに経産省が取り組んでいるところであるが，アジアにおける EC の実態を検討し，対応の強化を図り，企業に新技術の導入について更にインセンティブを設ける必要があると考えられる（岡崎，2017）。日本国内を念頭に DX を考えるよりも，成長性のある広いアジア市場を背景にしたビジネス交流の中で DX を構想することで，日本の企業や関係者に強いインセンティブとして働くことが期待される。

　脱炭素についても，その重要性は喧伝されながら進捗が難しい。ここでもアジアとの連携が考えられる。日本企業の多くがアジアで工業団地等をベースに活動している。そこで日本の脱炭素技術を日本企業だけでなく，現地のサプライヤーも対象にして，そこでの GX の取組みを進める。日本だけでなく現地の脱炭素に貢献する。その際には現地の日本人商工会議所，JBIC や JICA の資金，ジェトロ，現地日本大使館等の日本の官民の連携を活して，これまで進みにくかった GX に弾みをつけることができると考えられる。

2．イノベーションの振興

　近年，国の主導による研究開発が注目されている。その中でも米国の国立衛生研究所 NIH および国防総省の防衛先端技術研究計画局 DARPA が国際的に高く評価されている。前者は新薬の開発等の基礎研究面で貢献し，後者は軍事技術を研究開発する中でインターネット技術の基礎を開発した。その成功の理由としては，テーマの取り上げにあたり DARPA，NIH とも研究者や研究チームの独立性が尊重されている点がよく指摘される。例えば，2010 年にオバマ政権が政治主導で個別の研究分野（がん研究，自閉症）に対する予算レベルを設定しようとしたが，「政府が支援すべき最も有望な科学研究へのグラントは，科学的ピアレビューに基づく形で実施される必要がある」としオバマ政権による各分野への予算増額案を拒否した（研究開発センター，2014）。以上のように研究開発に自由が重要であり，学問の独立性を重視するという姿勢が明確である（Hufbauer & Jung, 2020）。

　また米国の NIH ではその研究資金の応募にあたり研究者の研究計画に関

し，専門家によるフィードバックが行われ，そのやり取りが研究を進めるにあたり重要なインプットになっていると指摘されている（菅，2004）。日本ではDARPAやNIHに関する事業を科学技術振興機構（JST）や日本学術振興会（JSPS）が担当しているが，米国の機関と比べると専門家が少なく，様々な研究プロジェクトの進捗把握のためには強化が必要と思われる。他方で，日本の研究機関は大学も含め，いったん設立された研究室が新しいものに変わることは少なく硬直化が見られる。限られた政府予算のなかでは，そうした旧来の構造に手を付ける必要があると思われる。

3．半導体

　かつて日本が世界をリードしていたが，競争力が衰えている。しかし半導体はあらゆる産業の基幹部品となり，半導体不足ではDX，GXも進まず，産業活動全体のリスクとなる。ただ半導体製造工場には巨額のR&D投資，設備投資が必須である。各国はその重要性に鑑み巨額の政府資金の投入を決定している。日本政府（経産省）も国内での半導体の安定的な供給確保を目指し，先端半導体の製造を目指すラピダス社に4千億円，台湾のTSMCにも4千億円が充てるとしている。計画によればラピダス社は半導体の微細化を世界最先端の2ナノまで進め，2027年には量産化するとしているが，こうした高度な技術開発を計画通り実行するのは難しく，日本の今の技術レベルに鑑み，目標が高すぎるのではないかと危ぶむ声は多い（湯之上，2023）。技術の難しさや市況変動の激しい半導体業界を考えると本来は水平支援ないしR&D支援が適当と思われる。ただ，今回の半導体プロジェクトは従来と違い，経済安保上の要請から国際的な連携で進められている。米国のIBMとの連携，欧州企業との連携が進み，米国政府も中国との対立を念頭に半導体確保のため日本や欧州との連携を重視している。その意味で，日本企業が自前主義のモノづくりにこだわった過去のITプロジェクトとは違い，国際的連携の中で半導体の製造システムを再構築する機会になりうると思われる。政府は経営の自由度を尊重しつつ，その進行を確認していく必要があると思われる。外国企業との共同事業は，仕事のやり方を見直す契機になると考えられる。

第5節　まとめ

　以上，産業政策の今日的な課題を確認し，実施にあたっての留意点をまとめた。

　最後に，これまでの産業政策の失敗を踏まえ，以下の点を指摘したい。

1. これまでいくつもの官製プロジェクトが打ち出されたが，結果についての検証がほとんどなされていない。PDCA（Plan, Do, Check, Action）サイクルのPlanとDoばかり行われ，失敗の検証がないのは日本の官僚システムの弊害と指摘されている（岡崎，2015）。ロドリック（2019）も，産業政策に失敗はつきものであり，大事なのはそれを検証して学ぶことであると指摘している。さらに政府と民間の密接な連携，説明責任の重要性を指摘している。

2. イノベーション振興も含め，産業政策のための補助金プログラムが経産省，文科省，厚労省など色々な省庁や機関で用意されているが，その連携や整合性の調整が必要である。

3. 国際的な連携が重要である。日本企業は従来の自前主義から脱してシリコンバレーとの協力，大学との連携といったオープンな枠組みを作ることが重要である。日本企業の自前主義，意思決定の遅さ等は長年指摘されながら改善されてこなかった。今回の半導体での米国や欧州との連携は日本の閉鎖的な仕組みを変える機会になり，企業も欧米から学ぶ必要がある。

［参考文献］

アギヨン，フィリップ他著／村井章子訳（2022）『創造的破壊の力：資本主義を改革する22世紀の国富論』東洋経済新報社。

安橋正人（2022）「「産業政策論」再考―昨今の議論も踏まえて―」RIETI Policy Discussion Paper Series 22-p-016，独立行政法人経済産業研究所。

飯田祐二（経済産業政策局長）（2023）「なぜ「失われた30年」を止められなかったのか…経産省が「結果を出せなかった」と反省するバブル崩壊後の誤算」プレジデントオンライン，5月15日9:00（https://president.jp/articles/-/69370，2023年11月9日閲覧）。

伊藤元重（1993）「温室の中での競争―日本の産業政策と日本の自動車産業」伊丹敬之・加護野忠男・伊藤元重『日本の企業システム　4　企業と市場』有斐閣，第8章。

伊藤元重・清野一治・奥野正寛・鈴村興太郎（1988）『産業政策の経済分析』東京大学出版会。

今道幸夫（2017）『ファーウェイの技術と経営』白桃書房。

大橋弘 (2021)『競争政策の経済学　人口減少・デジタル化・産業政策』日経 BP。

岡崎哲二 (2015)「政府のイノベーション政策はなぜ失敗続きだったか―第 2 回　成果を検証する厳密な政策評価が必要だ」日経ビジネスオンライン，11 月 2 日掲載 (https://cigs.canon/article/20160404_3572.html, 2023 年 11 月 20 日閲覧)。

岡崎哲二 (2017)『経済史から考える　発展と停滞の論理』日本経済新聞出版社。

クルーグマン，P. R. 他著／石井菜穂子他訳 (1996)『国際経済：理論と政策　第 3 版　Ⅰ国際貿易』新世社。

経済産業省商務情報政策局 (2023)『半導体・デジタル産業戦略 (改定案・抜粋版)』6 月。

経済産業省産業構造審議会経済産業政策新機軸部会 (2023)『経済産業政策新機軸部会　第 2 次中間整理』6 月 27 日 (https://www.meti.go.jp/shingikai/sankoshin/shin_kijiku/pdf/20230627_1.pdf, 2023 年 11 月 20 日閲覧)。

ジョンソン，チャルマーズ著／佐々田博教訳 (2018)『通産省と日本の奇跡　産業政策の発展 1925-1975』勁草書房。

鈴村興太郎・奥野正寛 (1993)「日本の産業政策―展望と評価」伊丹敬之・加護野忠男・伊藤元重『日本の企業システム　4　企業と市場』有斐閣，第 6 章。

経済産業省商務情報政策局『半導体・デジタル産業戦略 (改定案・抜粋版)』6 月。

研究開発戦略センター (2014)『調査検討報告書　NIH を中心にみる米国のライフサイエンス・臨床医学研究開発動向』科学技術振興機構 (https://www.jst.go.jp/crds/report/CRDS-FY2013-OR-01.html, 2023 年 11 月 20 日閲覧)。

菅裕明 (2004)『切磋琢磨するアメリカの科学者たち』共立出版。

瀧澤弘和他 (2016)『経済政策論　日本と世界が直面する諸課題』慶應義塾大学出版会。

田中素香他 (2022)『現代ヨーロッパ経済　第 6 版』有斐閣。

ポーター，M. E. 他著／榊原磨理子訳 (2000)『日本の競争戦略』ダイヤモンド社。

マッツカート，マリアナ著／関美和他訳 (2021)『ミッション・エコノミー　国×企業で「新しい資本主義」をつくる時代がやってきた』ニューズピックス。

丸川知雄 (2020)「中国の産業政策の展開と「中国製造 2025」」『比較経済研究』第 57 巻第 1 号，1月，53-66 頁 (https://www.jstage.jst.go.jp/article/jjce/57/1/57_1_53/_pdf, 2023 年 11 月 20日閲覧)。

丸川知雄 (2022)「【特集】国際シンポジウム「ファーウェイと米中貿易戦争―中国のイノベーションは何処へ？」ファーウェイ急成長の解明」『中国経済経営研究』4 巻 1 号，41-55 頁。

ミラー，クリス (2023) 著／千葉敏生訳『半導体戦争―世界最重要テクノロジーをめぐる国家間の競争』ダイヤモンド社。

湯之上隆 (2023)『半導体有事』文藝春秋。

Aghion, P. et al. (2015). Industrial Policy and Competition. *American Economic Journal: Macroeconomics*, 7 (4), 1-32.

Cohen, L., & Noll, R. (1991). *The Technology Pork Barrel*. Brookings Institution Press, Washington DC.

Hufbauer, G. C., & Jung, E. (2020). Scoring 50 years of US Industrial Policy 1970-2020. Peterson Institute for International Economics 2021. (https://www.piie.com/sites/default/files/documents/piieb21-5.pdf, 2023 年 11 月 10 日閲覧)

Maincent, E., & Navarro, L. (2006). A Policy for Industrial Champions: From picking winners to fostering excellence and the growth of firms. *Industrial Policy and Economic Reforms Papers*, No. 2. (C:\Users\yoshi\OneDrive\ａ̃ａ̃ａ̃ａ̃ａ̃©ａ̃³ａ̧¨ ¿¹\ç£æ¥æ¿ç\EUç£æ¥æ¿ç\EUChampions 2006_2_update_4187.pdf, 2023 年 11 月 10 日閲覧)

Nelson, R. R. (1982). *Government and Technical Progress: A Cross-Industry Analysis.* Pergamon Press, New York.

Rodrik, D. (2014). Green industrial policy. *Oxford Review of Economic Policy*, 30 (3), 469–491.

Siripurapu, A., & Berman, N. (2022). Is Industrial Policy Making a Comeback? *Council on Foreign Relations*, Nov. 18. (https://www.cfr.org/backgrounder/industrial-policy-making-comeback, 2023 年 9 月 1 日閲覧)

Terzi, A., Singh, A., & Sherwood, M. (2022). Industrial Policy for the 21st Century: Lessons from the Past. European Economy. Brussels (European Economy Discussion Paper 157). (https://doi.org/10.2765/538421, 2023 年 11 月 9 日閲覧)

第6章

グリーン成長の戦略的な推進

橋　徹

はじめに

　2050年のカーボンニュートラル（Carbon Neutrality：CN）実現は世界が共有する国家単位のミッションである。日本は2020年10月にCN宣言を行い，2050年のCN実現に向けて，温室効果ガス（Green House Gas：GHG）を2030年において2013年から46％削減することを目指し，さらに，50％の高みに挑戦し続けるとしている。

　本章の問題意識は，日本経済再浮揚というテーマに照らしてこの課題を捉えると，CN実現を新たな投資や成長機会とした戦略的な展開が必要である，という点である。また，そのために本章が着目するのは，デジタル・トランスフォーメーション（Digital Transformation：DX）[1]とサーキュラー・エコノミー（Circular Economy：CE）[2]である。DXとCEによる革新的なビジネスモデルや社会システムの実装は，エネルギーや資源効率の画期的な向上をもたらし，CNへの貢献度が大きいと考えられる。同時に，DXとCEは生産性向上を伴うデジタル経済化やサービス経済化など，より高付加価値な産業構造への転換を主導する取り組みでもある。したがって，CN実現と成長の両立を目指すグリーン成長には，DXやCEの促進を重要な課題として位置付ける必要がある。

　以上の観点から，第1節では，CN実現は新たな投資・イノベーションの機会であることを確認した上で，第2節と第3節では，それぞれDXとCEが成

長促進的な経済活動であり，CN にも貢献することを整理する。第4節では，そうした DX と CE がどの程度 CN 実現に貢献しうるかについて定量的な分析を行った。第5節では，DX と CE をグリーン成長戦略の重要な部分として組み込むことの重要性や戦略性をとりまとめる。

第1節　CN 実現はコストではなく，投資・イノベーションの機会

CN 実現は今後の経済成長の前提である。したがって，長期的なリターンを見据えた投資であり，社会システムのイノベーションの機会として捉えていく必要がある。

1．米国・EU におけるグリーン成長戦略

米国では，「インフレ削減法」が 2022 年8月に成立した。これは，気候変動対策や法人税増税を盛り込んだもので，エネルギーコストなどの上昇がインフレ要因となる中で，クリーンエネルギーへの転換によるデフレ効果を強調するために「インフレ削減法」と呼ばれている。気候変動対策としては，関連する設備投資や，設備投資後の生産実績に応じた税額控除を行うことで，脱炭素技術への転換を図るものである。政府による支援は 10 年間で，総額約 50 兆円規模になるという。

EU（欧州連合）では，2023 年2月に「グリーン・ディール産業計画」が策定されている。同計画は，①予測可能で簡素な規制環境，②資金へのアクセスの迅速化，③能力開発，④強靭な供給網のための開かれた貿易，という柱から成り，①については 2023 年3月に公表された「ネット・ゼロ産業法案」により具体化されている。「ネット・ゼロ産業法案」では，①太陽光・太陽熱，②陸上・洋上風力，③バッテリー・蓄電，④ヒートポンプ・地熱，⑤電解槽・燃料電池，⑥持続可能バイオガス・バイオメタン，⑦ CCS，⑧グリッド技術といったテーマでネット・ゼロ戦略プロジェクトを位置づけ，これらの生産に関し，2030 年までに EU 域内自給率を 40％超とすることを目標としている。こうした取り組みにおいて，「グリーン・ディール産業計画」では総額 140 兆円の官民投資が想定されている。

２．日本におけるグリーン成長の取り組み

　日本は，2021 年 6 月に「2050 年カーボンニュートラルに伴うグリーン成長戦略」を策定している。この戦略は，企業における大胆な投資やイノベーションを促進し，エネルギー・産業部門の構造転換など，CN に向けた経済社会の変革を図るものである。この戦略の取り組みは「エネルギー消費の脱炭素化」と「エネルギー消費量の削減（いわゆる省エネ）」といった枠組みで整理できる。「エネルギー消費の脱炭素化」という点では，まず電力部門の脱炭素化である。再生可能エネルギー（洋上風力，太陽光，地熱など）の主力電源化，その他の選択肢として，水素発電，CO_2 回収を前提とした火力発電，安全性の確保を前提とした原子力発電などである。そして，脱炭素化が進んだ電力を前提として各部門の電化や水素利用を進めることで，経済社会全体の脱炭素化を図る。「エネルギー消費量の削減」については，従来の省エネの取り組みに加えて，例えば，次世代パワー半導体の導入による家電製品のさらなる省エネ化，情報化に伴うエネルギー消費の増加に対して，情報通信インフラの省エネ化などをあげている。また，成長が期待される 14 の分野を選定し，政策が企業の挑戦を後押ししていくことで，2050 年の経済効果は約 290 兆円，雇用創出効果は約 1800 万人と試算されている。

　さらに，2023 年 5 月には GX 推進法が成立している。GX（Green Transformation）とは，経済産業省では「2050 年カーボンニュートラルや，2030 年の国としての温室効果ガス排出削減目標の達成に向けた取り組みを経済の成長の機会と捉え，排出削減と産業競争力の向上の実現に向けて，経済社会システム全体の変革を図ること」としている。GX 推進法は，カーボンプライシング（炭素排出への課金）の導入と，国によるトランジション・ボンド（GX 経済移行債）発行による資金調達が最大の特徴である。今後 10 年間で官民合わせて約 150 兆円の投資を見込み，そのうち約 20 兆円が政府の支援分である。この政府による投資を前倒しで実施するために国が GX 経済移行債を発行し，重要な技術開発などに先行投資を行う。発行した GX 経済移行債は，「炭素に対する賦課金（化石燃料賦課金）」で 2050 年までに償還する。この賦課金制度は化石燃料の輸入事業者などを対象として 2028 年度から導入する予定である。また，GHG の多排出産業を対象として，2026 年度から「排出量取

引制度」の本格稼働を想定している。

3．制約を契機としたイノベーションの機会

　資本市場での企業価値評価において，ESG を重視する傾向が高まり，ESG 投資の拡大や企業のサステナビリティ経営へのシフトという潮流が顕著になってきている。こうした民間の経営環境を前提に，上記の米国や EU，日本におけるグリーン成長戦略では，民間のイノベーションの取り組みや新規投資を引き出すことに焦点を当てた政策措置となっている。つまり，グリーン成長に関して，予見可能性の高い投資環境が醸成されてきたのである。したがって各企業は，CN を今後の成長に向けた新たな機会として取り組むことが求められている。本章では，CN 実現を成長促進的な機会とする鍵は，DX と CE にあると考えている。DX と CE はデジタル経済化やサービス経済化など，より高付加価値な産業構造への転換を主導し，同時に CN への貢献度が大きいと考えられる。

第2節　成長志向の CN 実現に向けた DX の推進

1．「変革」をもたらす DX

　Stolterman, E. and The Digital Transformation Lab, Ltd. (2022) は，DX を社会，公共，民間の区分で定義している。社会 DX では，「DX は，リアル空間とデジタル空間の融合を進め，よりスマートで一人ひとりが健康で文化的な生活を送れる持続可能な未来の実現を可能とする」としている。公共 DX では，「DX は，既存の仕組みや手続きの改革によってよりスマートな行政サービスの提供を進め，住民の安全・安心，快適で持続可能な社会の実現に向けて，住民参加による革新的なソリューションの創造を可能とする」としている。さらに民間 DX では，「DX は，企業がビジネスの目標やビジョンの達成に向けて，その価値，製品，サービスの提供の仕組みを変革すること」としている。

　これらの定義で重要な点は，デジタル技術によって，単に生産活動や生活が効率化するということだけではなく，生産様式やビジネスモデル，ライフスタ

イル自体の画期的な「変革」を強調している点である。

2．DX と経済成長

　DX の経済効果について経済学的な視点で捉えると，次のような枠組みが考えられる。経済成長は，生産要素である資本と労働の増加，および全要素生産性（Total Factor Productivity：TFP）の増加に分解して説明できる。TFPは資本投入や労働投入といった生産要素投入量の伸びでは説明できない経済成長部分であり，生産の質に関する効果である。具体的には，技術革新，無形資本の蓄積，企業組織改革，産業構造変化などの要因が含まれる。ここで，DXの進展を ICT 投資増加として置き換えると，まず，ICT 投資による直接的な資本蓄積が経済成長に寄与する。また，ICT がもたらす外部効果として，ICTが労働の質（人的資本）に与える効果や ICT がもたらす技術革新効果，つまり TFP の上昇効果によって，経済成長に寄与する。

　DX の経済効果に関する試算例として，総務省（2021）が，日本において「DX に取り組む企業の進展度が米国並みに増加した場合」に売上高にどの程度のインパクトがあるのかをシミュレーションしている。その結果，「製造業では 5.7％（金額換算して約 23 兆円），非製造業では 4.2％（同約 45 兆円）の売上高の押し上げ効果がある」としている。

　このほか，Spiezia（2012）は，OECD の 18 カ国を対象に，1995～2007 年の期間について，3 つのタイプの ICT（computer, software and communication）が各国産業セクターの成長に与えた影響について分析を行っている。その結果，各国産業の付加価値の成長率（％）に対し，ICT 投資が関係する部分は，0.4～1.0％ポイントであるとしている。日本の場合，産業の付加価値成長率 1.2％に対し，雇用が貢献する部分は約 0％ポイント，ICT 投資が 0.4％ポイント，非 ICT 投資が 0.6％ポイント，生産性が 0.2％ポイントである。また，3 分の 1 の対象国では，産業の付加価値成長に対する ICT 投資の貢献は，非ICT 投資によるものと比べて同等かそれ以上となっている。さらに，多くの国では，Computing に関する投資が産業の付加価値成長に対する貢献の 50％以上を占めるとしている。

3．CN 実現に貢献する DX

「2050 年カーボンニュートラルに伴うグリーン成長戦略」では，デジタル化を重視している。これは，DX が，あらゆる経済活動や社会インフラシステムなどの効率化や最適化を実現し，その結果，エネルギーや物質の消費効率も向上することを想定したものである。こうした効果をここで「スマート化」と捉え，その想定例を表 6-1 に整理した。

小林・岩田（2021）は，DX が加速し，AI やビッグデータを駆使したサービス創出が活発になることで，エネルギーやモノを投入せずに付加価値を得やすい経済社会となり，2050 年には 2015 年の CO_2 排出量の約 3 割分を削減できると推定している。

表 6-1　DX による効率化や最適化，グリーン化の想定例

対象	効率化や最適化，グリーン化の想定例
電力供給	・出力が変動する再生可能エネルギーの導入や分散型電源リソースの活用に向け，きめ細かい電力需給の制御が必要である。AI やビッグデータ活用などによる IT システムで，電力システムのスマート化を実現。 ・電力システムのスマート化により，システム全体での電力消費の無駄が無くなるとともに，再生可能エネルギー導入量の最大化が実現し，CN に大きく寄与。
生産	・工場内の生産プロセスを IoT 化し，収集したビッグデータや AI の活用などによって生産の自動制御を進め，生産の効率化・最適化を図る。 ・工場スマート化により，生産システム全体でのエネルギーや資源効率が向上。
交通・物流	・オンデマンドバスやタクシーなど，IoT や AI を活用することで，交通需要と交通サービスの迅速なマッチングを行い，交通システム全体の効率化を図る。 ・交通システムのスマート化により，システム全体でのエネルギー消費効率が向上，同時に低炭素型の自動車へシフトさせることで，CN に大きく貢献する。
消費活動・ライフスタイル	・メタバースの実現により，仮想のデジタル空間での消費活動（エンターテイメントなど）や趣味の活動が活発になる。 ・物質やエネルギーの多消費を伴わない消費活動やライフスタイルが普及することで，CN に貢献する。
経営・業務	・企業活動に AI やビッグデータを活用することで，経験に依存せず，データ分析に基づいた適切な判断や業務遂行が可能となり，経営資源の非効率が解消。 ・非効率の解消，業務のペーパーレス化により，エネルギーや資源効率が向上。
働き方	・テレワークやオンライン会議が定着し，より付加価値の高い時間利用や柔軟な働き方が実現。 ・業務の効率化によるエネルギー消費効率の向上。

出所：筆者作成。

第3節　CN や DX を支える CE の推進

1．CE とは

　CE は従来の循環型社会を含む，よりスコープの広い考え方である。その考え方自体に幅があり経緯もあるが，CE の普及促進に取り組むエレン・マッカーサー財団（Ellen MacArthur Foundation）は，CE の3原則を提唱している。3原則とは，「①経済活動を廃棄物・汚染などがゼロまたは最小限なものに設計すること」，「②原料や製品などをできるだけ長く，なるべく質を劣化させずに，生産－利用－再利用等のサイクルにとどまらせること」，「③自然資本を再生・向上させること」である。従来，資源効率性を追求する政策的な取り組みには長年の系譜があり，2007 年に設立された国連環境計画（UNEP）国際資源パネルによる取り組みもその代表例である。UNEP 国際資源パネルでは，持続可能な発展に向け，環境負荷と経済成長の切り離し（デカップリング）の必要性を提唱してきた。こうした潮流の中で，上記の CE の考え方が生まれたと考えられる。

　このような考え方を背景に，EU では，2015 年に「CE パッケージ（Circular Economy Package）」を策定している。これは EU の 2030 年に向けた成長戦略であり，CE 実現に向けて「製品，材料，資源の価値を可能な限り長く保持し，廃棄物の発生量を最小化する」，EU の国際競争力向上に向けて「資源枯渇と価格変動によるビジネスや経済への悪影響を回避」「イノベーション，新規ビジネスの創出」といった行動計画を打ち出している。その後，2018 年に「EU プラスチック戦略」，2020 年に「新循環型経済行動計画（New Circular Economy Action Plan）」が策定され，CE 戦略の推進を図っている。以上の点から，CE の政策的な特徴として，環境政策というだけでなく，社会全体の資源効率性の向上を通じた経済成長政策という側面が強いという点があげられる。

2．成長を促進する CE

　従来，環境政策として取り組まれてきた「循環型社会」は，3R（Reduce,

Reuse, Recycle）という視点を取り入れ，特にリサイクル機能を強化してきた。CEは，リサイクルに加えてその上流工程での，環境配慮設計，製品使用の長寿命化，製品のサービス化，シェアリングなどを重視し，そのために5R（Reuse, Repair, Refurbish, Remanufacturing, Recycle）といった産業基盤が重要となる。またCEは，サプライチェーン全体で取り組むことで競争力強化や雇用創出を図る経済政策となっている。

CEの革新性は図6-1に示す通りであり，CEを支える5RビジネスやITを基盤として，革新的なビジネスモデルなど付加価値の高い経済活動が創出されることを想定している。EUのCEパッケージでは，その経済効果として，欧州企業全体で約6000億ユーロのコスト節約と約58万人の雇用創出を見込んでいる。日本では，政府が，2030年までに，CE関連ビジネスの市場規模を，現在の約50兆円から80兆円以上にすることを目標に掲げている（内閣官房，2021）。

図6-1　CEがもたらす新たなビジネス

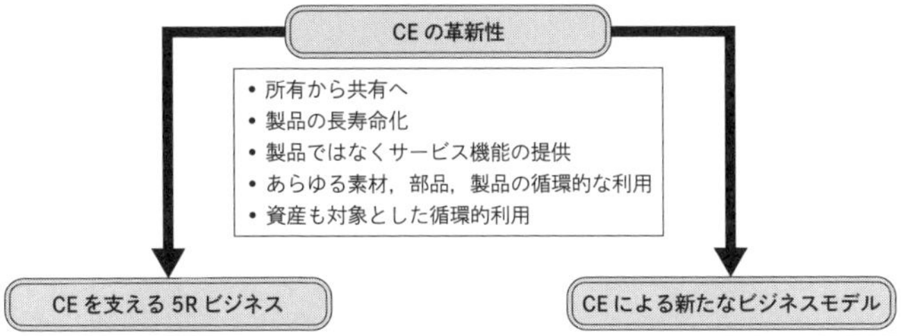

リユース (Reuse)	使用済みの製品や部品を中古品として再販売
修理 (Repair)	製品の細かな修理による製品長寿命化
改修 (Refurbish)	修理よりも大きな改修
再製造 (Remanufacturing)	中古部品やリサイクル素材を活用し製品機能をアップグレード
リサイクル (Recycle)	使用済み製品から資源を回収し素材として再生利用

プラットフォーム	サーキュラーエコノミー市場の基盤 • 製品の稼働をIoTでモニタリングし，タイムリーにメンテナンスや交換を行う全体システム • リユース部品やリサイクル素材の需給マッチングを円滑に行う市場　など
ストック型	リユース部品やリサイクル素材を利用して製品の機能維持や再製造
サービサイジング	製品の販売ではなくサービス機能を提供
シェアリング	未稼働の製品・資産・個人スキルの活用

出所：筆者作成。

3．CN 実現に寄与する CE

　CE は，資源効率性の向上を通じた CO_2 削減効果もあることから，CN 実現にも寄与する。Koide et al. (2021) は，CE 施策による GHG 削減効果を評価した 100 の文献・1500 のシナリオをメタ分析し，10 種類の CE 施策の GHG 削減効果を定量化している。この結果から，GHG 削減効果が高い CE の取り組みは，シェアリング，リユース，サービサイジングで，GHG 削減効果が中から高程度なのは，プーリング（同時利用），リファービッシュ，アップグレード，修理であるとしている。ただし，GHG 削減効果が高い，シェアリング，リユース，サービサイジングは，バックファイア効果[3]のリスクが高いとしている。よって，これらのリスクの低い CE 施策を可能な限り導入し，バックファイア効果を抑える適切な制御の下で，シェアリング，リユース，サービス化などを促進すべきとしている。

4．CN や DX を支える CE

　CN の実現には，再生可能エネルギーや蓄電池，EV や水素自動車などの技術に必要な希少金属資源の確保とその循環システムの構築が大きな課題である。DX についても，同様の課題がある。こうした資源はその賦存状況に地域的な偏在があり，経済安全保障の観点からも，CE を通じた国内資源循環システムの構築が急務である。

　ところで，こうした重要資源の資源循環には，その需給マッチングを効率的に行うシステムが必要である。DX は，こうしたシステムの提供に貢献する。以上のように，CE は CN と DX を支え，DX によって効率的な CE を実現するという相互関係がある。

第 4 節　DX と CE の CN への貢献に関する実証分析

　DX と CE は生産性向上とともに，CN 実現に貢献する取り組みである。本節では，DX と CE がどの程度 CN 実現に貢献しうるかについて，定量的な分析を行った。

1．仮説と分析方法

　分析の基本的な枠組みは，「DX と CE の活動が活発になれば，CO_2 排出量は低減する」という仮説をパネルデータ分析[4]によって実証し，具体的にどの程度の低減量となるか推計を行った。仮説を実証するため，GDP 当たり CO_2 排出量（kg/PPP $ of GDP）（以降，排出係数）を被説明変数とし，DX と CE の進展を表す指標を注目すべき説明変数とした。また，パネルデータは，被説明変数と説明変数のデータを国別，年別に整理したもので，OECD 諸国（36 カ国）について 2005〜2019 年分を分析対象とした。

　DX 進展の指標として，1 国の GDP に占める ICT 分野の付加価値額割合（％）（以降，ICT 分野割合），CE 進展の指標として，物質生産性（単位物質当たりの GDP：US $/kg）を用いた。ICT 活用によって，エネルギー効率が向上するようなビジネスモデルなどが普及し，排出係数が低減する。CE では，物質的な財の生産や消費からサービス経済化へのシフトなどによって物質生産性が向上し，排出係数は低減する。

　ところで，排出係数は，主にその国のエネルギー構成と産業構造によって決まるものと考えられる。したがって，これらの条件を表す指標をコントロール変数とした。エネルギー構成を表す指標として，全エネルギー消費量に占める再生可能エネルギー消費量割合（％）を用いた。再生可能エネルギー消費割合が増加すると排出係数は低減する。産業構造を表す指標として，GDP に占める製造業の付加価値額割合（％）とサービス業の付加価値額割合（％）を用いた。製造業は一般にエネルギー多消費であることから，その付加価値額割合が増加すれば排出係数は増加する。一方，サービス業は，製造業よりもエネルギー消費量が少なく，その付加価値額割合が増加すれば排出係数は減少する。

2．推定結果

　表 6-2 のとおり，ICT 分野割合と物質生産性の回帰係数はマイナスの符合であり，DX と CE の進展は，排出係数の低減に寄与することが明らかとなった。

表 6-2　推定結果

説明変数	回帰係数の値 （　）内：標準誤差	備考
a［定数項］	0.834475 *** (0.119949)	国別の個別効果
ICT 分野の付加価額値割合（%）	-0.0149342 *** (0.00348190)	各国の産業構造における DX 進展度を表す指標。脱炭素に貢献
物質生産性（US \$/kg） （エネルギー物質は含まない）	-0.0143917 *** (0.00438913)	物質生産性（単位物質当たりの GDP）が高いほど，脱炭素に貢献
再生可能エネルギー消費量割合(%)	-0.00966606 *** (0.000614839)	再エネ電力消費は脱炭素に貢献
製造業の付加額値価割合（%）	0.00156930 (0.00171004)	製造業割合が大きいと脱炭素と逆行
サービス業の付加価値額割合（%）	-0.00459478 *** (0.00152315)	サービス業割合が大きいと脱炭素に貢献

注：1）***：1%水準で有意性がある。
　　2）分析データ数：524，固定効果モデルでの決定係数（R2）：0.545163
出所：筆者作成。

3．DX と CE による CO_2 排出量削減効果

　DX 進展による 2050 年の削減量がどの程度となるかを見てみよう。ICT 分野割合の係数は -0.0149342 である。これは，ICT 分野割合が 1% 増加すれば，排出係数が 0.0149342kg 減少することを意味し，日本の 2019 年の排出係数 0.20057kg に対して約 7.4% の低減となる。ところで，日本の ICT 分野割合の増加は，2019 年と 2021 年の値を用いると 0.113% ポイント／年である。同様に，EU は 0.199% ポイント／年，米国は 0.228% ポイント／年となる。日本の DX 進展を EU と同程度の 0.2% ポイント／年に加速すると，2050 年には，ICT 分野割合は 2019 年から 6.2% ポイント増加し，排出係数は 2019 年比で 45.9% 減少する。一方，GDP の年成長率を 1.5% とし，2019 年の GDP を 100 とすると 2050 年は 158.7 となる。2050 年の排出削減量は，排出係数の低減効果と GDP 増加効果の差であるから，図 6-2 の A-B が削減量となり，2013 年比[5]で約 11.9% となる。

　次に，CE の進展による 2050 年の削減量を見てみよう。物質生産性の係数

は -0.0143917 である。これは，物質生産性が 1US$/kg 向上すれば，排出係数が 0.0143917kg 減少するということであり，日本の排出係数の 2019 年比で約 7.2％の減少となる。ところで，日本の物質生産性の 2000 年と 2019 年の値を用いると，年間 0.1US$/kg の増加である。CE 市場規模について，政府目標の 2030 年に 80 兆円を達成するには，成長速度を従来の 1.88 倍とする必要[6] がある。したがって，物質生産性の増加を年間 0.188US$/kg とすると，2050 年には 5.84US$ 増加し，排出係数は 2019 年比で 42％減少する。図 6-2 の C-D が削減量であり，2013 年比で約 6.8％となる。

図 6-2　DX と CE の進展と CO_2 削減量

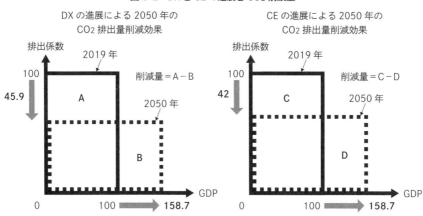

出所：筆者作成。

表 6-3　DX と CE がもたらす CO_2 排出削減効果

進展速度の想定	2050 年の進展状況 （2019 年からの増加量）	2050 年までの削減量について 2013 年の総排出量に対する割合	
		GDP 成長率 1.5％	GDP 成長率 1％
DX	ICT 分野割合増加は 0.2％ポイント／年（EU と同水準，現状の日本の 1.77 倍）	ICT 分野割合 6.2％ポイント増加	11.9％	22.1％
CE	CE 市場規模目標 80 兆円（2030 年）に向け，従来の成長速度の 1.88 倍が必要	物質生産性 5.8US$ 増加	6.8％	17.7％

出所：筆者作成。

　以上の結果を表6-3に示す。2050年にDXとCEを合わせた約19％の削減（2013年比）はCNへの貢献度の高い経済活動である。ただし，経済成長率が大きいとGDP増加効果が排出係数低減効果を上回ってしまう[7]。したがって，より削減効果の大きなDXやCEの取り組みを追求し，成長と削減効果のデカップリングを図る必要がある。

第5節　グリーン成長の戦略的な実装策

　これまでDXやCEがいかにCNに寄与する取り組みであるかという点について，定性的かつ定量的に明らかにしてきた。本節では，これまでの検討結果をふまえ，DXとCEをグリーン成長戦略にどのように位置づけるべきかについて考察を行う。

1．DXとCEのグリーン成長戦略における位置づけ

　CNに貢献する技術について，CO_2排出の限界削減費用（排出量を追加的に1トン削減するために必要な費用）という尺度で評価し，限界削減費用の小さな技術から大きな技術へと並べると，限界削減費用曲線を描くことができる。

　図6-3の縦軸は限界削減費用であり，横軸は各技術の導入による削減量である。限界削減費用がマイナスの値をとるエリアは，このエリアの技術を導入すると初期投資額よりも省エネなどでコスト削減効果が上回ることを意味する。例えば，低コストで高い省エネ効果を有する技術の導入などがある。限界削減費用がゼロ付近のものは，現状では経済性が十分でなく自律した市場形成が課題となっている技術である。さらに限界削減費用の高いものは，現状では経済性は全くなく，研究開発投資が必要な技術である。

　限界削減費用がゼロ付近か少し上回るエリアについては，規制的な政策として，炭素税の導入や排出量取引制度などのカーボンプライシング制度の導入が効果的である。こうした規制によって，炭素集約度の高い財やサービス，技術の市場競争力が低減し，替わってCNに貢献する限界削減費用が少し高い技術の普及が進んでいく[8]。炭素税で得た税収は，限界削減費用が大きな技術に関する研究開発に活用していく。ところで，炭素税や排出量取引制度は，各企業

図 6-3　CO₂ 限界削減費用を踏まえた戦略的視点

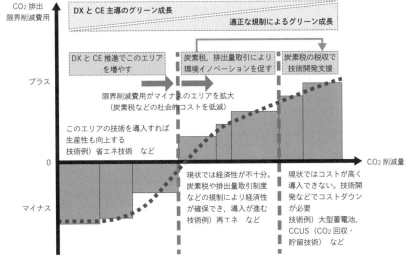

出所：筆者作成。

の排出に対する直接的な規制よりも効率的な政策である。なぜなら，企業の削減方法は問われないため，各企業の創意工夫を引き出す効果が期待できるためである。つまり，ポーター仮説が示した[9]，「環境面や生産性向上面でのイノベーション誘発を期待できる」適正な政策なのである。こうしたイノベーションには時間を要し，社会的なコストも生じる。以上のように，カーボンプライシング制度は，炭素税といった社会的コストを要するものの，イノベーションを誘発しながら，限界削減費用曲線のマイナスからゼロ付近のエリアを拡大していく効果がある。

　DX と CE は，従来，生産性向上を目的とした成長促進的な経済活動であることから，多くの取り組みは，限界削減費用がマイナスからゼロ付近のエリアに位置するものと考えられる。つまり，DX と CE の進展は，カーボンプライシングと同様に，限界削減費用がマイナスからゼロ付近のエリアを拡大する効果がある。その促進のための社会的コストは相対的に低い。したがって，DX と CE によってできる限りこのエリアを拡大し，同時にカーボンプライシングで拡大を図るといった経路によって，社会的コストの低減が図れる。

　以上のように，規制（炭素税，排出量取引）は短期的にはコスト要因であるが，中長期には CN 関連技術の市場普及やイノベーション誘発が期待される。一方，DX や CE は，短期的あるいは中長期的にも成長促進的な取り組みである。したがって，グリーン成長戦略では，短期的には DX や CE 主導のグリーン成長を図り，中長期的には，規制（炭素税・排出量取引）によるグリーン成長を図るといった経路が考えられる。

２．日本の独自性をふまえた取り組み

　日本の産業構造の独自性という観点から，グリーン成長の戦略的な推進について考察する。日本の鉄鋼や化学などの素材産業は高い国際競争力を有しており，日本の経済社会の基盤となる基幹産業である（経済産業省，2022）。一方，素材産業はエネルギー多消費で化石資源依存度が高く，CO_2 排出削減が困難な産業の１つとして見られている。素材産業からの CO_2 排出量は，日本の CO_2 排出量の約４分の１，製造業のうちの約８割を占めている（経済産業省，2022）。素材産業における対策例としては，鉄鋼については，製鉄プロセスでの省エネの推進，電炉による生産の拡大，水素還元製鉄技術の導入などがあげられる。また，石油化学の主要な製品であるプラスチックは，廃プラスチックのリサイクルの拡大，バイオマスプラスチックやその他代替素材の開発・普及があげられる。これらの取り組みをつくしても CN 実現が困難な場合には，産業から排出される CO_2 を回収し貯留する CCS（Carbon dioxide Capture and Storage）も必要となる。しかし，CCS は限界削減費用が大きく技術開発によるコストダウンが求められている。

　以上のように，素材産業では限界削減費用が高いエリアでの対応が求められる。炭素税によって短期的にはコスト負担が増加するため，脱炭素技術の導入とともに，コスト上昇分を吸収できるような付加価値の高い製品市場の拡大が必要となる。また，国際的な市場においても，環境コストを負担しない製品が競争力を有するような市場の歪みを解消するための取り組みが必要である。例えば，産業セクター単位での市場のルールづくりにおいて，日本がリーダーシップをとっていくことが重要である。これは，素材産業に限らず，環境性能の高い日本製品に関する産業に共通の課題である。

　ところで，本章で取り上げた DX や CE は，経済成長と素材需要とのデカップリングに通じる取り組みである。DX や CE によって，素材需要が短期的に急減することはないものの，長期的には素材への量的な依存度が低下していくと考えられる。結果的に，同じ付加価値でも炭素集約度の低い経済社会へと転換していくことになる。つまり，DX や CE を通じて，限界削減費用がマイナスからゼロ付近のエリアを広げることは，長期的にこうした構造転換を図ることに他ならない。したがって，化石資源への依存度が高い日本こそ，DX やCE 主導のグリーン成長と，適正な規制によるグリーン成長を両輪として，戦略的な展開を推進していく必要があるといえる。

おわりに

　本章では，日本経済の再浮揚に向けた取り組みとして，世界共通の課題である CN の実現を大きな機会として捉える意義を検証してきた。CN への取り組みをより成長促進的にする鍵は DX と CE の推進である。なぜなら，DX とCE は，ビジネスモデルやライフスタイルの変革を促し，エネルギーや資源効率を飛躍的に向上させる可能性を孕んでいるためである。また，DX と CE の推進が CO_2 排出量削減に寄与することは，定量的な分析によって実証できた。その上で，DX や CE 主導のグリーン成長と適正な規制によるグリーン成長を両輪とし，戦略的にグリーン成長戦略を推進する枠組みを提示した。

　Mazzucato（2021）が唱えるミッション・エコノミーは，大きな社会課題の解決を社会全体のミッションとすることで創出される経済活動である。Mazzucato（2021）は，その象徴的な例として 1960 年代の米国におけるアポロ計画を取り上げている。ここでは，政府が，リスクの高い対象に先行的に投資を行うことで，民間の投資やイノベーションを誘発し，市場の成長を促す役割を果たした。「人類を月に立たせる」というミッションを通じて実現した技術的イノベーションは，その後の経済社会の発展にも重要な役割を果たしているという。「CN の実現」という世界共通の課題は，ミッション・エコノミー創出の駆動力となるはずである。その過程では，Mazzucato（2021）が示すように官民の連携が重要であり，政府は，明確な成長戦略の提示と共に，官民連

携のもとで技術的なイノベーションを促進し，競争的な市場の創出を図ることが求められている。

[注]

1　ICTを活かし，ビジネスモデルや生産プロセス，ライフスタイルの変革が進みつつある。これは，世界的な動きであり，各企業は新しい機会の創造に取り組んでいる。

2　CEとは，あらゆる資源や資産の無駄や未稼働を解消することを目指した経済活動であり，DXと連携してさまざまなサービス創出が期待されている。

3　あるサービスの単位当たりのGHG削減効果が高くとも，そのサービスが量的に普及することで，総GHG排出量が結果的に以前よりも増加することを指している。

4　各国の固有効果を捉えるために，Pooled OLSモデル，固定効果モデル，変量効果モデルがあるが，本分析では統計的検定により，固定効果モデルを採用した。

5　2013年と2019年のCO_2排出量は，それぞれ1317百万t（CO_2換算），1107百万t（CO_2換算）であり，これらを用いて2019年比を2013年比に換算した。

6　CE市場規模の2009〜2019年までの年間増加額は約1.27兆円。2019年から2030年に80兆円を実現するための年間増加額は約2.39兆円。

7　例えば経済成長率2％以上の場合には2050年にはマイナスの削減率となる。逆に表6-3に示す通り，経済成長率1％の場合には削減率は増加する。

8　GX推進法は，この政策枠組みに沿った内容となっている。

9　Porter and van der Linden（1995）は「適切に設計された環境規制は，それに対応するためのコストの一部あるいは全額以上を相殺するイノベーションを誘発する」と指摘した。伊藤・浦島（2013）は，ポーター仮説とは，ケーススタディをもとに企業の競争力向上の可能性を論じたもので，確たる理論というよりも，さまざまな条件に応じた実証的な問題であるとしている。その上で，「適正に設計された環境規制」とはどのような政策なのかを追求していくことに実質的な課題があるとしている。

[参考文献]

伊藤康・浦島邦子（2013）「ポーター仮説とグリーン・イノベーション—適切にデザインされた環境インセンティブ環境規制の導入」『科学技術動向』2013年3・4月号。

経済産業省（2022）「新・素材産業ビジョン（中間整理）〜グローバル市場で勝ち続ける素材産業に向けて〜」経済産業省産業構造審議会製造産業分科会中間整理，2022年4月28日開催（https://www.meti.go.jp/shingikai/sankoshin/seizo_sangyo/pdf/20220428_1.pdf，2023年9月30日閲覧）。

小林光・岩田一誠／日本経済研究センター編著（2021）『カーボンニュートラルの経済学—2050年への戦略と予測』日本経済新聞出版。

総務省（2021）「10.デジタル・トランスフォーメーションが進展した場合における売上高への影響（シミュレーション）」『情報通信白書（令和3年版）』第1章第2節（https://www.soumu.go.jp/johotsusintokei/whitepaper/ja/r03/pdf/index.html，2023年9月30日閲覧）。

内閣官房（2021）「（別添）成長戦略フォローアップ工程表」成長戦略閣議決定（令和3年6月18日），58頁（https://www.cas.go.jp/jp/seisaku/seicho/index.html，2023年9月30日閲覧）。

Koide, R. et al. (2021). Prioritising low-risk and high-potential circular economy strategies for decarbonisation: A meta-analysis on consumer-oriented product-service systems. *Renewable and Sustainable Energy Reviews*, Volume 155, March 2022, 111858.

Mazzucato, M. (2021). *Mission Economy: A Moonshot Guide to Changing Capitalism*. Allen Lane.

Porter, M., & van der Linde, C. (1995). Toward a New Conception of the Environment-Competitiveness Relationship. *J. of Economic Perspective*, 9 (4).

Spiezia, V. (2012). ICT Investments and Productivity: Measuring the Contribution of ICTS to Growth. *OECD Journal: Economic Studies*, Vol. 2012/1. (https://www.oecd.org/economy/growth/ICT-investments-and-productivity-measuring-the-contribution-of-ICTS-to-growth.pdf, 2023 年 9 月 30 日閲覧)

Stolterman, E., & The Digital Transformation Lab, Ltd. (2022). A new definition of Digital Transformation at the three levels of society, public sector, and private sector. (https://www.stoltermanbergqvist.com/post/a-new-definition-of-digital-transformation-together-with-the-digital-transformation-lab-ltd, 2023 年 9 月 30 日閲覧)

第 7 章

イノベーション創出と産学官連携
──大学発スタートアップ促進課題と戦略

原　正敏

はじめに

　イノベーションとは「新機軸」や「革新」を意味し，新たな仕組み，技術，習慣を取り入れることで，市場に革新的な価値を創造すること（Christensen et al., 2019）であり，国家における経済成長の源泉と言われている（シュンペーター，1977）。イノベーションを創出するためのインフラを整備するためには，「人材」，「資金」，「研究開発ノウハウ」，および「市場開拓」を組み合わせ，効率的に新しい製品やサービスを生み出す力が必要である。しかし，21世紀に突入しグローバル競争が激しくなるなかで，日本は国際競争力を失い，イノベーションを通じた経済成長が停滞している（OECD, 2023）。この点で，日本は，イノベーション促進を通じた経済再浮揚を実現することが求められる。

　産学官連携とは，大学や民間の研究機関等が持つ研究成果，技術やノウハウを民間企業が活用し，実用化や産業化へと結びつける仕組みである（文部科学省，2023）。主な産学官連携の方法として，企業（産），大学・研究機関（学），行政（官）の三者が連携して行う共同研究を指す場合や，企業と大学の間を行政が結びつけるケースが挙げられる（文部科学省，2023）。つまり，産・学・官の三者間での各々補完関係を成立させることで，リソースの提供とリスクの軽減を維持しながら，イノベーションを創出することが可能である。

　日本では戦後，欧米諸国がもたらしたイノベーションをキャッチアップする

形で企業を中心に膨大な研究開発資金を投じて事業化に成功することで，多くの自社製品やサービスを生み出しながらイノベーションをもたらしてきたが，90年代に入りその限界がやってきた（NEDO, 2019）。もはや現在の日本では，先の「キャッチアップ局面」でなく，新しい製品やサービスを自ら生み出す「フロントランナー局面」に入ってきた。この点で，これまでとは違った形でイノベーションを生み出す必要があり，その意味で産学官連携の促進が一層求められている。

　海外の産学官連携促進政策に関する特徴を概観すると，米国や西欧では，圧倒的に政府の企業や大学への研究資金援助や新たに開発された製品やサービスが市場に浸透するまでのサポートや起業への支援が手厚いのが特徴的である（NEDO, 2019）。また，隣国の韓国や中国では，研究能力が高く且つ一定のビジネス感覚を有する高度な人材を育成するために海外への留学機会や学位取得の機会を積極的に支援し，欧米とのネットワークを拡大していくことで独創的な製品やサービスを生み出す制度を取り入れている。アジアを含め，欧米諸国では変化の激しい時代に合わせて柔軟に産学官連携策を進めている。

　こうした海外の産学官連携を通じたイノベーション政策を比較すると，日本では大学や研究機関等の研究成果や人的資源を活用したベンチャーやスタートアップ等の起業件数が欧米諸国に比べて低水準に留まっている点が大きな課題の1つとして挙げられる。特にスタートアップは，事業規模や時期を問わず，新たな価値やサービスを創造する力を持つ大きな成長を継続できる企業（Baldridge & Curry, 2022）を指し，「イノベーション」，「拡張性」，「課題解決」の3つの特徴を有する。この点で，スタートアップ促進はベンチャー企業以上にイノベーション創出に対する貢献が大きいという見方がある（Baldridge & Curry, 2022）。さらにスタートアップは，起業間の競争優位性，イノベーション，及び雇用の3つの観点から経済効果が高いとされ，研究成果・人的資源・仕組み作りの観点で産学官連携の横断的構築の一例として捉えられる（加藤, 2022）。しかし，日本ではスタートアップを筆頭に新産業創出の担い手となる起業家や優れたメンター・アドバイザー等の人材が少ない（文部科学省, 2023）。この点で，スタートアップを促進するための人材の育成・確保，及び起業を支える仕組みの整備が日本のイノベーション創出インフラ整

備における喫緊の課題であると考えられる。

　本章では，日本経済再浮揚戦略の位置づけとして，イノベーション創出インフラ戦略，特に産学官連携の中心的かつ喫緊の課題に焦点を当てる。具体的には，スタートアップ促進を中心的な潜在成長力向上の重点課題の1つとして据え，産学官連携の横断的構築を論じる。ここでは産学官連携の役割と日本でのイノベーション課題を論じたうえで，産学官連携の文脈に沿った形でスタートアップ促進戦略案を示し，日本の潜在成長性を高めるための政策的含意を述べることとする。

第1節　産学官連携の必要性

1．なぜ今，日本では産学連携が必要なのか

　スイスのビジネススクール・国際経営開発研究所（IMD）が，世界64カ国を対象にした2023年の「世界競争力ランキング（World Competitiveness Ranking：WCR）」（IMD, 2023）を発表した。このWCRは，経済パフォーマンス（Economic Performance），行政効率性（Government Efficiency），ビジネス効率性（Business Efficiency），およびインフラ（Infrastructure）の4つの要素から成り立っている。日本は，総合指標で昨年より1つ順位を下げ，過去最低の世界第35位になった。特に，アジア太平洋地域での日本の競争力の低迷ぶりはすさまじく，順位は，14カ国の地域のなかで11位であった。この順位だけで見ると，東アジアの中国（21位）や大韓民国（28位）のみならず，東南アジアのマレーシア（27位）やタイ（30位）にも劣っている（IMD, 2023）。

　1990年代前半までは世界のトップを走っていた日本の競争力が，なぜここまで凋落したのか。様々な要因は考えられるが，その中でも日本企業の競争力低下によることが大きい。低下の背景には，一部の産業や企業を除き，全体としてデジタル技術を効率的に活用しておらず，デジタル化が遅れた。このため，生産性向上やイノベーションの妨げとなり，競争力の低下につながった。また，日本の企業文化は，これまで安定性や終身雇用制に焦点を当ててきたため，リスクを冒して，新たなアイデアや技術への投資を行うインセンティブが

不足していることも競争力低下につながったと言われている。さらに，国際的な市場での展開が遅れており，グローバル競争において競争力を発揮できていない場面も見られる。こうした背景から，現在は日本の企業自らがイノベーションの創出を起こしづらくなっていると考えられる。要するに，現在，日本では全体として企業単体でイノベーションを起こすこと自体，限界が生じていると言っても過言ではない。

　この状況を回避するために，日本では政府，企業，大学，研究機関などが協力して，これらの課題に取り組むことが求められ，政策改革，デジタル化，イノベーション，あるいは教育改革などが，日本の競争力向上に寄与する可能性が残されている。すなわち，企業に加えて，政府や大学などの研究機関が入る産学官連携が必要になる。産学官連携とは，大学や民間の研究機関等が持つ研究成果，技術やノウハウを民間企業が活用し，実用化や産業化へと結びつける仕組みである（文部科学省，2023）。主な産学官連携の方法として，企業（産），大学・研究機関（学），行政（官）の三者が連携して行う共同研究を指す場合や，企業と大学の間を行政が結びつけるケースが挙げられる（文部科学省，2023）。では，なぜ日本では産学官連携が必要なのかを理論的に整理して説明したい。

２．産学官連携の理論的枠組みと日本の立ち位置

　産学官連携によるイノベーションは，理論的に大きくキャッチアップ局面とフロントランナー局面の２つの面を持つ。前者のキャッチアップ局面とは，通常，技術や知識の遅れを追いつくための活動を指す（前田，2000）。その局面において，主に３つの要素が含まれる。１つ目は，技術の迎合である。産業や教育機関が新しい技術やトレンドを迎合し，既存の遅れを埋めるために新しい技術や知識を導入することがある。これにより，業界全体が最新の技術に追いつくことが可能となる。２つ目は，教育の改革である。大学や研究機関がカリキュラムや研究プログラムを見直し，産業のニーズに合わせてアップデートすることがある。これにより，学生が現場で必要なスキルを習得し，効果的な労働力となることが可能となる。３つ目にノウハウの共有があげられる。産業界と学界，政府機関が情報，ベストプラクティス，研究成果を共有し，互いの知

識と経験を活用する。これにより，知識の遅れを解消し，新たなイノベーションが生まれる可能性が高まる。つまり，従来の産学官連携では，企業（産）が積極的に新しい技術を導入して研究開発を進め，大学（学）が企業で活躍する人材を育成し，アップデートされた知識を政府（官）含めて相互に共有し合うことで，欧米諸国に追随する形でイノベーションに取り組んできた。

　一方，後者のフロントランナー局面は，新しい技術や知識の開発，創造，応用に焦点を当てている（内閣府，2001）。その局面には，主に3つの要素が含まれている。1つ目は，先端技術の研究である。大学や研究機関が新しい技術やアイデアの研究を行い，その先駆的な成果を生み出す。これにより，新たな分野での革新的な発展が促進される。2つ目に，イノベーションの推進である。産業界が研究成果を実用化し，新製品やサービスの開発に取り組む。このプロセスにおいて，産業界は新しい市場を開拓し，競争力を維持する。そして3つ目は 政府の支援である。政府機関が研究と開発への投資を増やし，新たな産業クラスターや技術クラスターを促進する。これにより，国内外でのイノベーションが奨励され，競争力の向上につながる（内閣府，2001）。つまり，政府（官）が研究開発資金を投資し，大学（学）で生み出される研究成果を，企業（産）が実用化・商用化して市場を拡げるという3つの補完関係を維持しながら，それぞれが抱えている課題やリスクを軽減し合うことで，産学官連携のフロントランナー局面が発揮する。

　産学官連携は，こうしたキャッチアップ局面とフロントランナー局面ともに重要な役割を果たし，国や地域の経済発展，技術の進歩，イノベーションの促進に貢献する。一方で，これら2つの局面での大きな違いとして，前者のイノベーションを創出する主体が企業であることに対し，後者のフロントランナー局面では，企業のみならず，政府と大学・研究機関が各々の役割を補完し合いながら，3者でイノベーション創出に取り組む点があげられる。

　では，これらの理論枠組みを踏まえて，日本の産学官連携の立ち位置について触れたい。日本でもこれまでに産学官連携に取り組んではきたが，それは民間企業を主体としたキャッチアップ局面での成果にすぎなかった。すなわち，戦後に企業が様々な製品開発を取り組んできたが，西村（2023）によれば，それは欧米の「技術フロンティア国」が産業革命やデジタル革命といった技術革

新による経済成長の果実を先に手に入れて他地域を引き離すのに対し，日本は
その都度システムを作り替えて，それに対する「キャッチアップ」をうまく繰
り返してきた姿に過ぎなかったと指摘している。現在の日本は，キャッチアッ
プ局面の継続ではなく，フロントランナー局面で躍動すべきである。ソフトバ
ンクグループ株式会社代表の孫正義も，日本では 90 年代以降の「失われた 30
年」を取り戻すには，イノベーション，特に AI を活用した新しい製品やサー
ビスを「生み出す」力を備えなければならないと指摘した（テレ朝 News,
2023）。このフロントランナー局面でイノベーション創出を活性化していかな
い限り，国際競争力を向上することは難しい。そのため日本は，これまでの企
業単体でのイノベーション創出ではなく，大学と政府が相互補完関係を維持し
ながら，産学官連携を推進するのがこれまで以上に重要となる。

第 2 節　欧米諸国における産学官連携

　では，イノベーションのフロントランナーとして躍動している欧米諸国にお
いて産学官連携がどのように実践されているかを紹介したい。特に，先の世界
競争力ランキングでも上位にランクインしている米国，ドイツ，シンガポール
に加え，過去 10 年間でランクを大幅に伸ばしている隣国の中国の 4 カ国を中
心にフロントランナー局面での産学官連携の実践例に着目した。共通して言え
る事として興味深いのが，どの国でも大学が主体となってイノベーション創出
に取り組んでいるのが見られた。

　まず，米国は世界的にも産学官連携が盛んな国の 1 つであり，多くの大学や
研究機関が産業界と緊密な連携を築いている。これは，産学官連携の文化が根
付いており，多くの企業と大学が研究プロジェクトを共同で行い，知的財産権
に関する法的フレームワークも整備されている。一例として，シリコンバレー
があげられる。シリコンバレーはアメリカのカリフォルニア州に位置し，多く
のテクノロジー企業が拠点を置いている。その地域での諸大学，特にスタン
フォード大学とカリフォルニア大学バークレー校が，産業界との緊密な連携を
通じて多くの技術革新を生み出し，そして多くのスタートアップ企業が成功し
ている（日本政策投資銀行，2001；横浜市海外事務所，2021）。また，東海岸

では，マサチューセッツ工科大学（MIT）が産業界との協力を奨励し，産学官連携を推進している。特に，MIT のライセンシング部門は，大学の研究成果を産業界に提供し，多くの企業との提携に成功している（内閣府，2001）。

　次に，ドイツは産学官連携の長い伝統があり，産業界と大学が連携して研究プロジェクトを実施し，技術革新を推進し，特に，工業分野が強い。ドイツの産学官連携で特徴的なのは，フラウンホーファー研究機構が産業界との協力に特化した応用研究機関のネットワークを構築している。この研究機構は産業のニーズに合わせた研究プロジェクトを実施し，新技術の開発に貢献している（フラウンホーファー日本代表部，2019）。

　一方でアジアに目を向けると，シンガポールが高度な技術とイノベーションを推進するために，産学官連携に重点的に取り組んでいる。その大きな特徴の1つとして，ASTAR（シンガポール総合研究院）という国立研究機関を通じて，産学官連携を促進している。特に，産業界との共同研究プロジェクトを支援し，イノベーションを推進しており，主にバイオテクノロジーやエレクトロニクス分野で成功を収めている（ASTAR, 2023）。また，One-North 研究パークの役割が大きく，研究機関および大学が企業と共同で研究を行う場所として設立され，異なる分野の専門家が協力し，革新的なプロジェクトを推進している（名古屋都市センターアジアまちづくり研究会，2012）。

　最後に，隣国の中国は産学官連携を重要視し，多くの成功例がある。中国は近年，急速な経済成長とイノベーションにおいて大きな進展を遂げており，産学官連携はその一因とされている。特にフロントランナー分野としてバイオ産業やモバイル産業の躍進に取り組んでいる。例えば，深セン大学が多くのハイテク企業と連携し，研究開発やイノベーションを推進している。特に，華為技術（Huawei）との提携により，通信技術分野でのイノベーションが実現された（国立研究開発法人科学技術振興機構，2019）。また，北部では，北京大学や清華大学が，バイオテクノロジー企業と連携し，新薬の研究と開発に取り組んでいる。この提携により，新しい医薬品の開発が進み，中国の医療産業の進歩に貢献している（独立行政法人経済産業研究所，2003）。こうしてみると，中国でも大学が起点となって産学官連携を推進し，イノベーションを推進していると読み取れる。

　以上の４カ国の産学官連携の実践例，特に大学が起点となってイノベーションを創出している事例を紹介した。ここで，俯瞰的に産・官・学がいかに相互に補完関係を有しているかを説明したい。

　まず，産業界（産）と大学（学）の間では，主に「研究と開発の協力」と「人材供給とスキル向上」で補完している。前者において，産業界は大学の研究成果を活用し，新製品や技術の開発に役立てる。大学の研究者は，産業界からのフィードバックや実用課題に直面し，実践的なソリューションを提供できる機会を得る。つまり，企業にとって自社開発の難しい技術やノウハウの獲得，大学や研究機関にとっては研究成果を経済活動に生かせるメリットが考えられる（日経ビジネス，2022）。他方，後者の「人材供給とスキル向上」では，大学が優秀な人材を育成し，産業界に供給する。企業は大学卒業生を雇用し，新しいプロジェクトに参加させ，イノベーションと成長を促進する。

　次に，政府（官）と大学（学）の間であるが，まず研究資金提供があげられる。政府は大学に研究資金を提供し，基礎研究や応用研究を支援する。これにより，大学は高度な研究プロジェクトを実施し，新しい知識や技術を開発が可能となる。また，教育とイノベーション政策において，政府は大学教育の改善やイノベーション政策の策定を通じて，国内のイノベーション環境を促す。これにより，大学はイノベーションの中心地として役割を果たし，国の経済成長を支えることに貢献する。

　最後に，産業界（産）と政府（官）の間であるが，まず，「規制と産業政策」において，政府は産業界に対する規制や政策を策定し，市場競争を調整する。産業界は政府からの指針に従いつつ，新しい市場やビジネス機会を開拓する。他方，政府はイノベーションを奨励し，研究開発プロジェクトに補助金を提供する。産業界はこれらの支援を受けて，新製品やサービスの開発に取り組み，競争力を強化することが可能となる。

　これらの産・学・官三者の相互補完関係により，産学官連携が成功し，イノベーションと経済成長が促進される。大学は高度な研究と人材育成を通じて知識と技術を提供し，政府は支援政策と資金を提供し，産業界は実用的なアプリケーションを開発し，市場への導入を行う。この連携は，多くの国で経済的な成功と科学技術の進化をもたらす。

第3節　日本に求められる産学官連携

1．日本に求められる産学官連携の形とは

　孫正義が強調したように，日本のイノベーションは「新しいものを生み出す力」が求められるフロントランナー局面に入り，そこで躍動するための産学官連携が一層必要である。しかし，日本での産学官連携には課題が多く残されている。特に，日本の大学・研究機関，企業，および政府が，イノベーションを奨励し，リスクを取りながら新しいアイデアや技術を試すイノベーション重視のカルチャーを醸成する必要がある。つまり，イノベーションに対するポジティブな姿勢が，産学官連携を促進する重要な要素である。しかし，企業単体でのイノベーション創出ではすでに限界が来ている。先の海外事例から示した通り，大学や研究機関が主体となって企業や政府と共にイノベーションを創出するために求められる産学官連携の形は何であろうか。その形を築く1つ大きな最重要かつ喫緊の要素課題の1つとしてスタートアップの促進があげられる。ここからは，スタートアップを中心に説明したい。

　スタートアップとは，「事業規模や時期を問わず，新たな価値やサービスを創造する力を持つ大きな成長を継続できる企業」（Baldridge & Curry, 2023）を指す[1]。スタートアップの大きな特徴として，「イノベーション」，「拡張性」，「課題解決」の3つを有している。つまり，イノベーション創出を第一義目的として創業し，短期間で事業を拡張させ新しいアイデアやプロジェクトを通じて，製品やサービスを市場に浸透させることで課題解決に取り組んでいる（加藤，2022）。Baldridge and Curry（2023）は，スタートアップのメリットとして，大きな裁量や権限がある点，柔軟性，およびスピードを取り上げていた。

　スタートアップ企業が資金を調達する方法について説明したい。スタートアップがアイデアを試験的に実装し，市場での受け入れを確認した場合，「シードラウンド」と呼ばれる資金調達ラウンドが開始される。そして，企業の成長が続く場合，スタートアップはシリーズA，B，Cなどの追加の資金調達ラウンドを実施する。これらのラウンドでは，ベンチャー企業や大手投資家から資金を調達し，製品開発，マーケティング，成長戦略の実行に利用する。これ以

外にも，エンジェル投資家からの支援や上場または買収による資金調達の方法があげられるが，先のシードラウンド参画による資金調達が一般的である（加藤，2022）。

　そして，スタートアップの事業化について大きく8つのプロセスを経て収益を得る[2]。まず1つ目にアイデア構想から始め，大学の研究成果，技術，アイデアなどを基に，実用的なビジネスコンセプトの開発が起点となる。2つ目に，アイデアができた場合，ビジネスプランを策定する。このビジネスプランには，市場分析，競合分析，収益モデル，成長戦略，資金調達計画などが含まれる。この段階で，スタートアップのビジョンや戦略を明確にし，将来の成功に向けたロードマップを作成する必要が出てくる。3つ目に，適切なチームの構築である。スタートアップは，ビジネス，技術，マーケティング，財務などの専門知識を持つメンバーを採用または協力が重要である。加えて，チームメンバーの役割と責任を明確な定義化も必要である。4つ目に，特に技術ベースのスタートアップ企業の場合，プロトタイプを開発し，製品の設計や機能を実証する必要がある。これにより，アイデアを具現化し，市場での需要テストを行う。5つ目に，アイデアや技術のオリジナリティを保持するために，特許，商標，著作権などの知的財産権の保護も重要である。これは競争からの保護と将来のライセンス契約のために必須である。6つ目に，資金調達がスタートアップの成長の最重要ファクターである。資金調達のオプションには，先述の通り，エンジェル投資家，上場・買収，シードラウンド，シリーズAラウンドなどが含まれます。ビジネスプランに基づいて投資家を説得し，必要な資金を調達する。7つ目に，資金を調達した後，市場での実施，製品の開発，顧客獲得，マーケティング活動などの成長戦略を実行する。市場での受け入れを確認し，スケールアップを目標化する必要がある。最後8つ目に，スタートアップは，大学や他の企業，および政府とのパートナーシップ（Public-Private Partnership）や提携を模索し，技術ライセンス，共同研究，市場進出の機会を追求することで持続的な企業の成長を実現できる。

　これらの資金調達と事業化プロセスにより，スタートアップは，起業競争優位性，イノベーション，および雇用の観点から，その経済効果は大きいと言われている。例えば，米国のFacebook，Google，Uber，Twitterは，その代表

格で創業当時は非常に小さい組織であったが，5年も経たないうちに巨大企業へと進化した（加藤，2022）。そのため，多くの国でスタートアップを促進する動きが2015年以降急ピッチで見られるようになった。このように，スタートアップのイノベーション創出を通じた経済発展の重要性が理解できる。

　実は日本でも昨年の初夏に，現岸田政権が2022年を「スタートアップの年」と謳い，欧米や中国等に後れを取っている状況を打破すべく，スタートアップ支援を強化し始めた。この1年で，確かにスタートアップ促進が活発化

図7-1　起業無関心者の割合（％）

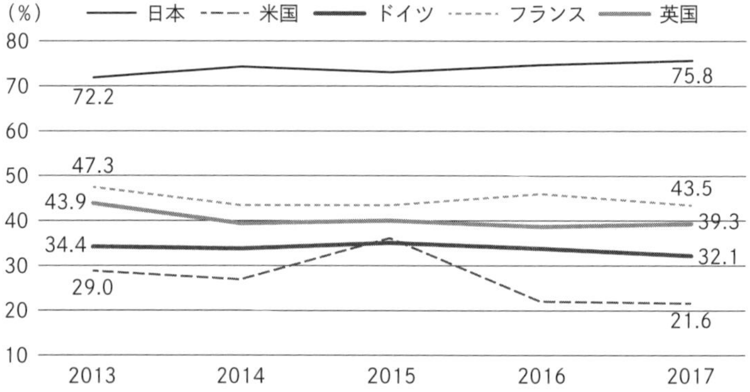

出所：科学技術・学術政策研究所（2019）。

図7-2　開業率（％）

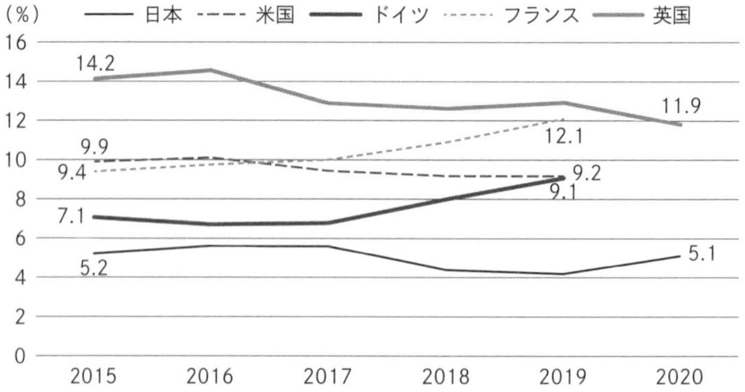

出所：科学技術・学術政策研究所（2022），15頁。

してきてはいるものの，海外と比較すると幾つか大きな課題があげられる。まず，内閣府（2022）はイノベーション・エコシステム専門調査会において，日本では起業マインドが低く，連続起業家が生まれにくいことを指摘している。図7-1は欧米主要国における起業無関心者の割合推移をしめしている。少々古いデータではあるが，2017年時点での日本の起業無関心者の割合が一番高くて75.8％であるのに対し，米国の21.6％やドイツの32.1％，英国の39.3％に比べて，40ポイント以上高く，先進諸国のなかでも日本は起業に対する関心が低いことがわかる。また，図7-2は，開業率の推移を表している。日本の開業率は2020年で5.1％であり，2015年とほぼ変わっていない。12.1％の米国や11.9％の英国，9.1％のドイツに比べ依然として低水準であると読み取れる。

　さらに，もう1つのスタートアップ促進課題として研究開発予算の少なさが科学技術指標から読み取れる。図7-3は，主要国の研究開発費の推移（1990〜2020年）を示している。日本ではこの30年間，研究開発費が1990年以降横ばいであり，中国やヨーロッパ（EU）に2000年代以降追い抜かれてしまっている。この点を踏まえると，研究に対する開発投資が少ない分，イノベーションに対するリターンも減ってしまうことが簡単に予想される。こうした予算問題を語る際，日本社会や政府あるいは企業が研究全般を評価せず，博士号取得

図7-3　主要国の研究開発費の推移（兆円）

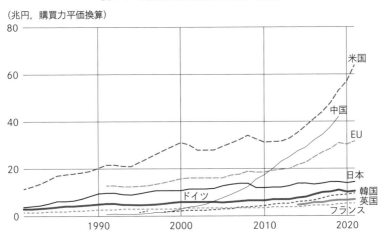

出所：西村（2023）。

者すら冷遇するからだと言われることが多い。つまり，リソースの配置の問題で，より研究者を雇用して研究開発へ投資すべきという声が上がる傾向がある（西村，2023）。しかし，日本は研究人員が多く，特許出願数と論文数共に世界トップクラスであり，多くの産業用品を企業が開発してきた実績も世界的に高く評価されている点で，人員配置の問題ではない。

　これらの図に関連し，技術や研究成果が事業化につながらない点も経済産業省（2023b）は日本での起業の問題点として取り上げている。これは，日本ではスタートアップはじめとした開業したばかりの企業に対する助成金が限定的で，欧米や中国などと大きな差があることが背景にある。また，市場に商品やサービスが出回るまでの支援する機会を得られるケースがほとんど皆無であるのも理由の1つである。加えて，税金大国と呼ばれる日本では，開業と同時に税金の高さに悩まされるケースも多い。

2．大学発スタートアップの支援を通した産学官連携促進の構築案

　これまでの議論を今一度整理したうえで，日本において産学官連携の文脈でスタートアップをいかに成功させるかについて述べたい。

　日本の産学官連携はこれまでのキャッチアップ局面ではなく，フロントランナー局面の立つべきである。スタートアップ促進は2022年初夏から日本政府が本格的に取り組んでいるイノベーション創出政策の一角であるが，産学官連携を活性化させるための重要かつ喫緊性の高い手段である。スタートアップ促進は，先述の通り，米国では大学から出資を受けたV/Cがスタートアップに投資して得たリターンを大学に還元してイノベーションを創出させる仕組みが出来上がっている。この点で日本では，この数年の間で，「大学発スタートアップ」の促進が喫緊の課題となっているが，なぜ大学発スタートアップの促進が重要かつ喫緊かを説明したい。

　大学発スタートアップ（Academic Entrepreneurship）とは，大学からのアイデアやリソースを活用して新しいビジネスを立ち上げる企業を指し，「研究成果の社会実装」（長谷川，2019b，13頁）という大学のミッションを果たす上で，その担い手として役割を果たす（Shane, 2004）。この大学発スタートアップは米国の学者Shaneが2004年に発表したのが起点としてある。大学発ス

タートアップが一般の企業よりもイノベーションを生み出しやすい理由の 1 つに技術的な有意性があげられる。特に，大学との結びつきが強いゆえに研究成果を出してきた大学教授や学生らの人的資源ならびに充実した研究施設を活用できる機会が多い（Shane, 2004）。ただし，こうした技術的優位性があるにも拘わらず，海外と比較すると日本での大学発スタートアップの促進は遅れている。実際，日本では 2000 年時点で 420 社に対し，米国では既に 3376 社も存在していた（Shane, 2004；経済産業省, 2023b）。また，AUTM（2023）および経済産業省（2023a）から得たデータを参考に，その後の大学発スタートアップの設立数を比較しても，米国では，2019 年から 2022 年までの平均設立数はおよそ 1024 社に対し，日本はおよそ 284 社である。

　この数値だけ見ても，日本が大学発スタートアップの育成・振興は産学官連携でのフロントランナー局面で躍動するために取り組むべき重要かつ喫緊の課題であると認識できるが，その道のりは厳しい。特に，起業促進を通じた人材の確保・育成，販路開拓・顧客の確保，および資金調達の確保が課題であり，大学だけで完結することは困難である（経済産業省, 2023b）。そこで，これらの課題を産学官連携の文脈で解決すべきである。特に，企業による「事業化・販路開拓・顧客確保」の支援，および政府による「財政支援や育成・強化に向けたバックアップ体制の整備」が解決すべき課題であり，かつ役割である。

　これらを踏まえ，産学官連携を通した大学発スタートアップ促進戦略[3]を図7-4 の通り作成した。図 7-4 は，産学官各々の持つ役割（財政・人材・技術）を活用しつつ，大学発スタートアップ促進課題に向けて取り組むことに重点を置いている。まず，大学や研究機関は，従来の研究に加え，昨今の大学発ベンチャー・スタートアップに取り組んでいるため，財政的支援を増やすのが望ましい。内閣官房（2022）の調査によれば，スタートアップに対する事業化支援や施設提供，起業家教育を実施している大学の割合は依然として少ない。例えば，起業前後のビジネス化加速支援を行っている大学の割合は 5 ％で 36 大学のみ実施しており，改善の余地が大きい（内閣官房, 2022）。次に，企業は新しい製品やサービスを市場に届けるまでの長い道のりであるが，まずその土台形成のために必要な研究シーズの発見と事業化が求められる。また，グローバル市場での国際競争力を高めるために，起業家，学生，コンサル，海外人材

図7-4　大学発スタートアップ促進を目的とした産学官連携案

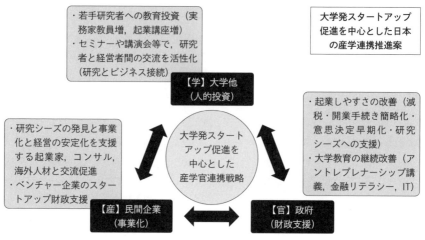

・若手研究者への教育投資（実務家教員増，起業講座増）
・セミナーや講演会等で，研究者と経営者間の交流を活性化（研究とビジネス接続）

大学発スタートアップ促進を中心とした日本の産学連携推進案

【学】大学他
（人的投資）

大学発スタートアップ促進を中心とした産学官連携戦略

・起業しやすさの改善（減税・開業手続き簡略化・意思決定早期化・研究シーズへの支援）
・大学教育の継続改善（アントレプレナーシップ講義，金融リテラシー，IT）

・研究シーズの発見と事業化と経営の安定化を支援する起業家，コンサル，海外人材と交流促進
・ベンチャー企業のスタートアップ財政支援

【産】民間企業
（事業化）

【官】政府
（財政支援）

出所：筆者作成。

を連携し，交流の機会を増やす働きかけも重要である。また，ベンチャー企業のスタートアップへの財政支援も成長に不可欠である。最後に，政府は，開業への関心を高めるために有効と考えられる学校教育の改革が必要となるであろう。特に，大学での教育の改善が必要である。実際，アントレプレナーシップ教育を実施している日本の大学の割合は27％と依然として低い（内閣官房，2022）。やはり，少しの時間でもよいから起業家育成や金融リテラシー，ITに特化した授業やシンポジウム，あるいはセミナーを，起業家や大学・研究機構と連携して若年層が開業に関心を持てるように環境を整備することが求められる。

　図7-4で示した通り，産学官各々の役割を明確にしつつ，明確な目的や目標を持って横のつながりを強化することが求められよう。ここでは「研究」と「ビジネス」のさらなる連携を通じたイノベーション創出インフラ活性化がキーとなる。政府は，イノベーション創出を通じた日本経済の潜在成長力を高めるための人材育成，研究開発，そしてビジネス創出への投資をし続けるべきである。スタートアップ促進に向けた産学官連携策を政策的含意の形で論じたい。

　まず政府は以下の点を重視すべきであろう。1点目に，大学や研究機構主体で，若手研究者への投資機会を増やしていくことである。特に，実務家教員を増やす，各大学で起業・マネジメント科目といったアントレプレナーシップ教育の一部を必修化あるいは選択必修等にするなどの施策も検討すべきである。先に指摘した日本での起業への関心の低さは教育の要因は大きいと捉えている。特に若い学生に起業家育成支援をすることで徐々に起業への関心や開業率の向上に期待が高まる。この点で，人的資本投資を継続すべきである。2点目に，政府が若手研究者と経営者との交流会，セミナー，講演会を促進することである。2023年7月に，国立研究開発法人新エネルギー・産業技術総合開発機構（NEDO）が，大学発スタートアップにおける経営人材確保支援事業の実施先を決定し，さらなる起業の促進に取り組んでいる（NEDO, 2023）。長谷川（2019b, 13頁）が述べた「研究成果の社会実装」の促進をもたらす可能性がある点で，スタートアップ促進が加速することが期待される。そして，3点目に，大学・民間主体で，研究シーズの発見と事業化，および経営の安定化を支援することである。昨今，起業家やコンサルタントが徐々に日本で増えてきている。彼らのリソースを活用しながら，大学生や海外人材をつなぎ，起業に関する認知を増やし，関心度を高める機会を増やすことも重要な施策になる。また，市場開拓や顧客確保も事業化の上で不可欠である。企業が培った市場調査や顧客管理を取り入れることで継続的な収益化が期待される。

おわりに

　西村（2023）は，国際政治学者で戦略家として知られるエドワード・ルトワックの分類にならい，日本は「日本4.0」[4]を目指すべきと指摘した。競争力を高め，新たな未来への道を切り拓くために，スタートアップ促進を通じて産学官連携の成功事例を創出する戦略を採用している。この戦略は，資源を最大限に活用し，少子高齢化という課題にも立ち向かう重要な一歩と見なした（西村, 2023）。現在の日本は，人口減少と高齢化が進行し，労働力市場が縮小しているため，新たな経済成長の源泉を見つける必要がある。生産性を向上させ，国内外の市場で競争力を維持するためには，産学官連携のフロントラン

ナー局面の乗り上げが必要不可欠である。これまでの経済成長モデルに頼るだけでは限界があるため,「日本4.0」は革新的なアプローチを提供する必要が出てきた。「日本4.0」の中心には,スタートアップの育成と促進がある。何度も強調したように,スタートアップはイノベーションの源であり,新しいアイデアや技術を市場に導入する力を持っている。このため,日本はスタートアップを支援し,産学官連携を通じて新たなビジネスモデルを開発し,イノベーションを促進するプラットフォームの構築に取り組んでいる。その中でも今回紹介した戦略としては,「大学発スタートアップの促進」について,産学官連携を通じて取り組む重要性と具体的な施策を紹介した。

　今の日本ほど起業やスタートアップを促進させるほど重要なタイミングはない。そのための産学官連携がより重要になってきており,この数年間が勝負であると言っても過言ではない。日本は競争力を回復し,新たな成長を実現するために動いている。少子高齢化による労働力や生産性の低下課題に立ち向かうには,産学官連携のフロントランナー局面に立ち,イノベーションを創出するためのインフラを強化することが必要である。これには,やはり起業家の育成とスタートアップの促進が鍵となる。すなわち,社会全体の各ステークホルダーに対して積極的に働きかけていく政策起業家や,日本の強みが活かせる領域の技術や専門性を持った人材が,さらにスタートアップに参画しやすい環境にしていくことも不可欠であろう。日本は,スタートアップの整備,研究開発への資金提供,規制の緩和,大学と企業の連携強化など,多くの取り組みを2022年半ば以降に試行錯誤しながら積極的に取り組んでいる。これにより,日本は新たなイノベーションを生み出し,競争力を高め,未来に向けて新たな展望を切り開くことが期待されよう。

[注]
1　ベンチャーとスタートアップの違いについて補足すると,そもそも「ベンチャー企業」は和製英語である。英語でベンチャー(Venture)とは,従来,ベンチャー・キャピタル(Venture Capital:V/C)といった投資を行う側の企業を指す(アンテロープキャリアコンサルティング,2023)。また,こうしたV/Cから投資をうけている企業をベンチャー・バックカンパニー(Venture-backed Company)と呼んだり,V/Cがソーシングする対象の企業をベンチャー・ビジネス(Venture Business)と表現したりする(ACC, 2023)。一方,「スタートアップ」は,米国のシリコンバレーで使われ始めた英語として日本にも導入された。スタートアップが指す企業とし

て，Google，Amazon，Meta（旧 Facebook），あるいは Uber といった，イノベーションを起して短期間のうちに圧倒的な成長率で事業を展開する企業である。設立年よりも，そのビジネスモデルの革新性，解決される社会課題の大きさ，そして IPO や M&A といった Exit 戦略がある企業のことを指す，実際には V/C の出資を受けている場合がほとんどである（ACC, 2023）。ベンチャー企業とスタートアップの関係について，米国を例に示すと，まず大学が V/C へ出資した後に，V/C がスタートアップに出資する。そして成功したスタートアップで大きな利益が発生した場合，大学にその収益が戻る。そして大学は，再び V/C へ出資し，V/C 再びがスタートアップに投資する。米国では，こうした一連のサイクルが回っており，米国の大学基金は V/C に対して出資するディープポケットの一角を占める（西村，2023）。つまり，スタートアップは，大学やベンチャー企業の支援を得ながら，短期間でイノベーションを起こし，経済活動を促進する役割がある。また，米国の政府は，スタートアップ企業の製品やサービスが市場に出回るまで，財政的援助を行うケースが多い（NEDO, 2019）。ただし，本章ではスタートアップを焦点に当てている関係で，ベンチャーとの厳密な違いに関する議論は割愛し，ベンチャーとスタートアップを「イノベーションを短期間で創出する企業体」の意味合いから同義的に捉えている。

2　名古屋市立大学（2023）および創業手帳（2023）を参考にスタートアップ設立のステップを記載した。

3　本枠組みを構築するうえで，スタートアップ促進が経済成長に影響を及ぼし，どのように日本がスタートアップを推進していくべきかの分析を行った。詳細は Hara（2023）を参照。

4　実際エドワードは日本 4.0 で強調する際に自主的な防衛を中心的課題に置いたが，西村（2023）はスコープを小さくした上でエドワードの日本のバージョン区分を借用し，自らアイデアを展開した。また，江戸時代を「日本 1.0」，明治維新を「日本 2.0」，そして戦後（1945 年以降）を「日本3.0」と区分している（西村，2023）。

［参考文献］

アンテロープキャリアコンサルティング（2023）「ベンチャー企業とスタートアップの違いについて」（https://www.antelope.co.jp/navigation/startup/difference/）。

科学技術・学術政策研究所（2019）「主要国における起業無関心者の割合の推移」『科学技術指標2019 概要』（https://nistep.repo.nii.ac.jp/records/6652）。

科学技術・学術政策研究所（2022）「(1) 開廃業率の国際比較」『科学技術指標 2022』（https://www.nistep.go.jp/sti_indicator/2022/RM318_57.html）。

加藤雅俊（2022）『スタートアップの経済学』有斐閣。

経済産業省（2023a）「令和 4 年度産業技術調査事業大学発ベンチャーの実態等に関する調査」12 頁（https://www.meti.go.jp/policy/innovation_corp/start-ups/reiwa4_vb_cyousakekka_houkokusyo.pdf）

経済産業省（2023b）「大学発ベンチャーデータベース」（https://www.meti.go.jp/policy/innovation_corp/univ-startupsdb.html）。

国立研究開発法人科学技術振興機構（2019）「深圳ハイテクパーク 14 倍に拡張」『科学技術トピック』第 153 号（https://spc.jst.go.jp/hottopics/1907/r1907_liu.html）。

国立研究開発法人新エネルギー・産業技術総合開発機構（2019）「日本におけるイノベーション創出の現状と未来への提言」『オープンイノベーション白書　第三版』（https://www.nedo.go.jp/content/100918466.pdf）。

国立研究開発法人新エネルギー・産業技術総合開発機構（2023）「2023 年度「大学発スタートアップにおける経営人材確保支援事業（MPM）」に係る実施体制の決定について」（https://www.nedo.go.jp/koubo/CA3_100400.html）。

創業手帳 (2023)「大学発ベンチャーとは？　分類・業種・メリット・デメリット・成功事例をご紹介」(https://sogyotecho.jp/university-venture/)。

総合科学技術会議 (2002)「産学官連携の基本的考え方と推進方策」1-38 頁 (https://www8.cao.go.jp/cstp/output/iken020619_3.pdf)。

テレ朝 News (2023)「「日本よ目覚めよ」孫正義社長，AI 活用状況に危機感　日本企業いまだ 7 ％程度と指摘」(https://www.youtube.com/watch?v=s6EvarXg7_E)。

独立行政法人経済産業研究所 (2003)「中国における「産学研」連携—技術移転メカニズムの多様化へ」『イノベーションの誘発剤たる産学連携とは？』(https://www.rieti.go.jp/jp/events/bbl/03062001.html)。

内閣官房新しい資本主義実現本部事務局 (2022)「スタートアップに関する基礎資料集」2-26 頁 (https://www.cas.go.jp/jp/seisaku/atarashii_sihonsyugi/bunkakai/suikusei_dai1/siryou3.pdf)。

内閣府 (2001)「MIT，メリーランド州立大学にみる産学連携について」(https://www8.cao.go.jp/cstp/project/sangakukan/haifu04/item1.htm)。

内閣府 (2022)「スタートアップ支援について〜資金供給面での経済産業省の取組〜」19 頁 (https://www8.cao.go.jp/cstp/tyousakai/innovation_ecosystem/4kai/siryo5.pdf)。

名古屋市立大学 (2023)「大学発スタートアップ起業マニュアル：教職員・学生のための会社の作り方」(https://www.nagoya-cu.ac.jp/media/NCU_startup_manual.pdf)。

名古屋都市センターアジアまちづくり研究会 (2012)「シンガポールの都市政策 Vol. 1：海外資本を呼びこむ都市戦略」4-5 頁 (https://www.nup.or.jp/nui/user/media/document/investigation/h23/10_NUIasia.pdf)

西村健 (2023)「スタートアップが鍵：人口 5000 万人に減っても 2 倍豊かな「日本 4.0」を作る」(https://coralcap.co/2023/11/japan4-0/)。

日経ビジネス (2022)「産学連携とは？　日本経済の競争力を高めた注目の成功事例」(https://business.nikkei.com/atcl/gen/19/00081/042500360/)。

日本経済新聞 (2023)「大学発スタートアップ，最多の年 477 社増　首位は慶応」(https://www.nikkei.com/article/DGXZQOUC092920Z00C23A5000000/)。

日本政策投資銀行 (2001)「スタンフォード大学の巨大なイノベーションシステム—産学官連携・地域振興の根底に流れるもの」3-15 頁 (https://www.dbj.jp/investigate/archive/report/area/losangeles_s/pdf_all/032.pdf)。

長谷川克也 (2019a)『スタートアップ入門』東京大学出版会。

長谷川克也 (2019b)「大学にとってのスタートアップの役割」(https://www.ducr.u-tokyo.ac.jp/content/400103277.pdf)。

フラウンホーファー日本代表部 (2019)「フラウンホーファー研究機構」2-11 頁 (https://www.fraunhofer.jp/content/dam/japan/ja/documents/About%20Us/201904_Brochuer_ROJP_web.pdf)。

前田昇 (2000)「特集／産学連携と技術創造：産学“連携”から“結合”へ—ドイツから学ぶ起業促進，ノンリニアな産学のあり方—」『組織科学』Vol. 34, No. 1, 22-29 頁。

文部科学省 (2003)「国際競争力向上のための研究人材の養成・確保を目指して—科学技術・学術審議会人材委員会　第二次提言—（骨子）（案）」(https://www.mext.go.jp/b_menu/shingi/gijyutu/gijyutu0/shiryo/attach/1331970.htm)。

文部科学省 (2023)「1. 産学官連携の意義〜「知」の時代における大学等と社会の発展のための産学官連携」。

横浜市海外事務所 (2021)「北米特集記事：カリフォルニア大学バークレー校（University of California, Berkeley: UCB）前編」(https://businessyokohama.com/jp/2021/08/25/universityof-california-berkeley/)。

Agency for Science, Technology and Research (2023). https://www.a-star.edu.sg/

AUTM (2023). Driving the Innovation Economy. https://autm.net/AUTM/media/Surveys-Tools/ Documents/AUTM-Infographic-22-for-uploading.pdf

Baldridge, R., & Curry, B. (2022). What is a Startup? The Ultimate Guide. *Forbes*.

Christensen, C. M., Ojomo, E., & Dillon, K. (2019). *The Prosperity Paradox: How Innovation can Lift Nations out of Poverty*. Harper Collins, New York, U.S.A.

Hara, M. (2023). Fostering Startups for Innovation-Driven Economic Revival in Japan: Cluster-Networks' Challenges and Strategies. *Global Journal of Business and Integral Security* (3), 1-20. https://www.gbis.ch/index.php/gbis/article/view/262

International Institute for Management Development (2023). World Competitiveness Center. https://www.imd.org/centers/wcc/world-competitiveness-center/rankings/world-competitiveness-ranking/2023/

Organisation for Economic Co-operation and Development (2023). OECD Reviews of Innovation Policy. https://www.oecd.org/sti/inno/oecd-reviews-of-innovation-policy.htm

Schumpeter, J. A. (1926). *Theorie der wirtschaftlichen Entwicklung: Eine Untersuchungüber Unternehmergewinn, Kapital, Kredit, Zins und den Konjunkturzyklus*, 2. Aufl., Berlin: Duncker und Humblot. (塩野谷祐一・中山伊知郎・東畑精一訳 [1977]『経済発展の理論（上・下）』（岩波文庫）岩波書店。)

Shane, S. (2004). *ACADEMIC ENTREPRENEURSHIP University Spinoff and Wealth*. Creation UK and Northampton, MA, USA: Edward Elgar.

第8章

日本企業のビジネス戦略
──成長につなげる無形資産の役割

堀　史郎

はじめに：時価総額でみる企業の価値

　企業の価値は，株式時価総額，PER（株価収益率），PBR（株価純資産倍率）などの指標で測ることができる。これらの指標は，いずれも，株価という指標を用いた企業の将来期待を表すものである。

　本章では企業の価値を株式時価総額という指標でみることにより，日本企業の抱える課題そして再興の方策を考えてみたい。かつて，バブル崩壊前（1989年）には世界の時価総額ランキングを日本企業が独占していた。トップ50社のうち32社が日本企業であった。1位がNTTであり，2〜5位および7位が日本の金融機関，9位が東京電力，その後，トヨタ自動車，日本製鉄といった製造業が続いている。しかしながら，2022年の時価総額ランキングを見ると，日本企業はトップ25には見当たらず，トップ50位以内に，かろうじて，トヨタ自動車が31位にランクインしているのみである。このように，1989年と2022年の世界の時価総額ランキングを比較すれば，日本企業の企業価値が世界経済の中で大きく下がっていることが観察できる。時価総額は，いうまでもなく，株式の総額である。企業の価値は，株式時価総額と有利子負債の合計で表現され，前者は投資家にとっての企業価値，後者は，ローンによる金融機関にとっての価値，ということができよう。しかしながら，時価総額の変化と影響が著しい。実際，30年の時を経て，世界の時価総額ランキングは全く変わった。すなわち，投資家にとって，日本企業の価値は相対的に下がり，GAFA

をはじめとする，IT 企業群が上位を独占する結果となっている。GAFA 以外にも，テスラ，TSMC，サウジアラムコ，バークシャー（金融）といった企業が上位に名を連ねている。こうした時価総額が上位に来ている企業の特徴はなんであろうか。投資家は，企業のどのような特徴を評価しているのであろうか。これを解くことで，日本経済の失われた 30 年を振り返り，今後，日本企業が投資家に評価される企業価値を構築していくカギを探っていこうと思う。

　ちなみに，時価総額の世界ランキングの変化と同時に，日本企業のランキングも大きく変化している。2000 年のランキングと 2020 年のランキングでは，多くの企業が変わっている。すなわち，2000 年に上位を占めた，銀行や武田薬品，松下電器，東京電力などの企業が姿を消し，代わって 2020 年には，キーエンスやファーストリテイリングなど新興企業がランキングに名前を挙げている。2000 年のランキングにも，2020 年のランキングトップ 20 にも，入っているのは，NTT，トヨタ，ソニー，村田製作所，三菱 UFJ 銀行のみである。

　ところで，時価総額が低いことは，日本経済にとってどのような問題を生じさせるであろうか。時価総額が低いことは，企業の将来期待値が低いことを表し，投資対象者とみなされないという問題につながる。また，時価総額が低いと，株式市場を経由した資金が確保できない，すなわち，投資の欠如となって，企業の成長にも影響し，日本経済の成長に寄与しなくなる。逆に，時価総額が高いということは，その企業の将来性が評価されているということであり，投資家が資金を当該企業に供給するインセンテイブになる。特に，近年 GAFA に代表される新しいビジネスの拡大や半導体に代表される大規模投資，国境を越えた大規模な企業買収など，社会経済の変革期にあって，企業がどれだけこうした投資に必要なリスクマネーを確保できるかが，企業の発展のかなめである。そうした大きなリスクマネーの供給を受けるために，株式市場において高い株価を維持する意味は大きい。こうして潤沢な資金を確保し，事業の拡大を行い，それが経済全体の底上げにつながるといえよう。結果，時価総額が伸びることが，日本経済に大きな影響を与えるということも言えよう。そして，時価総額を引き上げているのが，無形資産なのである。すなわち，無形資産を増やすことが，企業の資金調達に繋がり，経済の活性化につながることになる。

　ところで，時価総額はどのような指標によって規定されるのであろうか。株式市場の評価指標として使われるものに，時価総額に加えて PER（株価収益率）と PBR（株価純資産倍率）がある。PER は一株当たりの株価と一株当たりの当期純利益の比率である。PER が高い場合は，「直近あるいは予想の利益に比較して株価が高く評価されており，将来的な利益の向上を先取りして株価が高くなっているか，あるいは，直近の業績に比較すると株価が高くなりすぎている」（西山，2019）。逆に PER が低い場合は，「直近あるいは予想の利益に比較して株価が低く評価されており，将来的な利益の向上があまり期待できないか，あるいは直近の業績に比較して株価が低くなりすぎている」（西山，2019）とされる。一般的に利益率の将来成長が高いと見込める会社ほど，将来の収益拡大の期待が株価に織り込まれるため，PER は高くなる傾向があるといわれる。

　また PBR は，一株当たりの株価と一株当たりの純資産額の比率であり，株式市場における時価総額が，簿価である資産の何倍に当たるかを示しているともいえよう。PBR が 1 より低いということは，企業価値が簿価より低いということなので，企業価値を棄損している（伊藤，2021），あるいは，企業は解散したほうがいい（柳，2021）とみられる。以下で見るように時価総額が資産より下回っている企業が散見されるが，こうした企業は大きなリスクがある。

第 1 節　無形資産を巡る考え方

　最近，時価総額に影響を与える指標として，無形資産が注目されている。なぜなら，有形資産では，時価総額の説明がつかなくなってきているからである。無形資産は，「物的な実体を伴わない将来便益の請求権」と定義されている（伊藤，2021）。伊藤邦雄（一橋大学名誉教授）によれば，「企業価値の決定因子は有形資産から無形資産へとシフトする中で，従来の会計の枠組みではその価値創造の進捗を十分に測定できなくなっている可能性が高い」なかで，「米国企業では，有形固定資産と無形固定資産の比率が 2000 年代半ばにはほぼ同水準となっているが，日本企業の場合はリーマンショック以降増えてきているものの 2019 年時点でもなお有形資産の割合が無形資産より高い」，そしてこ

のような「技術やブランド，知識や情報などといった無形資産を評価・測定することの必要性は一層高まっている」と述べている（伊藤，2021）。また，バルーク・レブ教授（ニューヨーク大学スターンスクールオブエコノミクス）は，次のように述べている。「1950年代には，市場の企業価値評価（時価総額）のうち90％を損益計算書の利益と貸借対照表の株主資本で説明できたが，2013年には会計数値の説明能力が50％レベルに低下している」（Lev & Gu, 2016）。Peters and Taylor（2017）は，米国企業において，1975−2011年の全資産の半分は無形資産であったと述べている。

　この無形資産が企業価値を表すという考え方自体は，目新しいものではない。例えば，アルビン・トフラーやダニエルベルが，1960年代から提唱したポスト工業化の時代，すなわち，コンピューターとインターネットの時代において非物質的なものが経済には重要だということは，有形資産では経済を語れないことを予測させるものであるとハスケルとウエストレイクは述べている（Haskel & Westlake, 2018）。

　無形資産が，時価総額，すなわち，企業価値を表す場合，どのようなことが起きるであろうか。すでに述べたように，従来，企業の価値の指標として，PBRが重視されてきた。しかし，このような指標は，資産，すなわち有形資産を用いる指標である。つまり，資産をベースとする指標では，企業の価値の評価はできないということになり，企業価値を表す新しい指標が求められることになる。それでは，無形資産を表す新しい指標とはどのようなものであろうか。

第2節　無形資産の特徴

　無形資産には，有形資産とは異なった特徴がある。ハスケルとウエストレイクは，無形資産は有形資産とは異なる性質を持っていることを指摘している。第一に，無形資産は当該企業に固有のものであり，有形資産のようにそれだけを買収や転売によって獲得することはできない。例えば，彼らがあげているトヨタのカンバン方式は，無形資産として，転売はできない。これらは，何らかの方法によってそれを習得し，それをブランド化する必要がある。第二に，ス

ピルオーバー効果である。無形資産を形成するノウハウは世界に広がる可能性がある。第三に，拡張可能性であり，ハスケルらは，コカ・コーラのブランド力を事例に説明している。第四は，シナジー効果であり，アップルのipodが生まれたシナジーは，アップルのデザイン，レコードレーベルの契約，MP3プロトコルなどによって生まれた。シナジーについて，ハスケルとウエストレイクは，有名な電子レンジの商品化の話を取り上げている。電磁波が食品を温める効果は，アメリカのレイセオン社の技術者が発見した。しかし，実際に電子レンジとしてポピュラーな製品になるのは，レイセオン社が，アマナ社という家電メーカーを買収し，その台所商品のノウハウとマーケテイングを組み合わせたことによって，電子レンジという商品ができた，と述べている。このようなシナジー効果は，多くの経済学者によって分析されている。例えば，ブルノルフソンらは，組織投資と技術投資が補完性を持つこと，そして両者のシナジーを出した企業が成功するということを示している（Bryniolfson et al., 2002）。ブルームらは，IT投資がアメリカでは大きな便益があったのに，欧州ではそれほど便益がなかった理由を，欧州が，IT投資に際して，組織慣行や経営慣行を変えようとしなかったことにあると結論している（Bloom et al, 2012）。

　また，伊藤（2021）は，無形資産の特徴について，次のように述べている。

　まず，競合他社のフリーライデングというマイナス点やイノベーションのスピルオーバーというプラス面がある。このスピルオーバーをいかに獲得するかは，無形資産の利用のカギになる。ハスケルとウエストレイクは，スピルオーバーを獲得する方法として，ソフトウエア，マーケテイング，ネットワークなどを組み合わせて，競合他社より有利なポジションを築くことだと述べている。第二に便益の不確実性があり，有形資産は，事業化段階での投資であるのに対して，無形資産は，革新・創造活動の源泉に対する投資であるので，無形資産は将来的な利益を保証するものではない。第三に市場が存在しないこと。企業のM&Aなどで評価される（のれん代）は，無形資産の1つであるが，それを取引する市場はない。

　このように，無形資産の取り扱いは，有形資産とは異なる扱いが必要となる。例えば，有形資産と異なり，巨額な投資を行うことなく，キャッシュフ

ローを持続的に創造することが可能となる。また，ネットワーク効果を生かし，ユーザーや取引先が増えることによって，その価値を支える資源の強みが増加することになる（伊藤，2021）。

　つまり，半導体やEV，蓄電池といった，巨額の投資が必要な次世代の産業にあっては，こうした分野で日本企業は，競争相手の中国，韓国に投資資金の確保に劣位に置かれる場合，巨額の投資なしに，豊富なキャッシュフローを確保できる，無形資産の価値は，日本企業にとっても，ますます重要となる。

第3節　無形資産はどのように計測できるか

1．無形資産を構成するもの

　2002年に，アメリカ連邦準備制度理事会のキャロル・コラード，ダン・シチュル，チャールズ・ハンテンは，ニューエコノミーと呼ばれるものの計測方法を開発した。チャールズ・ハルテンは，マイクロソフト社の時価総額が高い理由を探るため，無形資産として「通常は具体的な製品やプロセスの開発に伴うものや，組織能力への投資，企業がある市場で競争できるような立ち位置を作り出すような製品プラットフォームの構築または強化のための投資」を選び出し，「研究開発や製品デザインへの投資で生み出したアイデア，ブランド価値，サプライチェーンや社内構造，研修で構築した人的資本」などを推計した（Hulten, 2010）。

　日本でも無形資産の推計は行われるようになっており，例えば，2020年の経済白書の中では，以下のように記載されている。「近年，世界的に無形資産の収益性が有形資産を上回っており，長期的な成長力強化に向けて無形資産の重要性が高まっているとの指摘もある。そこで，経済産業研究所「JIPデータベース」の試算を用いて，企業の研究開発投資やソフトウェア投資，教育訓練投資等の無形資産投資を含めた投資をみると，付加価値に占める割合は大きく上昇する。JIPデータベースの無形資産投資は，ソフトウェア，科学的研究開発，鉱物探査・評価，芸術的創作物・ライセンスなど，デザイン，金融業における新商品開発，ブランド，企業特殊的人的資本，組織改革に係る投資額が含まれており，その規模は直近の2018年時点で約50兆円に上る」（内閣府，

2022）。

　このように，無形資産をいくつかの指標であらわすことが試みられているが，いくつかの品目を積みあげるだけでは，無形資産全体を表すことはできない。例えば，無形資産の推計方法では，上記の経済白書，すなわち経済産業研究所の分析方法は，投資額をベースとしており，本当にそれが無形資産かどうかは定かではない。例えば，機械類は投資額と資産額が同一であるが，ソフトウエアは投資額と資産額が同一でない。また，日本全体の統計を使っているので，個々の企業のデータはわからない。次節で述べるように，財務諸表には，ソフトウエアなどを無形資産として記載することが認められているが，時価総額と有形資産の差分を無形資産とすれば，財務諸表に記載された無形資産は，無形資産全体のごく一部でしかないことがわかる。

２．無形資産を増加させる方策，研究開発費は無形資産を増加させるか

　無形資産を増加させるには，どのような指標と関係があるかを探ることが必要である。これについては，様々な試みがなされている。

　すでに述べたように，無形資産は，研究開発や製品デザインへの投資で生み出したアイデア，ブランド価値，サプライチェーンや社内構造，研修で構築した人的資本であるとされた。それでは，研究開発の支出によって無形資産は増加するのであろうか。この問いに答えるため，電機，化学，自動車の３つの業種に着目して，時価総額や無形資産と研究開発費などの要因がどのような関係にあるかを調べてみた。

　対象とする産業は，電機産業，化学産業，自動車産業とし，代表的な企業10社を選定した。日経225銘柄企業に，株式時価総額，売上などを考慮して，10社を選定した。対象とした企業は，電機（ソニー，キーエンス，東京エレクトロン，日立製作所，日本電産，村田製作所，キヤノン，三菱電機，パナソニック，東芝），化学（信越化学，旭化成，三菱ケミカル，日産化学，住友化学，三井化学，東ソー，昭和電工，クラレ，UBE），自動車（トヨタ自動車，本田，スズキ，日産，SUBARU，いすゞ，ヤマハ，三菱自動車，マツダ，日野自動車）である。

　分析で用いた数値は，各社の，2021年度会計年度決算（2022年3月期）の

有価証券報告書の数値である。一部の数値は，各社の統合報告書の数値を用い
ている。

　なお，本分析の詳細については，堀・筑坂（2024）を参照されたい。

　電機産業の研究開発費と財務諸表に計上された無形資産（ソフトウエアな
ど）の関係を見てみると，電機産業における両者の関係では，研究開発費と財
務諸表に記載された無形資産は，相関関係が推定された。しかし，先に述べた
ように，財務諸表に記載される無形資産は，ソフトウエアなどであることを思
い出せば，これが研究開発費と相関関係にあることは当然と言えよう。では，
時価総額と研究開発費の関係は，どうであろうか。この両者を比較したとこ
ろ，明確な関係は見られなかった。

　これらの傾向は，第 4 節で述べるように，企業内部の研究成果よりも，買収
や合併などの効果によって，時価総額が変動することもからも説明できる。

　ちなみに時価総額と財務諸表に記載されていない無形資産（すなわち，時価
総額から財務諸表に記載されている資産を引いた数字）の関係を見ると，相関
関係が推定された。すなわち，このことは，伊藤邦雄やバルーク・レブが述べ
たように，財務諸表に記載されない（有形資産ではない）無形資産が，時価総
額を表していることを示している。

　これらの傾向は，化学産業においても同様の傾向が見られた。また，化学産
業における無形資産と時価総額の関係を見ると，多くの企業で，無形資産がマ
イナスとなっているが，これは，財務諸表に記載の資産よりも時価総額が低い
ことを示している。

　次に，自動車産業における無形資産と時価総額の関係を見てみると，電機産
業や化学産業とは異なる傾向がみられた。自動車産業においては，無形資産と
時価総額の関係は明瞭ではなく，逆に，財務諸表に記載された無形資産と時価
総額が相関関係を示している。このことは，自動車産業においては，電機産業
や化学産業に見られるような買収や合併などによって新しいシナジーが見られ
るわけではなく，自社の開発の成果によって将来価値が決まってくる可能性を
示唆している。

　自動車産業において，特徴的なことは，トヨタと他の自動車企業との時価総
額の大きな違いである。トヨタの時価総額は 30 兆円に達するが，ホンダが 6

兆円，その他の社はそれより低い。トヨタの時価総額，すなわち無形資産だけがなぜ大きいのか。これは，いろいろな要因が想定される。例えば，トヨタの開発したカンバン，カイゼンというノウハウの効果が無形資産として評価されているのかもしれない。あるいは，デンソー，アイシン精機というグループ会社の価値が評価されているのかもしれない。こうした，グループ会社の影響はネットワーク効果として評価される（第7節参照）。

第4節　日本企業の時価総額を上げるには：ソニーと日立製作所を事例に

　日本企業の時価総額の要因をさらに検討するため，ソニーと日立製作所を事例に，その変化と要因を探ってみた。この両者は，どちらも売上10兆円の日本を代表する企業であり，かつ，リーマンショックの時は極度の業績不振に陥っている。そこから，現在の高い時価総額にどのように持ってきたか，その変化の要因を分析する。

　ソニーの時価総額は2020年度末で，16兆円であり，日本企業の時価総額としては第4位である。ちなみに，ソニーは，20年前も現在も時価総額のトップテンに入っている。ソニーの時価総額は2000年に14兆円であったが，その

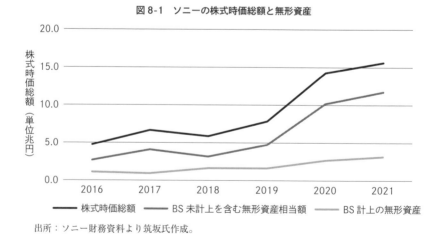

図8-1　ソニーの株式時価総額と無形資産

出所：ソニー財務資料より筑坂氏作成。

後，リーマンショック後の不振で 7000 億円程度に減少し，再び 16 兆円に戻したという経緯がある。特に近年の上昇は著しい。2016 年の期末が 4.8 兆円であったが，2021 年期末には 15.7 兆円にあがっている。そして，それらの上昇は，無形資産の増加が寄与しており，2.7 兆円から 12 兆円と増加している。他方有形資産は 2 兆円から 4 兆円に増加したのみである。これを図示したのが図 8-1 である。

　これを見ると，ソニーの時価総額は 2019 年ころから上昇し，2020 年の期末にさらに上昇している。ではこの上昇は何によって生まれたのであろうか。ソニーは 2019 年からゲーム，テレビ，アニメなどの企業を相次いで買収してきた。2019 年だけでも，ゲーム開発の Insomniac Games，テレビ番組制作の Silvergate Media などである。

　ここで，ソニーという会社が何で稼いでいるのかを見てみよう。図 8 2 は，ソニーのセグメント別売上および利益率である。これを見ても，ゲーム（G）の売上が大きく，利益率の大きいのは，音楽だとわかる。すなわち，ソニーの成長には，売上が大きいゲーム分野でより成長分野への投資を行われるかが重要であるといえる。これについて，2022 年に買収した米ゲーム企業 Bungie に関する説明資料を見ると，一般的なゲームの成長率が 12％であるのに，

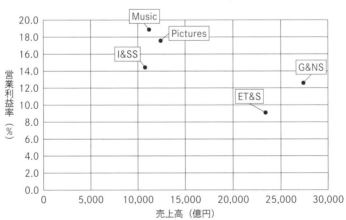

図 8-2　ソニーのセグメント別売上，利益率

出所：ソニー財務資料より筑坂氏作成。

Bungie が得意とするライブゲーム分野のアドオンサービスの成長率が 15％と
なっており，ソニーグループとしてより成長率の高い分野への進出を志向して
いると説明されている（ソニー，2021）。

　こうしたより高い成長分野への投資を行うことが投資家によって好感を持っ
て受け止められたと言えよう。

　次に日立製作所を見てみよう。時価総額は 2016 年に 2.9 兆円であり，2021
年には 6 兆円に増加した。無形資産は，マイナス 0.2 兆円から 4 兆円に増加し
た。逆に有形資産は，3.1 兆円から 2 兆円に減少している。これは日立化成，
日立金属など多くの子会社を売却することによって，資産が減少したものと考
えられる。また，2016 年には，有形資産が 3.1 兆円あったものの，時価総額は
2.9 兆円にとどまっており，これは，市場にとって，日立の企業価値が自社が
有する資産にすら届いていなかったことを示している。しかしながら，日立製
作所は，2019 年から時価総額を大きく上げている。図 8-3 を見てほしい。

　ここで，日立製作所のセグメント別の数値を見てみよう（図 8-4）。

　このように，IT 部門の売上および利益率が非常に大きいことがわかる。営
業利益率の低いエネルギー部門やオートモテイブ部門などが課題といえよう。

　日立製作所は，2020 年から，時価総額が大きく上昇しているのがわかる。
日立製作所の株価を時系列でみると 2020 年末から株価が急激に上がってい
る。日立製作所におけるこの時期の大きなイベントは，2021 年 3 月のグロー

図 8-3　日立製作所の株式時価総額と無形資産

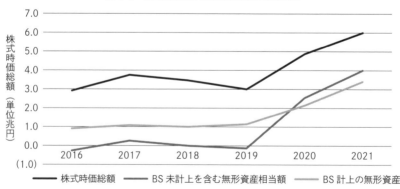

出所：日立製作所財務資料より筑坂氏作成。

図8-4　日立製作所のセグメント別売上高と利益率

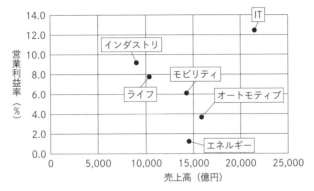

出所：日立製作所財務資料より筑坂氏作成。

バルロジック社の1兆円での買収である（完了は7月）。日立製作所の報道資料によると，日立が従前から得意とする基幹IT分野の成長率は5％，グローバルロジック社の得意とするエッジITの成長率は20％である。このように，より成長率の高い分野への投資，進出を目的とした投資といえる。

　こうした高成長率の分野に進出するとともに，後述するように，無形資産を構成する多くの要因を，この買収は含んでいることがわかる。

第5節　無形資産の特徴と増加要因

　この節では，時価総額を左右する要因である無形資産の持つ特徴を考えてみる。

　第2節で述べたように，ハスケルとウエストレイクは，無形資産は有形資産とは異なる性質を持っていることを指摘している。すなわち，無形資産は当該企業に固有のものであること，スピルオーバー効果，拡張可能性，シナジー効果を有している。

　そうすると無形資産を増やすのは，こうした特徴をふまえた戦略が要求される。

　無形資産を評価する指標は，現在の資産価値ではなく，将来の成長率である。例えば，日立製作所がグローバルロジックを買収した価格は1兆円である

が，グローバルロジックの利益は194億円（EBITDA）（日立製作所，2021）なので現在の利益だけで判断すれば，投資を回収するには50年かかることになる。しかし，もし，この会社が年率20％で成長すると仮定すると，単独でも14年間で1兆円を稼げることになる。

　かたや，ソニーが2022年に買収したゲーム大手のBungieの買収価格は4000億円であったが，3分の1は繰り延べ支払い対価やリテンションの報酬という無形資産であることが話題になった。ソニーはこれらの無形資産の償却は10年程度で終えるとしている（ソニー，2021）。

　また，無形資産はノウハウである。ソニーはBungieの買収により，マルチプラットフォーム開発と，ライブゲームサービスにおける世界クラスの専門知識を得るとしている。また，無形資産には，スピルオーバー効果があり，その資産を世界に展開することができる。日立製作所においても，グローバルロジックのノウハウを全世界に展開しようとしている。また，無形資産には，シナジー効果がある。日立製作所は，米国の日立デジタルを取りまとめとして，鉄道や送電線会社との連携を模索している。ソニーが買収したBungieについても，プレイステーションに搭載することにより，Bungieが有する世界屈指のライブゲームサービスへのアプローチと技術的専門性へのアクセスが可能となる。ソニーのプレイステーションスタジオもBungieから学び，またBungieも，自社のコンテンツの映画やエンターテイメントへの進出を考えていることを明らかにしている（ソニー，2021）。このように，大きなシナジーが生まれることが予想されるとき，新たな無形資産が生まれると考えられる。

　このように，企業買収における企業価値の増加は，理論的にも，多くの先行研究によって指摘されている（胥，2006；Masulis et al., 2023など）。マスリスらは，買収対象企業の無形資産が大きいほど，買収後の企業価値は増加することを，異なる無形資産の企業を比較することによって証明した（Masulis et al., 2023）。

第6節　企業価値について

　ここまでの議論は，株式時価総額を企業価値とみなして，議論してきた。読

者の方には，企業価値は株式時価総額と有利子負債の合計ではないか，という意見を持っておられる方もいよう。そこで，本章を終える前に，株式時価総額と有利子負債を合計したときの企業価値について，考えてみよう。

表8-1は，電機産業の企業価値の内訳と純資産を表し，表8-2は，自動車産業の企業価値の内訳と純資産を表している。

表8-1を見ると，株式時価総額が純資産を上回っているのは，ソニー，日立製作所，日本電産，東芝，キーエンス，村田製作所，東京エレクトロンであった。有利子負債等を加えた企業価値が純資産を上回っているのは，上記に加え，パナソニック，のみであった。三菱電機，キヤノンは，有利子負債等を加えても，純資産より企業価値が低かった。このように，電機産業においては，有利子負債等を加えても大きな傾向の変化はなかった。

表8-2を見ると，株式時価総額が純資産を上回っているのは，トヨタ自動車とヤマハ発動機だけである。他方，有利子負債等を加えた企業価値が純資産を上回っているのは，上記に加え，日産自動車，いすゞ，ホンダ，スズキ，日野であった。ただし，ホンダ，スズキ，日野は，わずかに上回っている，状況であった。スバル，三菱自動車，マツダ，は，有利子負債を加えても，純資産を下回っている。総じて，自動車産業においては，有利子負債等は，電機産業に比べれば，トヨタ，ホンダ，日産等の企業においては，時価総額と同じくらいの金額であり，企業価値を倍増させているものの，企業価値と純資産の関係を大きく変えるものではなく，時価総額の評価を企業価値と見なしたとしても，

表8-1　電機産業の企業価値の内訳と純資産

(単位：百万円)

	ソニーグループ	日立製作所	三菱電機	キヤノン	日本電産	パナソニックHD	東芝	キーエンス	村田製作所	東京エレクトロン
EV（企業価値）	17,101,806	9,470,755	2,701,619	3,073,439	6,076,901	3,647,456	2,253,047	13,488,458	4,818,364	9,515,497
株式時価総額	15,747,056	5,963,011	2,977,881	2,929,207	5,656,388	2,773,836	2,011,814	13,884,623	5,193,514	9,851,145
純有利子負債	1,301,972	2,494,303	-397,718	-80,424	396,056	691,411	81,203	-396,165	-375,466	-335,648
有利子負債	3,351,608	3,463,130	329,461	320,971	595,711	1,897,284	502,422	0	136,606	0
現預金及び同等物	2,049,636	968,827	727,179	401,395	199,655	1,205,873	421,219	396,165	512,072	335,648
非支配株主持分	52,778	1,013,441	121,456	224,656	24,457	182,209	160,030	0	316	0
純資産（期末）	7,197,249	5,355,277	3,097,397	3,098,429	1,317,809	3,347,171	1,366,664	2,173,583	2,263,912	1,347,048

出所：各社財務資料より筑坂氏作成。

表 8-2　自動車産業の企業価値の内訳と純資産

（単位：百万円）

	トヨタ	ホンダ	スズキ	日産自	SUBARU	いすゞ	ヤマハ発	三菱自	マツダ	日野自
EV（企業価値）	51,913,819	11,010,568	2,268,766	7,932,958	1,062,299	1,620,003	1,188,823	484,872	524,734	579,467
株式時価総額	30,622,275	5,964,863	2,045,927	2,144,343	1,493,975	1,230,914	953,192	492,479	572,547	413,300
純有利子負債	20,382,693	4,745,983	-162,564	5,339,632	-441,906	188,765	194,187	-30,941	-62,930	108,330
有利子負債	26,496,348	8,420,914	695,432	7,132,324	441,168	530,478	469,123	480,532	677,455	170,992
現預金及び同等物	6,113,655	3,674,931	857,996	1,792,692	883,074	341,713	274,936	511,473	740,385	62,662
非支配株主持分	908,851	299,722	385,403	448,983	10,230	200,324	41,444	23,334	15,117	57,837
純資産（期末）	27,154,820	10,772,546	2,263,672	5,029,584	1,901,019	1,394,425	900,670	630,301	1,316,697	516,007

出所：各社財務資料より筑坂氏作成。

大きな傾向に変わりがないことがわかる。

　以上の結果は，次のように解釈できる。株式時価総額が，無形資産の増加に見られるように，純資産と異なるブランド価値や将来価値で評価されるようになってきているのに対し，有利子負債等は，企業の投資に対して行われるものであり，その額は，時間差があるとはいえ，純資産となって現れる。実際，無形資産は，借入金の担保として評価することは困難であると指摘されている（Falato et al., 2022）。この結果として，担保を必要としない無形資産の増加は，借入金の必要性の減少につながるともいわれてる（Falato et al., 2022）。

　逆に言えば，無形資産は，担保価値の評価が難しいため，有形資産ベースの融資の対象とはなりにくい。このため，金融機関は，従来，無形資産の保有額が大きいことをマイナスの評価としてきたともいえる。こうした行動は，リスクマネーの供給源としての金融機関の役割の限界を示すことにもなる。すなわち，大きな経済社会の変革期にあって，無形資産を評価し，リスクマネーを供給することができる環境を作っていくことが，今後の経済再興には不可欠であるといえよう。

第7節　これからのビジネス戦略

　今まで述べてきたように，将来性のある企業は時価総額が高いと言える。企業の物差しは，有形資産，すなわち財務諸表の数字で説明できる範囲が狭まり，将来性を計る指標である無形資産が重要な意味を持っている。

　この無形資産は，財務諸表に記載されている無形資産と財務諸表に記載され
ない無形資産から構成される。財務諸表に記載される無形資産は，ソフトウエ
アやのれん代であり，こうした資産は，研究開発費の支出と相関関係が推定さ
れる。しかしながら，財務諸表に記載されない無形資産は，電子電機産業と化
学産業では，研究開発費とは明確な関係が見られなかった。

　時価総額は，将来に対する期待であるので，それは企業価値の向上に向けた
どのような努力を企業が行うかによってくる。1つには成長分野への投資であ
り，それは，ソニーや日立製作所の事例で企業が認識していることが示唆され
た。

　また，時価総額を左右する無形資産は，ノウハウ，スピルオーバー，シナ
ジー効果がある。実際，時価総額を増やしているソニーや日立製作所は，こう
した無形資産が持つ特徴を生かした企業買収を行っており，そうした効果を期
待している。

　今後，日本企業は，成長分野への投資を，スピルオーバー効果やシナジー効
果を考慮しながら積極的に行っていくことにより，無形資産を獲得し，時価総
額の増加につなげていく必要がある。ただし，無形資産を増やすためには，よ
り成長率の高い，あるいは，PBR の高い企業を買収することが常に効果的で
あるとは限らない。

　こうした買収は，資本市場において歓迎されていることは事実である。しか
しながら，他方で，過度に株式市場を気にしすぎることで，長期的な企業価値
の向上を見失うことも生じる。こうした，悪い事例として，ハスケルとウエス
トレイクは，イギリス ICI 社の事例を紹介している。同社は，かつてイギリス
化学産業の旗艦であり，革新的な商品を提供してきた。しかし，1990 年代に短
期株主価値の追求に気を遣うようになって，企業買収に走ったが，買収した事
業の統合に手間取り，イノベーションが減り，その結果，業績の低下を招き，
2008 年に他社に丸ごと買収されてしまった。これは，株主の気まぐれに過剰
反応した結果，証券市場が事業に悪影響を与えた事例として，語り継がれてい
る。

　すなわち，見てきたように，企業価値を向上させる企業買収とは，無形資産
を増加させる，シナジー，スピルオーバーを高める行為としての企業買収であ

ることが重要である。

　では，どのように無形資産のシナジー，スピルオーバーなどを誘引すること
ができるのであろうか。これは企業間ネットワークの形成といってもいいかも
しれない。ハスケルとウエイトレイクは，アメリカのベンチャー企業の成功
体験者（クライナー・パーキンス）が，企業の系列（keiretsu）を作ったこと
が，成功につながったと述べている。系列とは，相互に絡み合った企業ネット
ワークである。ポートフォリオ企業との間に，非公式のネットワークを構築
し，無形資産のシナジーを活用できるようにしたとされる。また，このような
系列（企業ネットワーク）が企業価値を高めるということは，トヨタの企業価
値が他社と比べて，非常に大きい原因の一つが，デンソーやアイシンなどの企
業ネットワークの存在であることを示唆しているかもしれない。また，総合
メーカーが概して，その有形資産に比べて企業価値が低いのは，各セグメント
のシナジー効果が働いていないことを示しているかもしれない。

　ハスケルとウエストレイクは，新しいアプリはグーグルカレンダーと統合で
きれば価値がずっと高まるかもしれない，分析ソフト事業はオンライン企業や
流通企業とのパートナーシップを構築出来たら価値が高まるかもしれない，と
述べている。第4節で，ソニーや日立製作所が立てていた無形資産のシナジー
戦略と共通するものであろう。

おわりに

　いままでの論考で，無形資産を増やすような企業買収が有効であることを述
べてきた。最後に，こうしたビジネス環境を整備する政府の役割についても触
れてみたい。まず，時価総額が増えることによって，経済を向上させる資金が
増加する効果をより認識して，株式市場を通じた資金調達を円滑にする制度整
備を求められよう。なぜなら，すでに述べたように，金融機関による有形資産
をもとにした融資という手段では，無形資産の評価が難しく，また，リスクが
大きいプロジェクトへの資金供給も制度的に難しいものがある。さらに，アメ
リカにおける新興企業が，ベンチャーファンドなどによる資金供給を受けて，
大きく飛躍している現状に比較して，日本のファンドビジネスは，規模も小さ

く，十分なリスクマネーの供給の役割を果たしていない。こうしたリスクマ
ネーを供給する融資制度の改革やファンドをより活性化できるような制度整備
も求められよう。

　また，日本企業が，独自路線を貫く企業が多く，企業買収をすること，され
ることに抵抗が大きいことも挙げられよう。こうした状況が次世代の経済革新
につなげる企業の活性化を阻んでいる面も否めない。こうした中，経済産業省
が，2023 年 8 月に，企業買収における行動指針，を公表した。このように，
企業価値向上のための，有効な企業買収などの方策がとられていくことが期待
される。政府もより，こうした有効な企業買収を円滑にするための制度整備を
行っていくことが肝要である。

［謝辞］
　本章の分析に用いた，企業財務データの収集，整理分析は，筑坂幸雄氏が行った。また，ソニーと
日立製作所の買収データは，梶村龍生君に寄っている。さらに，実務家の方々にご助言をいただい
た。片山剛敏氏，前田泰裕氏には，貴重な示唆をいただいた。これらの方々のご協力なくしては，本
章は執筆できなかった。

［引用文献］
伊藤邦雄（2021）『企業価値経営』日本経済新聞社。
胥鵬（2006）「どの企業が敵対的買収のターゲットになるのか」RIETI Discussion Paper Series, 06-
　　J-008。
ソニー（2021）『2021 年度第三四半期決算説明資料』（https://www.sony.com/ja/SonyInfo/IR/
　　library/presen/er/pdf/21q3_qa.pdf，2022 年 8 月 31 日閲覧）。
内閣府（2022）『日本経済 2021-2022 成長と分配の好循環実現に向けて』。
西山茂（2019）『決算書＆フィナンスの教科書』東洋経済新報社。
日立製作所（2021）『日立がデジタルエンジニアリングサービスのリーデングカンパニ Global logic
　　を買収』（https://www.hitachi.co.jp/New/cnews/month/2021/03/f_0331.pdf，2022 年 8 月 31
　　日閲覧）。
堀史郎・筑坂幸雄（2024）「日本企業の株式時価総額はなぜ低いのか」投稿中。
柳良平（2021）「ESG の見えざる価値を企業価値につなげる方法」『Diamond Harvard Business
　　Review』2012 年 1 月号，ダイヤモンド社。
Bloom, N., Sadun, R., & Reenen, J. V. (2012). American Do It better, US Multinationals and the
　　Productivity Miracle. *American Economic Review*, 102 (1), 167-201.
Brynjolfsson, E., Hitt, E., & Yang, S. (2002). Intangible Assets: How the Interaction of Computers
　　and Organizational Structure Affects Stock Market Valuations. *Brookings Papers on Economic
　　Activity*, 33 (1), 137-198.
Falato, A., Kadyrzhanova, D., Sim, J., & Steri, R. (2022). Rising Intangible Capital, Shrinking Debt
　　Capacity, and the U.S. Corporate Savings Glut. *The Journal of Finance*, 77 (5), 2799-2852.
Haskel J., & Westlake, S. (2018). *Capitalism without Capital: The Rise of the Intangible Economy*.
　　Princeton University Press.（山形浩生訳［2020］『無形資産が経済を支配する』東洋経済新報

社。)

Hulten, C. R. (2010). Decoding Microsoft: Intangible capital as a source of company growth. *NBER working paper*, No. 15799.

Lev, B., & Gu, F. (2016). *The End of Accounting*. Willy. (伊藤邦雄訳［2018］『会計の再生』中央経済社。)

Masulis, R. W., Reza, S. W., & Guo, R. (2023). The sources of value creation in acquisitions of intangible assets. *Journal of Banking and Finance*.

Peters, R. H., & Taylor, L. A. (2017). Intangible capital and the investment-q relation. *Journal of Financial Economics*, 123 (2), 251-272.

第9章

日本農業のあるべき将来
——国際フードシステムの強化

下石川 哲

はじめに

　1990 年以降，日本の農業は生産額の減少，生産者の高齢化，耕作放棄地の増加など衰退傾向を示す指標が多く見られた。しかし，2012 年に政府が「攻めの農業」を打ち出した頃から，農業総算出額の減少に歯止めがかかり，農産物・食品輸出の増加も見られるようになった。2021 年に農林水産業・食品産業全体の輸出金額は政府が当初目標に掲げた 1 兆円を突破し，2023 年半ば現在も増加傾向が続いている（農林水産省，2023）[1]。

　ところで，農業はそれ自体が単独で生産から消費までのプロセスを全て網羅する独立した産業というわけではない。実際に生産された農産物は最終消費されるまでに食品加工，外食サービス，卸・小売流通など多岐に亘る複雑な経路を辿り，これら関連部門は相互に連鎖しながら付加価値を形成する体系が構築されている。このような体系は「フードシステム」と呼ばれ，これまでにも世界各国でフードシステムに関する研究が数多く行われている[2]。農林水産省によれば，2015 年時点の日本の農林漁業による生産額は 12.9 兆円だが，食品製造業，関連流通業，外食産業等を合算したフードシステム全体の生産額は116.1 兆円に上る（農林水産省，2020, 10 頁）。これは日本の全産業の国内生産額の 11.4％を占める。

　近年はグローバリゼーションの潮流の中で，各国のフードシステムが国境を越えて広がり，生産から消費までの過程で様々な分業と統合が進展し，一層ダ

イナミックで複雑な国際フードシステムが形成されている。このようなフードシステムの構造を正しく理解するにはローカルな視点に留まらず，グローバルな視点でのアプローチが益々重要になる。そこで，本章は日本の農業が国際フードシステムを通じて輸出の持続的拡大を図り，再び成長軌道に転じることができるかどうかを論じることを目的とする。

　本章の構成は次のとおりである。第1節は世界と日本の農産物・食品貿易動向を概観し，国際フードシステムが広がる中，日本には農産物・食品輸出の潜在的な拡大余地が未だ残されていることを確認する。第2節では加工度に応じた輸出競争力の源泉に焦点を当てて主な貿易品目を類型化し，日本は企業の生産性を競争力の源泉とする高度な加工品に潜在的競争力があることを提示する。第3節では国際フードシステムを通じた海外需要の生産波及効果を分析し，日本のフードシステムは海外の新たな農産物・食品需要を国内生産に繋げる基盤が脆弱であることを明らかにする。最後の第4節では各節の議論を通じて得られた結果を要約し，そこから得られる政策的含意を提示する。

第1節　世界と日本の農産物・食品貿易動向

　世界の農産物・食品貿易はどのような特徴が見られるだろうか。日本はどのような位置づけにあるのだろうか。この問題を検討するために，本節では1995年と2020年の主要貿易国と日本の農産物・食品に関する貿易金額を考察し，日本には農産物・食品の輸出拡大余地が未だ残されていることを確認する。

1．世界の農産物・食品貿易動向

　図9-1は1995年と2020年を比べて，世界の農産物・食品貿易金額がどのように変化したかを示したものである。この図では2020年の農産物・食品輸出額上位20カ国と日本に関するデータをプロットし，その中から輸出金額上位7カ国と日本を明示している。ここではこの図から読み取れる農産物・食品貿易動向の特徴を3点挙げてみたい。

　1点目は貿易規模の拡大である。2020年の各国貿易金額は1995年と比べて

多くの国で飛躍的に増加している。FAO によれば，2020 年時点の世界の農産物・食品貿易金額は 1 兆 4934 億米ドルで，1995 年と比べて約 3.4 倍に増加している。この背景には世界全体で国際物流網が整備されたこと，IT 技術の発展により国境を越えた取引先や市場価格の情報が入手しやすくなったこと，国際貿易協定などを通じて各地で貿易自由化が進んだことなどが考えられる。

　2 点目は先進国による上位輸出国の集中である。1995 年と 2020 年のいずれも，世界の農産物・食品輸出金額のトップは米国であり，その後にオランダ，フランス，ドイツなどの欧州諸国が続いている。これまで多くの先進国が経済発展の過程で農業の生産性は向上するものの，需要を支える人口は増加しないため，やがて農産物の国内市場が飽和状態になる現象を経験してきた[3]。この問題に対応するために，1980 年代の米国と当時の EC はそれぞれが積極的に輸出補助を行い，激しい市場獲得競争を繰り広げることになった。その後双方で過剰な財政負担の解消に向けて，ガット・ウルグアイラウンド農業交渉を通じてルール作りを行い，その流れは 1995 年発足した WTO によって継承され，現在市場歪曲的な介入は抑制される傾向にある[4]。それでも先進国が主な輸出国である構図は現在も変わらない。ちなみに，2020 年時点で米国に次ぐ第 2 位の輸出国はオランダである。同国の土地面積は日本の九州地方と同程度にすぎない。したがって，農産物・食品の輸出競争力は決して土地面積のみに依存するわけではなく，国土が狭小な日本にも十分チャンスがあるといえるだろう。

　3 点目は先進国間の産業内貿易の進展である。欧米諸国の 1995 年と 2020 年の貿易金額の変化を見ると，輸出額と輸入額が一定の比率を保ちながらそれぞれ増加している。これは新興国のブラジルや中国がそれぞれ輸出，輸入に偏重しながら貿易金額を拡大してきた姿と対照的である。この背景には，先進国では農業生産から食品加工，外食サービスなどに産業全体が広がり，フードシステム全体に占める加工業の割合が相対的に高いことが考えられる[5]。加工品は消費者の多様な嗜好に応じて差別化が行われ，その分未加工品よりも産業内貿易が行われやすい[6]。国境を越えて生産，加工工程が広がったことも産業内貿易の拡大に寄与しているだろう。実際，1995 年以降に輸出品に占める輸入原材料の割合や第三国経由で輸出される中間製品の割合が高まり，2015 年時点

でこのような取引が世界全体の農産物・食品貿易の30％以上を占めていると
いう試算もある（Dellink et al., 2020, p. 15）。

２．日本の農産物・食品貿易動向

　さて，このような世界の農産物・食品貿易動向の中，日本は2012年以降農
産物・食品輸出金額の増加が顕著とはいえ，図9-1からその輸出額は依然極め
て限定的であることが分かる。2020年時点で米国の25分の1，オランダの17
分の1程度に過ぎず，世界最大の輸入国である中国と比べてもわずか10分の
1程度に留まる。また日本の農産物・食品貿易は極端に輸入に偏重しており，
欧米諸国が輸出入の均衡を一定程度維持している点も異なる。実際，日本の輸
入金額は人口が日本の7分の1程度であるオランダと比べてもかなり小さい。

図9-1　主要国の農産物・食品貿易額推移（単位：百万米ドル）

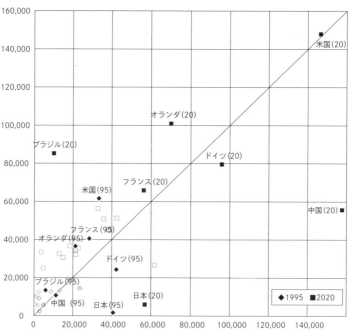

注：縦軸が輸出額，横軸が輸入額。
資料：国連農業食糧機関「FAOSTAT」から作成。

このように日本の農業・食品産業は国際市場に対して概して閉鎖的ということになる。

　この背景には，上述の欧米諸国とは対照的に，かつての日本はコメの減反政策に象徴されるように，輸出補助よりも生産調整によって農産物価格の下落を抑制してきた歴史があると考えられる。近年の貿易自由化交渉でも政府にとって国内農業保護は重要な政策課題の1つであり，農産物・食品の上位貿易国との自由化交渉は難航してきた経緯もある。貿易は両国間の相互利益によって成立する以上，自国が輸入を制限したまま相手国のみに市場開放を要求しても合意に至ることは難しい。交渉相手国が他国との自由貿易協定を締結して加盟国間での取引を優先するようになれば，日本は益々厳しい状況に置かれてしまうだろう[7]。

　このように，2012年に政府が「攻めの農業」の中で輸出強化を打ち出し，その後一定の成果が出ているものの，日本の農産物・食品輸出は未だ緒に就いたばかりなのである。言い換えれば，その分今後の潜在的成長余地は未だ大いに残されているといえるだろう。次節以降で各国の品目別輸出競争力や国際フードシステムの構造を考察し，今後日本が農産物・食品の輸出を持続的に拡大する上でどのような課題があるのか，それらに対する有効な処方箋はどのようなものなのかを検討する。

第2節　主要輸出国と日本の品目別輸出競争力

　日本が農産物・食品の輸出拡大を図る際，どのような品目であれば輸出競争力を発揮できるだろうか。主要輸出国と比べてどのような違いがあるだろうか。この問題を検討するために，本節では加工度に応じた輸出競争力の源泉に着目して主な貿易品目を類型化し，日本は企業の生産性を競争力の源泉とするより高度な加工品に潜在的競争力を持つことを明らかにする。

1．加工度に応じた輸出競争力の源泉
　上述のとおり，農産物・食品は生産から消費に至るまで多様な加工工程が存在し，国境を超える輸出段階での加工度合は国・品目によって様々である。

ここでは農産物・食品を加工工程や原材料数等に応じて「未加工品」「低加工品」「高加工品」の３種類に分類し，貿易理論を援用しながらそれぞれの輸出競争力の源泉を考察してみたい。

　最初に「未加工品」の競争力の源泉を検討する。この類型の代表的な貿易品目には小麦，コーン，大豆などがある。これらの品目は輸出前に若干の選別や異物除去などの簡易な工程はあるものの加工はほとんど行われない。この類型の競争力の源泉は農地面積に代表される生産要素賦存量である。生産要素賦存量がその国の比較優位を決定するという理論はスウェーデンの経済学者エル・ヘクシャーとその弟子のバートル・オリーンが提唱したもので，彼らの名前を用いて「ヘクシャー＝オリーンの定理」として知られている。各国は自国が比較優位を発揮できる品目に生産特化するため，産業間での国際分業が進むことになる。このモデルはもっとも伝統的な貿易理論の１つである。

　次に「低加工品」の競争力の源泉を検討する。この類型の代表的な貿易品目にはワイン，チーズ，牛肉，鶏肉などがある。これらの品目は輸出前に熟成，発酵，解体梱包などが行われるが，加工工程や原材料数はそれほど多くはない。この類型の競争力の源泉は消費者の多様な嗜好に応じた商品の差別化にある。2008年にノーベル経済学賞を受賞したポール・クルーグマンは，企業の生産には規模の経済が働くことに加えて，同じ品目でも企業によって価格，品質，デザイン，機能，ブランドイメージなどが異なり，消費者は多様な種類の製品を消費することでより高い満足度を得ることを貿易理論の前提条件に取り入れた（Krugman, 1980）。ここでは同じ品目でも輸出と輸入の両方が生じ，産業内貿易が行われやすい。このモデルは「新貿易理論」と呼ばれている。

　最後に「高加工品」の競争力の源泉を検討する。この類型の代表的な貿易品目には調味料，ペストリー類，清涼飲料品などがある。これらの品目は輸出前に複数国から調達される多様な原材料を用いて，国際分業による一次，二次加工を経て最終製品化される。この類型の競争力の源泉は企業の生産性である。ハーバード大学教授のマーク・メリッツは企業の異質性に着目し，高い生産性を持つ企業のみが輸出に伴う固定費を負担しながら規模の経済を発揮して輸出できること，そして国際貿易を通じて生産性の低い企業から高い企業に生産資源がシフトするモデルを提示した（Melitz, 2003）。このモデルは「新貿易理

論」の前提条件を継承しており，「新々貿易理論」とも呼ばれる。

２．国・品目別輸出競争力

　それでは，上記の類型を基に，実際に具体的な主要貿易国と日本の品目別輸出競争力を見てみよう。表 9-1 は 1995 年と 2020 年を比べて，各国の品目別輸出競争力の変化を見たものである。この表では 2020 年時点で世界全体の輸出金額上位 15 品目に入る 12 品目を抽出し[8]，それぞれの「貿易特化指数」(Index of Trade Specialization : ITS) を競争力指数に用いている。ITS は分子に輸出金額から輸入金額を差し引いた値，分母に輸出金額と輸入金額を合わせた値によって算出される。その定義から最大の絶対値は 1 であり，プラスの 1 に近いほど輸出競争力が高いことになる。

　最初に「未加工品」の輸出競争力を考察する。この類型では 1995 年と 2020 年の絶対値の平均値がそれぞれ 0.81，0.80 であり，時間の経過による変化はほとんどない。絶対値が 1 に近いことは，生産要素賦存量による比較優位の下で各国が比較優位を発揮できる産業に特化することで，産業間貿易が行われるという理論と整合的である。主な国・品目を見ると，先進国では米国が小麦，コーン，大豆の国際相場商品でいずれの年でもプラス 1 に近い値を示し，高い輸出競争力を発揮している。一方，新興国では長い時間を経てプラスとマイナスの入替が生じている。ブラジルは未開拓の土地を開発することで農地面積を拡大し，大豆とコーンの輸出競争力を向上させてきた。対照的に中国は畜産物の国内需要増加に伴い，肥育用飼料を輸入に依存するようになり，これら品目の競争力が著しく低下している。パーム油は産地が熱帯雨林地域に限定されるため，原産国はマレーシアやインドネシアに集中し，2020 年では対象国全てが輸入に依存している。さて，日本は農業生産に必要な土地生産要素の賦存量に乏しく，全ての品目で競争力指数はマイナス 1 である。このように日本は未加工の状態では輸出競争力を発揮できる環境にない。

　次に「低加工品」の輸出競争力を考察する。この類型では 1995 年と 2020 年の絶対値の平均値がそれぞれ 0.63，0.61 で，時間の経過による大きな変化はないが，国・品目別では未加工品よりも大きな変化が見られる。また，先進国の方が新興国よりも中心値の 0 に近い値を示している。これは先進国では産業内

貿易がより活発なことを示している。主な国・品目を見ると，先進国ではフランスのワインの値が 0.8 を超えており，高い輸出競争力を発揮している。フランスのワインはボルドーやブルゴーニュなどの厳選品種の葡萄を使用し，国際的にも名高いワイナリーで生産されることでプレミアム品として差別化されて世界の富裕層向けに供給されている。新興国ではブラジルの鶏肉の値がプラス 1 であり，極めて高い輸出競争力を示している。ブラジルの鶏肉は安価な飼料と規模の経済を活かした大量生産方式により，価格訴求品として幅広く国内外に流通している[9]。日本の競争力指数はここでも全品目の値がマイナス 1 に近い。近年は日本の和牛が海外の一部富裕層を中心にプレミアム品として受け入れられるようになり，牛肉の競争力指数は若干改善しているものの，2020 年でもその値はマイナス 0.85 に留まる。このように日本は低加工品でもほとんど輸出競争力を発揮できていない。さらに今後国全体で輸出拡大を図る際に，プレミアム品は大量生産に適さないことや，加工度が低い分受益者が一部に限定されやすい点なども留意しておく必要があるだろう。

　最後に「高加工品」の輸出競争力を考察する。この類型では 1995 年と 2020 年の絶対値の平均値が 0.41，0.28 であり，3 類型の中で最も小さく，時間の経過を通じて中心値の 0 に近づいている。主な国・品目を見ると，先進国ではオランダが調製食料品[10]，清涼飲料品，ペストリー類，チョコレート製品の全品目で輸出競争力を維持し，ドイツでは 1995 年対比で全品目の競争力が向上し，2020 年にはオランダ同様に全商品で輸出競争力を発揮している。これらの代表的な商品には，ネスレ社の乳製品やユニリーバー社の調味料など巨大多国籍企業によって製造・販売される企業内貿易が含まれる。日本でも 2020 年では 1995 年と比べて全品目で競争力指数の改善が見られ，特に調製食料品と清涼飲料品の 2 品目はプラスに転じている。このように，日本の農業・食品産業はオランダやドイツと同様に高加工品に潜在的な輸出競争力を持っており，近年はそのことが顕在化しつつあるといえよう。ハーバード大学 Growth Lab では，1995 年以来製品の複雑性や品目の多様性を示す「経済的複雑性指数」（Economic Complexity Index：ECI）を毎年更新しており，日本の ECI はこれまで 133 カ国中連続第 1 位を維持している。このことからも，日本は企業の高い生産性を競争力の源泉とする高度な加工品に注力することで，一層の輸出

表 9-1 国・品目別輸出競争力指数

型	国名	年	小麦	コーン	大豆	パーム油
未加工品 （要素賦存量）	米国	1995	0.91	0.98	0.99	-0.84
		2020	0.86	0.93	0.98	-0.83
	オランダ	1995	-0.83	-0.86	-0.91	-0.36
		2020	-0.87	-0.70	-0.59	-0.25
	ドイツ	1995	0.46	-0.60	-0.99	-0.78
		2020	0.40	-0.73	-0.97	-0.37
	フランス	1995	0.96	0.88	-0.91	-0.90
		2020	0.97	0.69	-0.45	-0.98
	ブラジル	1995	-1.00	-0.94	0.59	0.41
		2020	-0.86	0.93	0.98	-0.89
	中国	1995	-1.00	-0.97	0.14	-0.63
		2020	-1.00	-1.00	-1.00	-0.99
	日本	1995	-1.00	-1.00	-1.00	-1.00
		2020	-1.00	-1.00	-1.00	-1.00

型	国名	年	ワイン	チーズ	牛肉	鶏肉
低加工品 （商品差別化）	米国	1995	-0.70	-0.63	0.43	1.00
		2020	-0.64	0.11	0.01	0.87
	オランダ	1995	-0.83	0.74	0.37	0.65
		2020	-0.53	0.51	0.29	0.51
	ドイツ	1995	-0.53	-0.17	-0.51	-0.65
		2020	-0.48	-0.02	-0.44	-0.36
	フランス	1995	0.80	0.51	0.02	0.62
		2020	0.84	0.24	-0.50	-0.37
	ブラジル	1995	-0.65	-0.97	0.25	1.00
		2020	-0.96	-0.72	0.95	1.00
	中国	1995	0.34	-0.76	0.79	0.76
		2020	-0.97	-0.99	-1.00	-0.77
	日本	1995	-1.00	-1.00	-1.00	-1.00
		2020	-1.00	-0.99	-0.85	-0.97

型	国名	年	調製食料品	清涼飲料品	ペストリー類	チョコレート製品
高加工品 （企業生産性）	米国	1995	0.48	0.24	-0.25	-0.11
		2020	-0.03	-0.49	-0.50	-0.35
	オランダ	1995	0.43	0.39	0.44	0.44
		2020	0.25	0.39	0.16	0.15
	ドイツ	1995	-0.25	-0.02	0.08	0.22
		2020	0.21	0.15	0.22	0.34
	フランス	1995	0.43	0.17	-0.12	0.07
		2020	-0.06	0.01	0.05	-0.26
	ブラジル	1995	-0.59	0.38	-0.51	-0.48
		2020	0.19	-0.66	0.30	-0.09
	中国	1995	0.64	0.89	0.56	-0.13
		2020	0.03	-0.60	-0.25	-0.27
	日本	1995	-0.35	-0.86	-0.37	-0.96
		2020	0.08	0.18	-0.10	-0.75

注：網掛部分は正の値。

資料：国連農業食糧機関「FAOSTAT」から作成。

拡大に繋げられる余地が大きいといえるだろう。

第3節　国際フードシステムの生産波及効果

　主な輸出国はどのような経路を通じて海外の農産物・食品需要を自国の生産に繋げているのだろうか。主要輸出国と日本ではどのような違いがあるのだろうか。この問題を検討するために，本節では国際産業連関表を用いて，各国の国際フードシステムを通じた海外需要の生産波及効果を考察し，日本のフードシステムは海外の新たな農産物・食品需要を国内生産に繋げる基盤が脆弱であることを明らかにする。

1．国際フードシステムの分析枠組み

　上述のとおり，国際フードシステムは農業生産，食品加工，外食サービス，卸・小売流通などの関連部門が国境を越えて相互に連鎖する複雑な体系である。国内で生産された農産物が未加工のまま輸出される場合でも，輸入国で何らかの加工が行われて最終消費されることも少なくない。国内で一度加工された後に輸出される場合でも，輸入国で再加工された後に消費されることもあるだろう。最終消費者には家庭での調理だけではなく，外食サービスとして提供されることもある。こうした体系の下で，ある国・部門で新たに1単位の最終需要が生じると，自国の当該部門で生産が1単位誘発されるだけでなく（直接需要），中間原料の生産部門やさらにはその生産に必要な素材原料の生産部門でも新たな需要が生じ（間接需要），やがてシステム全体に生産が波及することになる。このようにある産業で最終需要が新たに発生することで，産業全体の生産活動に及ぼす効果のことを「生産波及効果」という。その推計には産業間の連関性を行列形式でまとめた「産業連関表」の「逆行列係数」が有用である。逆行列係数は産業連関表の産出額と投入額から算出される投入係数の逆行列の値である[11]。その行和は当該国・部門が各部門から受ける究極的な生産波及効果の大きさを表す。この値は正の値をとり，その値が大きいほど，他国他部門の需要を国内の生産に繋げられる産業構造にあるといえる。

　本節ではOECDが作成している「国際産業連関表」を用いて逆行列係数を

算出し，各国のフードサービスを構成する「農業生産」「食品加工」「外食サービス」の3部門が国際フードシステムを通じて，他国他部門の需要からどの程度の生産波及効果を得ているかを分析する[12]。2021年に発刊されたOECDの産業連関表（2018年版）は71カ国，45産業を網羅しており，その部門分類は国際標準産業分類（ISIC Rev.4）に準拠している。この内，分類番号01, 02（耕種農業，畜産農業，育林業等）を「農業生産」，分類番号10, 11, 12（商品製造業，飲料・たばこ・飼料製造業等）を「食品加工」，分類番号55（ホテル・外食等）を「外食サービス」とする。中国は中国本土の輸出特別加工地域とその他の地域を統合し，香港，台湾は独立した地域として区別する。

2．国際フードシステムの生産波及効果

　表9-2は1995年と2018年を比べて，国際フードシステムの生産波及効果がどのように変化したかを見たものである。この図表の各列に記載している「全産業」(a)は全ての国・産業（自部門を含む）を対象とした逆行列係数の行和であり，「フードシステム」(b)はその内農業生産，食品加工，外食サービスの3部門のみの行和，「間接需要」(c)は(b)から直接需要1単位を除いた行和，「国内需要」(d)と「海外需要」(e)は間接需要(c)の内訳を示している。たとえば，海外で生じた新たな農産物・食品需要が自国のフードシステムの生産にどの程度波及しているかは最終列の海外需要(e)の値によって評価できる。なお，外食サービス部門は最終消費段階に近いため，その分他国他部門の新たな需要による生産波及効果は限定される。ここでは主に農業生産と食品加工の2部門での生産波及効果を中心に考察する。

　最初に先進国の欧米諸国における生産波及効果を見てみよう。海外需要(e)の値は，農業生産では2018年時点で米国が0.75，フランスが0.45であり，いずれも1995年に比べて低下しているものの，依然他国に比べて高い水準にある。食品加工では2018時点でドイツが0.66，オランダが0.45と高い水準にあり，これらは米国の0.42を上回る。また，欧米諸国では農業生産，食品加工いずれでも海外需要(e)の値が国内需要(d)を上回り，中でもオランダとドイツの食品加工部門ではその差異が大きい。このように，欧米諸国のフードシステムは食品加工部門を中心に海外の幅広い需要が自国の生産に波及しやすい構造に

なっている。この背景には欧米諸国の農業・食品産業には国境を越えた産業の担い手となる巨大多国籍企業の存在があると考えられる。この点は次項でさらに詳しく検討する。

　次に新興国のブラジルと中国における生産波及効果を見てみよう。まず新興国の両国間で様相はかなり異なる。世界最大の農産物・食品の輸入国である中国では，農業生産の間接需要(c)は1995年の0.74から2018年には1.81に，食品加工の間接需要(c)は同期間で0.52から1.42に増加しており，他国他部門との連鎖が飛躍的に強まっている。この背景には，中国の周辺地域には元来共通の食文化や商慣習を持つ中華圏ネットワークがあり，その基盤の下で零細な乾燥食材問屋から大手即席麺メーカーまで幅広いプレイヤーが貿易を活発に行うようになったことや，香港が中国本土と周辺国の仲介役を果たしてきたことなどがあるだろう。一方，ブラジルでは農業生産，食品加工いずれの間接需要(c)もほとんど変化がなく，その値は相対的に小さい。ブラジルが輸出競争力を発揮する大豆やコーンは中国で主に家畜飼料として用いられ，中国国内で畜産製品として消費される割合が高いため，中国の畜産業以外からの需要による生産波及効果が限定されることも一因かもしれない。また両国ともに両部門で2018年では1995年よりも国際フードシステムの中での連鎖が強まっているが，2018年でも海外需要(e)の値は国内需要(d)よりも低い。このことから，新興国の農業生産や食品加工は依然として旺盛な国内需要に支えられる産業構造にあることが分かる。

　日本では農業生産，食品加工の両部門で国内需要(d)の値は欧米諸国と比べて決して遜色はない。2018年時点の食品加工における国内需要は0.37であり，この値は欧米諸国の値を上回る。しかし，海外需要(e)の値を見ると，2018年の農業生産は0.01，食品加工は0.04と極めて低水準に留まり，1995年よりも低下している。新興国が国際フードシステムの中で連鎖を強める中，日本は元々連鎖が脆弱であるにも関わらず，足元ではさらに相対的な低下を招いていることになる。他国他部門が国際フードシステムの中での連鎖を強める中，日本が旺盛な海外需要を国内の生産に繋げて農産物・食品輸出の持続的拡大を図るには，国際フードシステムに調和する産業構造への一層の転換が不可欠な課題といえるだろう。

表 9-2　国際フードシステムの国・部門別生産波及効果

部門	国名	年	全産業 (a)	フードシステム (b)	間接需要 (c)	国内需要 (d)	海外需要 (e)
農業生産	米国	1995	4.90	2.56	1.56	0.58	0.98
		2018	3.73	2.29	1.29	0.54	0.75
	オランダ	1995	2.70	1.89	0.89	0.35	0.54
		2018	2.21	1.66	0.66	0.26	0.40
	フランス	1995	3.42	2.04	1.04	0.55	0.49
		2018	2.79	1.86	0.86	0.41	0.45
	ドイツ	1995	2.14	1.42	0.42	0.23	0.19
		2018	2.24	1.48	0.48	0.18	0.29
	ブラジル	1995	2.78	1.71	0.71	0.54	0.17
		2018	3.08	1.74	0.74	0.46	0.28
	中国	1995	3.88	1.74	0.74	0.62	0.12
		2018	11.38	2.81	1.81	1.18	0.63
	日本	1995	2.16	1.36	0.36	0.33	0.02
		2018	1.72	1.36	0.36	0.35	0.01
食品加工	米国	1995	3.82	2.15	1.15	0.39	0.76
		2018	2.78	1.73	0.73	0.31	0.42
	オランダ	1995	3.13	1.95	0.95	0.34	0.61
		2018	2.58	1.73	0.73	0.29	0.45
	フランス	1995	3.34	2.02	1.02	0.51	0.52
		2018	2.61	1.68	0.68	0.30	0.38
	ドイツ	1995	3.01	1.77	0.77	0.33	0.43
		2018	3.23	1.93	0.93	0.27	0.66
	ブラジル	1995	2.44	1.43	0.43	0.23	0.20
		2018	2.54	1.59	0.59	0.38	0.22
	中国	1995	2.95	1.52	0.52	0.43	0.09
		2018	8.43	2.42	1.42	0.80	0.61
	日本	1995	2.25	1.35	0.35	0.30	0.05
		2018	1.97	1.41	0.41	0.37	0.04
外食サービス	米国	1995	2.44	1.09	0.09	0.04	0.05
		2018	2.40	1.08	0.08	0.03	0.05
	オランダ	1995	1.33	1.02	0.02	0.01	0.01
		2018	1.44	1.03	0.03	0.02	0.02
	フランス	1995	1.66	1.05	0.05	0.03	0.02
		2018	1.77	1.05	0.05	0.03	0.02
	ドイツ	1995	1.77	1.04	0.04	0.01	0.03
		2018	1.90	1.05	0.05	0.02	0.03
	ブラジル	1995	1.20	1.01	0.01	0.01	0.00
		2018	1.36	1.01	0.01	0.01	0.00
	中国	1995	1.71	1.03	0.03	0.02	0.01
		2018	3.60	1.11	0.11	0.04	0.07
	日本	1995	3.10	1.09	0.09	0.05	0.04
		2018	1.88	1.05	0.05	0.04	0.01

注：網掛部分は部門別平均値を上回る値。

資料：OECD, Inter-Country Input-Output（ICIO）Tables から作成。

3．国際フードシステムの担い手

　このような産業構造の転換には何が必要だろうか。国境を越えて原料調達，製品販売，研究開発などを手掛ける多国籍企業は，国際フードシステムの担い手として重要な役割を担う[13]。こうした企業は「多国籍アグリビジネス企業」とも呼ばれ，国境を越えて事業資産を保有し，生産から最終消費に至る垂直的なフードシステムの中で欠落又は不十分な領域を補完する機能を持つ（Goldberg, 1981, pp. 367-368）。

　表 9-3 は世界と日本の多国籍アグリビジネス企業を比べて，どのような違いがあるかを示したものである。世界の上位企業には UNCTAD が 2022 年に公表した海外資産規模上位 100 社の多国籍企業（金融部門を除く）の中から，農業・食品関連産業企業計 6 社を抽出した。これらの所在国は全て欧米である。日本企業については東洋経済新報社（2021）の「海外進出総覧」から売上高が上位で海外比率が入手可能な企業を抽出した。

　この表から欧米と日本の多国籍企業では売上規模と売上に占める海外比率には大きな差異があることが分かる。欧米企業の売上高は日本の企業よりも大きく，販売先は圧倒的に海外が中心である。これらの企業には海外に多くの製造・販売拠点があり，日本にも現地法人やパートナー企業を通じた販売拠点が

表 9-3　多国籍アグリビジネス企業の売上規模

会社名	所在国	売上高	国外比率	主力品
Nestlé	スイス	95,251	99%	乳製品，菓子，清涼飲料品，調味料等
Unilever	英国	61,991	95%	紅茶，アイスクリーム等
Anhurser-Busch InBev	ベルギー	54,304	85%	酒類
The Coca-Cola Company	米国	38,655	66%	清涼飲料品
Mondelez International	米国	28,720	75%	菓子，乳製品等
Danone Groupe	フランス	28,701	92%	乳製品，離乳食品，栄養食品等
サントリー HD		22,337	40%	酒類，清涼飲料品等
JT		18,193	62%	たばこ，医薬品，加工食品等
アサヒグループ HD	日本	17,630	40%	酒類，清涼飲料品，健康食品等
キリン HD		16,080	36%	酒類，清涼飲料品，医薬品等
日本ハム		10,692	10%	食肉加工品
味の素		9,564	56%	調味料，加工食品，栄養食品等

　注：単位は百万米ドル，日本企業の売上高は 115.02 円／ドル（2021 年 12 月 31 日）でドル換算。
　資料：UNCTAD（2022），東洋経済新報社（2021）から作成。

ある。一方，日本の企業は欧米の企業よりも売上高が小さく，その海外比率は
上位 2 社でも 50％超に留まり，その他は国内向け販売が中心である。また主
力品についても両者で異なる傾向が見られる。欧米企業の主力品は菓子，乳製
品，離乳食品，栄養補助食品など幅が広く，高度な加工度や専門性が要求され
る品目が多く含まれる。日本の企業も国内の消費者ニーズを捉えた調味料や加
工食品などを製造・販売しているが，海外市場において幅広い需要に応える商
品を供給する点ではさらなる拡大の余地があるだろう。このように，日本の食
品産業にも欧米並みの規模と範囲で活動する多国籍企業が出現するようになれ
ば，国際フードシステムの中での連鎖が一層強まるのではないだろうか。

結び

　これまでの分析と考察から，日本農業の将来にとって，農産物・食品輸出の
持続的拡大を通じた成長余地は残されており，そのためには国内外の食品加工
や外食サービスなど関連産業との連鎖を一層強化し，国際フードシステムに調
和する産業構造に変えていく必要があることが示された。最後に本章を締めく
くるにあたり，各節での分析結果を振り返り，そこから得られる政策的含意を
導き出すことを試みる。
　第 1 節では世界の農産物・食品貿易動向を俯瞰した。その結果，世界の農産
物・食品貿易は急速に拡大してきたこと，農産物・食品の主要輸出国は依然先
進国であり，その中にはオランダやドイツのように農地面積が限られる国が
あること，先進国内では加工品を中心に産業内貿易が活発に行われていること
を確認した。その中で日本は過去 10 年間農産物・食品輸出は増加したものの
欧米諸国と比べれば極めて小さく，輸入も他の先進国よりかなり限定されてい
る。こうした現状を踏まえると，日本は国際市場に対して一層開放的なスタン
スをとることも検討課題になるだろう。国産農産物と補完関係にある農産物を
原材料として選別的に輸入することは，食品加工部門の一層の競争力強化に繋
がり，日本の農産物・食品輸出全体を押し上げることにも貢献するだろう。
　第 2 節では主な貿易品目を加工度に応じた競争力の源泉を基に類型化し，各
国の品目別輸出競争力を分析した。その結果，豊かな農地面積を持つ米国やブ

ラジルは未加工品農産物で輸出競争力を発揮しているが，国土が狭小なオランダやドイツは差別化される低加工品や企業の生産性が強みとなる高加工品で輸出競争力を発揮していることが明らかになった。日本も未加工品や低加工品では輸出競争力を発揮できないが，企業の生産性が競争力の源泉となる高加工品では輸出競争力を発揮しつつある現状が明らかになった。したがって，今後の農産物・食品輸出の持続的拡大には，海外の一部富裕層に人気の高い未加工農産物よりも，複雑な加工工程が不可欠で厳しい品質基準や安全管理が求められる高加工品に注力する方がより高い効果を期待できるだろう。さらに農産物・食品の需要が旺盛な周辺国の新たな需要を幅広く取り込むには，最終製品だけに拘らず，日本が輸出競争力を発揮できる特殊な素材や中間原材料の輸出に注力することも有意義であろう。

　第3節では国際フードシステムの新たな海外需要による生産波及効果を分析した。その結果，欧米諸国では農業生産，食品加工の両部門で国内よりも海外からの間接需要が自国のフードシステムの生産に波及しやすい構造にあるが，日本の農業生産，食品加工部門は海外の新たな需要を国内の生産に繋げる基盤が極めて脆弱なことが明らかになった。また，欧米諸国では国際フードシステムの担い手となる多国籍アグリビジネス企業が国境を越えて幅広い製品の製造，販売を展開している。日本の食品産業にも多国籍企業は存在しているが，海外の広範な需要に対応するにはさらなる拡大の余地が残されている。そこで，これら企業が潜在的な輸出競争力を一層発揮できるように，高度な食品加工技術者，国際経験豊富な経営者，デジタル分野の専門人材など幅広い人材を獲得し，海外展開しやすい環境を整備することは有益であろう。こうした施策を通じて，日本の食品産業のプレイヤーが国境を超えて海外ニーズの把握や販路開拓に取り組み，大規模化することで生産性を一層高められれば，国際フードシステムの中での連鎖が強化されて，日本が農産物・食品輸出を持続的に拡大する道筋に繋がるのではないだろうか。

[注]
1　2020年7月の閣議で政府は農林水産業・食品の輸出額を2025年までに2兆円，2030年までに5兆円に引き上げる目標を設定した。
2　日本のフードシステムに関する研究に関する理論は新山（2020）を参照。

3　速水・神門（2002, 17-22 頁）は，途上国では農業に過少な資源投入により食料不足を招く「食料問題」に直面するが，先進国では農業に過剰な資源投入が行われることで余剰食料が生じる「農業調整問題」に直面するとしている。日本の農業（調整）問題は本間（1994）が詳しい。

4　農産物貿易に関する国際協定の進展については Anderson and Martin（2021）が詳しい。

5　経済発展の過程で主要な産業が農業から工業，サービス業にシフトすることは「ペティ＝クラークの法則」として有名である。

6　アジアにおける農産物・食品の産業内貿易の研究には木南・木南（1997）がある。

7　自由貿易協定によって元々他国との取引を行っていた国が加盟国間の取引に移行する効果のことを「貿易転換効果」という。

8　表 9-1 では，紙面のスペースの制約から輸出金額上位 15 品目の内，大豆粕，粗製調整品，蒸留酒類の 3 品目を除外した。

9　1980 年代のタイは鶏肉や海老等の輸出農産物の多様化と食品加工業の発展による経済発展に取り組んだ。末廣・安田（1987）は，このような農村開発と農業関連産業の育成による工業化戦略を「NAIC 型」（New Agriculture Industrializing Countries）と呼ぶ。

10　「調整食料品」には他のカテゴリーに区分されない多様な加工食品が含まれている。日本では調味料や味噌，醤油などが含まれる。

11　産業連関表の概念や理論，我が国の運用については総務省（2020）を参照。国際産業連関表を用いたフードシステムに関する実証分析には吉田・株田（2012）がある。

12　OECD の産業連関表の構成は Yamano（2016）を参照。逆行列係数の算出は統計システム R パッケージ version 0.3.4 の「ioanalysis」を使用した。

13　農業・食品産業における多国籍企業の役割は Scoppola（2021）を参照のこと。

［参考文献］

木南莉莉・木南章（1997）「アジアにおける食品産業の貿易構造と分業関係」『地域学研究』28（1），257-267 頁。

末廣昭・安田靖編（1987）『タイの工業化：NAIC への挑戦』アジア経済研究所。

総務省（2020）『平成 27 年（2015 年）産業連関表：総合解説編』総務省。

速水佑次郎・神門善久（2002）『農業経済論　新版』岩波書店。

新山陽子（2020）「フードシステム研究の構造論的アプローチ：フードシステムの存続，関係者の共存」新山陽子編『フードシステムの構造と調整』昭和堂，3-43 頁。

農林水産省（2020）『平成 27 年（2015 年）農林漁業及び関連産業を中心とした産業連関表（飲食費のフローを含む）』（https://www.maff.go.jp/j/tokei/kouhyou/sangyou_renkan_flow23，2023 年 9 月 17 日参照）。

農林水産省（2023）『我が国の農林水産物輸出入実績』（https://www.maff.go.jp/j/shokusan/export/e_info/zisseki.html，2023 年 9 月 17 日参照）。

東洋経済新報社（2021）『海外進出企業総覧　会社別編』東洋経済新報社。

本間正義（1994）『農業問題の政治経済学：国際化への対応と処方』日本経済新聞社。

吉田泰治・株田文博（2012）「フードシステムの成長がアジア諸国の経済に与える影響分析」『九大農学芸誌』67（1），35-45 頁。

Anderson, K., & Martin, W. (2021). Agricultural development and international trade. in Agricultural development: New perspectives in a changing world. *International Food Policy Research Institute*, chapter 13, 439-470.

Dellink, R., Dervisholli, E., & Nenci, S. (2020). *A quantitative analysis of trends in agricultural and food global value chains (GVCs). Background paper for The State of Agricultural Commodity*

Markets (SOCO) 2020, FAO.

FAO, FAOSTAT. https://www.fao.org/faostat/en/#data（2022 年 11 月 25 日閲覧）

Goldberg, R. (1981). The role of the multinational corporation. *American Journal of Agricultural Economics*, 63 (2), 367-374.

Harvard University, Growth Lab. https://growthlab.hks.harvard.edu（2023 年 9 月 17 日閲覧）

Krugman, P. (1980). Scale economies, product differentiation, and the pattern of trade. *American Economic Review*, 70 (5), 950-959.

Melitz, M. (2003). The impact of trade on intra-industry reallocations and aggregate industry productivity. *Econometrica*, 71 (6), 1695-1725.

OECD, OECD Inter-Country Input-Output Database. http://oe.cd/icio（2022 年 11 月 25 日閲覧）

Punthakey, J. (2020). Foreign direct investment and trade in agro-food global value chains. *OECD Food Agriculture and Fisheries Papers*, 142. OECD Publishing.

Scoppola, M. (2021). Globalisation in agriculture and food: the role of multinational enterprises. *European Review of Agricultural Economics*, July 2021.

UNCTAD (2022). *World investment report*, Annex table 19: The world's top 100 non-financial MNEs, ranked by foreign assets, 2021. https://unctad.org/system/files/non-officialdocument/WIR2022_tab19.xlsx（2023 年 9 月 17 日閲覧）

Yamano, N. (2016). OECD Inter-Country Input-Output Model and Policy Implications. in Xing, Y. (eds.). *Uncovering value added in trade: New approaches to analyzing global value chains*, World Scientific, 47-59.

第 **10** 章

持続的成長と対内直接投資[1]

牧岡　亮

はじめに

　2000 年代後半の世界金融危機前まで進展していたグローバル化は，人やモノ，カネやアイデアなど様々なものが国境を越えて移動することを可能にし，世界経済の発展を促進してきた。例えば，世界全体の国内総生産（GDP）に占める国際貿易額の割合は，1970 年に約 14％であったものが，2008 年には約 30％までとなった（Antràs, 2020）。これにより，安価な外国製品を購入することを可能になり，人々の生活水準は向上した。また世界全体の GDP に占める対内直接投資額の割合も，1970 年の 0.5％以下の水準から，2008 年約 4％と増えている。この直接投資の増加は，単なる国境を越えた金融資産の保有を意味するだけでなく，外国の経営ノウハウや技術を波及させ，人材の移動を喚起することを通じて，経済成長に貢献してきた。各国政府は，これらのグローバル化の便益を享受するべく，国際貿易や直接投資を推進してきている。

　しかしながら，国連貿易開発会議（UNCTAD）によれば，2021 年時点で，日本の GDP に対する対内直接投資残高の割合は，世界 201 カ国中 198 位と低迷している。なぜ日本への対内直接投資は低迷しているのか。仮に日本により多くの対内直接投資が入ってくると，日本の経済成長に対してはどのような影響があるのか。その影響経路はどのようなものか。このような問題意識の下，本章では対内直接投資の受け入れとその持続的成長との関係性について分析する。

　本章の構成は以下のとおりである。第1節では，対日直接投資が近年どのように推移しているのか，どのような産業・国の投資が変化しているかについての現状を見た後に，対日直接投資が停滞している原因として考えられる，潜在的な阻害要因を説明する。第2節では，対内直接投資を促進することによって受け入れ国経済にどのような便益があるのかについて，それぞれ国・産業レベルのマクロデータを用いた研究と企業レベルのミクロデータを用いた研究を見ることで明らかにしてく。第3節では，2010年以降の対日直接投資促進のための政策を概説していく。第4節では，それまでの議論をもとに，対日直接投資を増加させるための方策，対日直接投資を経済成長に結びつけるための方策を議論していく。最後に第5節で，本章の含意をまとめる。

第1節　対日直接投資の現状と阻害要因

1．対日直接投資の現状

　外国企業の日本への直接投資，すなわち対日直接投資は，近年急速に拡大している。UNCTADの統計によると，日本への対内直接投資残高は2000年に503.2億米ドルであったが，2012年には2057.5億米ドルとなり2000年の約4倍，2021年には2569.6億米ドルとなり2000年の約5倍となっている。このように対日直接投資残高自体は順調に，また急速に拡大しているものの，GDPに占めるその割合は他国と比較して引き続き低調であることが知られている。2021年現在，日本のGDPに占める対内直接投資残高は5.2%であり，世界201カ国中198位である（図10-1）。この割合は，同年の韓国のGDPに占める対内直接投資残高は14.6%（182位），中国のそれは11.9%（186位），米国のそれは58.9%（79位）と比較しても，極端に低い。

　次に，それらの対日直接投資がどのような産業に対して行われているかを見るために，清田（2014）に倣い，日本銀行「業種別・地域別直接投資残高」を見てみる[2]。それによると，2005年の対内直接投資残高は11.9兆円であるが，その44.5%が製造業，残りの55.5%が非製造業に向かっている。前者の中では，電気機械器具や輸送機械器具の部門に多くの対内直接投資が集中している。また後者の中では，金融・保険業，通信業などの分野に投資が集中してい

図 10-1　対日直接投資残高の推移

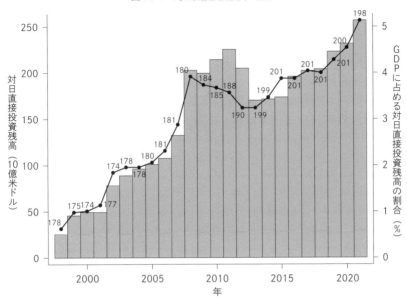

注：図中の棒グラフは，各年の対日直接投資残高を示し，左軸で測られている。図中の折れ線
　は，各年の GDP に占める対日直接投資残高の割合を示し，右軸で測られている。また折れ
　線の各年の点の横に示されている数字は，当該年における，GDP に占める対日直接投資残
　高の割合の大きさの世界全体の中での日本の順位を示している。1998 年から 2000 年までは
　世界全体で 180 カ国，2001 年から 2008 年までは世界全体で約 190 カ国，2009 年から 2012
　年までは世界全体で約 192 カ国，そして 2013 年以降は世界全体で 201 カ国の中での順位で
　ある。
出所：国連貿易開発会議（UNCTAD）の統計より筆者作成。

る。それらの数字が，2013 年には対日直接投資残高が 17.9 兆円，そのうち製
造業が占める割合が 37.4％，非製造業の占める割合が 62.5％となっている。さ
らに 2021 年には，対日直接投資残高が 27.5 兆円，そのうち製造業が占める割
合が 33.8％，非製造業の占める割合が 66.1％となっている。すなわち，対日直
接投資が拡大している中でも，非製造業への対日直接投資が大きく伸びている
ことがわかる。

　非製造業への直接投資の中でも，2005 年と比較した時の 2021 年の直接投資
残高の増加率が，金融・保険業で 217.5％，不動産業で 263.5％，サービス業
で 319.3％などの部門で大きく伸びていることがわかる。製造業においても，

化学・医薬で281.7％，一般機械器具で765.0％の増加率を記録しており，対内直接投資が伸びていることがわかる。その一方，2005年時点で対内直接投資残高全体の約2％を占めていた食料品，約7％を占めていた卸売・小売業において，2005年と比較した時の2021年の直接投資残高の増加率がそれぞれ−44.6％，−43.2％となっており，対内直接投資が縮小している産業もあることがわかる。

　対日直接投資の出身国と出資先の都道府県はどのようなものか。田中（2014）によれば，外国投資家の母国籍としては，米国やドイツ，フランスなどの欧州諸国が多いものの，2010年にかけて韓国や台湾，中国，香港，シンガポールなどからの投資も増加していることを指摘している。また，日本に位置する外資企業の本社・本店の所在地としては，70％程度が東京都であり，それ以外の本社・本店もほとんどが関東や関西の大都市圏に集中して立地していることを明らかにしている。ただ，外資企業が設立している事業所で勤務している従業者のシェアを都道府県別でみてみると，東京都に位置する外資系企業の事業所で働いている従業者数のシェアは36.5％であり，さらに東京都に位置する製造業の外資系事業所で働いている従業者数のシェアは19.9％となる。すなわち，外資企業の東京一極集中は観察されるものの，製造業の事業所の雇用については，そこまで東京集中が観察されないことがわかっている。

　このように，対日直接投資は近年拡大しており，特に非製造業において拡大しているものの，国の規模で平準化した割合で見ると，未だに他国よりも少ないことがわかった。それでは，なぜ対日直接投資は極端に少ないのだろうか。次にその要因について，先行研究をもとに探っていく。

2．対日直接投資の阻害要因

　先行研究では，外国企業が対日直接投資を行う際の障害として，主に以下の5つが挙げられている（清田，2014, 2015a, 2015b, 2021）。第一の障害としては，規制や行政手続きの煩雑さが挙げられる。深尾・天野（2004）では，1990年代の放送・通信業，金融・保険業等の非製造業での規制改革が進んだことにより，それらの分野における対日直接投資が拡大したことを示しているが，引き続き，規制や行政手続きの煩雑さが残っている。例えば，第3節で説明す

るように，内閣府に設置した「規制・行政手続見直しワーキング・グループ」
は，対日直接投資における規制・行政手続きの煩雑さ等を問題視しており，
2017 年の取りまとめにおいて課題や見直し案をまとめている。また，日本貿
易振興機構（JETRO）の「ジェトロ対日投資報告 2021」においても，外資系
企業にインタビューした「日本でビジネス展開する上での障害要因」のうち，
第 5 位と第 6 位にそれぞれ「行政手続きの煩雑さ」と「規制・許認可制度の難
しさ」が挙げられている。このような規制の存在の対日直接投資との負の関係
性は，伊藤・深尾（2003）においても確認されている。伊藤・深尾（2003）
は，事業所・企業統計調査を用いた分析の結果，特に非製造業において，三桁
分類の業種ごとの外資系企業の活動のシェアが，当該業種における参入規制の
存在や公的事業所比率と負の関係性にあることがわかった。この結果は，それ
らの間の相関関係を示すに過ぎないが，規制の存在が対日直接投資を阻害して
いる可能性を示唆している。

　このように，規制や行政手続きの煩雑さと対日直接投資に対する負の影響を
示唆する資料・分析結果がある一方で，逆の結果を示す数字も存在する。経済
協力開発機構（OECD）が毎年発表している「直接投資制限指数（Regulatory
Restrictiveness Index)」によると，2012 年から 2020 年までの日本の直接投
資制限指数は，G20 諸国の中で 4 番目に小さく，すなわち日本の対内直接投資
に対する規制が比較的緩いことを示している。このように規制が対日直接投資
の阻害要因になっている可能性を示す定性的・定量的な分析がある一方，その
反対に，他国と比べて規制自体が緩いことを示すデータも存在する。したがっ
て，規制の存在や行政手続きの煩雑さを対日直接投資の障害として考える際に
は注意が必要である。

　対日直接投資の第二の障害としては，日本における実効税率の高さが挙げ
られる。実効税率とは，企業が所得に対して実質的に負担する税率のこと
であり，国ごとや一国の中でも資本金の額や所得金額などによって異なる。
Markel and Shackelford（2014）によれば，2006 年から 2011 年にかけて 27
カ国に位置する約 9000 の多国籍企業の実効税率を比較したところ，産業や経
済状況の違いなどを考慮した後でも，日本は分析対象国の中で最も実効税率が
高いことが明らかにされている。また実効税率の違いは，シンガポールと比較

して 17 ポイント，米国と比較しても 8 ポイント高いことがわかった。Markel and Shackelford（2014）の分析期間後，複数の日本の法人税改革が実行され，その結果実効税率も低下してきた。2015 年度の改革により，実効税率はそれ以前の 34.62％から 32.11％へ，そして 2016 年度の改革により 29.97％となり，そして 2018 年度の改革により 29.74％へと低下している。しかしながら，これらの改革後の実効税率でもなお，ドイツの 29.93％，米国の 27.98％，フランスの 25％など，主要国の実効税率よりも概ね高い状態が続いている（2023 年 1 月現在）[3]。この実効税率の高さにより，対日直接投資が阻害されている可能性が考えられる。実際に佐藤（2010）は，法人税率の高さと対内直接投資が負の関係性にあることを示している。

　そして第三の障害としては，円高の為替レートや日本の労働コストの高さが，対日直接投資を阻害している可能性が考えられる。実際，JETRO の「ジェトロ対日投資報告 2021」においても，人件費，税負担や不動産などを含めた「ビジネスコストの高さ」が，「日本でビジネス展開する上での障害要因」の第 1 位として挙げられており，調査内の約 75％の外資系企業がこの障害を指摘している。しかしながら，Kimino et al.（2007）の研究では，為替レートや労働コストなどは対日直接投資に影響を与えていないことが示されている。

　第四の障害としては，文化や言語の違いが挙げられる。JETRO の「ジェトロ対日投資報告 2021」によれば，障害要因の第 2 位である「人材確保の難しさ」の中に，日本市場において語学堪能者の確保が困難なことが理由として含まれている。また，同第 3 位の「日本市場の閉鎖性，特殊性」にも「人的コネクション，市場に関する英語情報の不足，商習慣」が理由として含まれているし，第 8 位の「外国人の生活環境」も文化や言語の違いが主な理由であろう。さらに，Hoshi and Kiyota（2019）においても，国際経済学のグラビティ方程式の推定を用いて，ある国への別の国からの対内直接投資残高の多寡が，それらの国の主言語が共通であること，主要な宗教が同じであること，そして，以前に植民地の支配関係にあったことなどの文化的・言語的な要因と統計的に有意な関係性にあることが示されている。

　第五の障害としては，利益の出にくい日本の市場環境が影響しているかもしれない。JETRO の「ジェトロ対日投資報告 2021」によれば，阻害要因の第 4

位「製品・サービスに対するユーザーの要求水準の高さ」となっており，その中には「価格」が理由に含まれている。これは，製品のコストに比して高い価格を付けづらいのが理由となっていることが示唆される。実際，大橋（2021）や青木ら（2023）は，米国などの多くの先進国のマークアップ（価格／限界費用）が，2000 年以降概して上昇している一方で，日本のマークアップは下落していることが示されている。なぜ日本のマークアップだけが下落しているのかについての確たる答えは提供されていないが，1 つの可能性として日本の人口減少の影響が挙げられている。すなわち，人口減少による国内需要の縮小下において，さらなる需要減少を招きかねない価格の引き上げが行いづらいという仮説である。したがって，対日直接投資の停滞の根本には，日本の市場環境と，その背後にある少子高齢化による国内需要の減少があるかもしれない。

第 2 節　対内直接投資の受け入れ国に対する影響

1．マクロデータを使った分析

　ここまで，対日直接投資が低迷している現状とその阻害要因を見てきた。それでは，仮に前節で挙げられた阻害要因を撤廃し，対日直接投資を増加させることができたとすれば，経済成長は促進されるのであろうか。本項ではその疑問に答えるため，まずマクロデータを用いた研究と経済モデルを用いたシミュレーション分析を行った研究を概説する。

　対内直接投資は，外国企業からの技術，ノウハウ等を受入国に波及させることで，受入国の生産性上昇や経済成長に貢献することが知られている。しかしながら，国レベルのマクロデータを用いた研究は，その便益が無条件に享受されるものではなく，受入国の政策や制度に依存したものであることを明らかにしている。たとえば，Borensztein et al.（1998）は，69 の発展途上国への直接投資のデータを用い，受入国が最低限の人的資本を蓄積しているときにのみ，対内直接投資による技術やノウハウの波及を咀嚼することができ，経済成長につなげることができることを示している。他にも Alfaro et al.（2004）は，受入国の金融市場が十分に発達しているときにのみ，対内直接投資が受入国の経済成長に貢献することを示している。これは，受入国企業が対内直接投

資によってもたらされた新しい技術やノウハウを利用する場合の多くは，新たな投資を必要とする。そしてその投資の費用を賄うために，多くの場合，企業は金融市場から資金を調達する必要がある。したがって，もし金融市場から資金を調達することができないのであれば，対内直接投資によってもたらされた新しい技術やノウハウを吸収・利用できないということになる。同様に Alfaro and Charlton（2013）も，国レベルのデータではなく OECD 諸国の産業レベルのデータを用い，自社以外の外部からの資金調達である外部資金への依存が高い産業ほど，対内直接投資が成長に結びついていることを示している。

　これらのマクロデータを用いた実証研究は，対内直接投資が常に受入国の経済成長をもたらすわけではないこと，そしてその関係性が受入国の前提条件に依存することを示しており，対内直接投資の経済成長に与える影響についての実証分析の結果がケースバイケースであることと整合的である。

　最後に，対日直接投資の経済成長に対する影響の分析として，深尾・天野（2004）のシミュレーション分析による結果を紹介する。深尾・天野（2004）は，日本の総売上高のうちの外資系企業が占める割合が 10 ポイント上昇するということを対日直接投資の増加と考え，その対日直接投資の増加が GDP に与える影響を分析している。分析の結果，日本国内企業よりも生産性の高い外資系企業の参入が増加することにより，経済全体の生産性が上昇することを通じて，GDP を 1.3％上昇させることを明らかにしている。この分析結果は，実際のデータを使ったものではなく，経済モデルを用いたシミュレーション分析によって求められたものであるため，結果がモデルの仮定に依存している。また 2021 年現在の日本の GDP に占める対内直接投資残高が 5.2％であることを考えると，総売上高のうちの外資系企業の割合が 10 ポイント上昇というのは非常に大きい数字であることなど，結果の解釈には一定の留保が必要であろう。しかしながら，対日直接投資が経済成長に与える影響についてのデータ分析が困難な中で，その潜在的な効果の規模を見ることができるという点で，非常に有益な分析であろう。

2．ミクロデータを使った分析

　前項では，マクロデータを用いた対内直接投資の影響の分析結果を概説した。マクロデータを用いた研究は，国間・産業間を比較して対内直接投資と経済成長との関係性を分析するため，受け入れ国・産業の政策や制度の違いによる影響の違いを分析するのに有用であった。しかしながら，それらの研究は，対内直接投資が経済成長に影響を与える経路を明らかにしない。例えば，対内直接投資の増加は，受入国内の生産性の低い国内企業の市場退出を促すことで産業全体の生産性を上昇させ，経済成長を促すかもしれない。もしくは，進んだ技術やノウハウを持つ多国籍企業が国内市場に参入してくることにより，国内企業が何らかの方法でその技術・ノウハウを習得し，個々の企業が生産性を上昇させることを通じて経済成長を達成するのかもしれない。これらの異なる影響経路は，対内直接投資を通じて経済成長を促進するための異なる政策対応を要請するため，経路を明確に区別することが重要である。そこで本項では，そのような影響経路を明らかにするであろう，企業レベルのミクロデータを用いた研究を概説する。

　Alfaro and Chen（2018）は，多国籍企業の受け入れ国での生産開始が受け入れ国全体の生産性に与える影響を，(1) 生産性の低い国内企業を市場退出させることによる生産性効果と，(2) 受入国各企業内での生産性上昇効果とに分けて分析した。(1) の効果は，多国籍企業の参入が国内企業の生存確率に与える影響を見ることで確かめることができる。一方 (2) の効果は，多国籍企業の参入前後での各国内企業内での生産性の変化をみることで確認することができるが，この変化は多国籍企業からの技術・ノウハウの波及による可能性もあるが，多国籍企業の参入により市場での競争が激化し，それにより国内企業自らが生産性向上のために行動（例，新製品開発や研究開発）を取った結果である可能性もあるため，解釈には注意が必要である。

　世界中の多国籍企業の多くをカバーする企業レベルデータ（Orbis データベース）を用いた分析の結果，第一に，多国籍企業が受け入れ国市場に参入した後に，各国内企業の生産性が上昇したことが確認された。第二に，多国籍企業の参入後に国内企業の市場生存確率が減少していることも明らかになった。これらの結果は，対内直接投資が受け入れ国の生産性を上昇させる時には，

(1) 市場退出による効果と (2) 企業内生産性上昇の効果のどちらの影響経路も働いていることを示唆している。第三に，多国籍企業の参入後に各国内企業の知的財産権への申請が増加していること，各国内企業の生産する製品の数が減っていることも明らかになった。この結果は，多国籍企業の参入による国内企業内の生産性上昇が，主に競争激化に対する各企業の対応策の結果によるものであることを示唆している。第四に，多国籍企業の参入による経済全体の生産性上昇のうち，約 3 分の 2 が低生産性国内企業の市場退出等によるものであり，残りの約 3 分の 1 が各企業内での生産性上昇によるものであることがわかった。この結果は，対内直接投資の受け入れ国経済への影響を考える際に，市場構造の変化を考慮することも重要であることを示唆している。

　Alfaro-Urena et al.（2022）は，コスタリカの企業データと企業間取引データを組み合わせることで，コスタリカに進出した多国籍企業との取引を開始した国内企業の，その後のパフォーマンスを分析した。差の差推定法[4]による分析の結果，多国籍企業との取引を開始した国内企業の売上高と雇用者数はそれぞれ 16% と 6% 増加し，中間財などの投入物への支出と全要素生産性（TFP）もそれぞれ 9% 増加と 5% 上昇していることがわかった。またそれらの効果は，取引を開始した多国籍企業以外の，当該国内企業の以前からの取引相手への売り上げ増加，（企業規模が大きく，海外へ輸出を行っているという意味で）「良質」な新規取引企業への取引の増加によっても観察されることが示されている。これらの結果は，国内企業が新たな多国籍企業との取引を開始することで，技術やノウハウを習得し，新しい製品などを開発することなどを通じて良い評判を形成することを通じて，パフォーマンスを向上させるという影響経路と整合的な結果である。実際 Alfaro-Urena et al.（2022）では，分析対象となった企業にインタビューをすることで，上記の影響経路の妥当性を確認している。このように，対内直接投資を受け入れることは，外国企業と受入国国内企業との取引関係を通じて技術・ノウハウの波及が起こることで，受け入れ国の経済成長に寄与する可能性を示唆している。

　最後に，対日直接投資に関する企業レベルのミクロデータを用いた研究を紹介する。Kimura and Kiyota（2007）は，日本の外資系企業（外国投資家が株式の 10% 以上を保有している企業）と国内企業の生産性の伸び率を比較する

ことで，前者の伸び率の方が後者のそれよりも大きいことを発見している。この分析の結果は，外資系企業が生産性の伸び率が大きい有望な企業に出資する傾向にあるという逆の因果を示しているだけの可能性もあり，結果の解釈には注意が必要である。また，Fukao et al.（2008）は，日本の外資系企業と国内企業を比較する際に，外資系企業と特性が似ているような国内企業に比較対象を絞り，同じく生産性の伸び率の比較を行っている。その結果，Kimura and Kiyota（2007）と同様に，外資系企業の生産性の伸び率の方が国内企業のそれよりも大きいことを発見している。したがって，対日直接投資により外資を受け入れた日本企業自身には，生産性上昇効果が存在する可能性を示唆している。

それでは，出資を受けていない他の企業に対する，対日直接投資の影響はどうか。Todo（2006）は，企業レベルのデータを用いて，日本市場に参入した外資系企業の研究開発投資ストックの増加が，同一産業に属する国内企業の生産性上昇に寄与していることを確認し，外資系企業から国内企業への技術・ノウハウの波及の可能性を示唆している。また伊藤（2011）は，各産業における外資系企業のプレゼンスとしての雇用者数のシェアと，国内企業の生産性の伸びとの関係性を分析している。その結果，外資系企業から国内企業への正のスピルオーバーを示唆するような関係性は見つからなかったことが報告されている。このように対日直接投資に限って言えば，国内企業の生産性に対する影響は，効果の有無に関する結果が混在していることがわかる。

ただ本項冒頭で説明したように，これらの対日直接投資の影響に関する研究は，外国企業からの技術・ノウハウの波及という影響経路だけでなく，参入後の市場競争激化の効果など異なる影響経路を含んでいる可能性があり，それらの影響を切り分けたより精緻な分析が今後期待される。

第 3 節　現在までの政策対応

日本政府は，長年低迷していた対日直接投資を促進するべく，2012 年末時点で 17.8 兆円であった対日直接投資残高を，2020 年までに 35 兆円へ倍増させるという目標を 2013 年に掲げた。その目的達成のため 2014 年，当時の安倍

首相の指示の下,「対日直接投資に関する有識者懇談会」が開催された。同懇談会の報告書では, 対日直接投資を促進するための課題として, 日本特有の制度・慣行や人材の不足などによる低い投資収益性に関する問題と, 高い事業コストの問題が指摘されていた。また, 対日直接投資を促進するための提言として, ①税制や雇用制度などのグローバルな制度との調和, ②企業の投資判断に影響を与え得る政府間の経済連携・社会保障協定等の推進, ③外国人の生活環境の整備, ④医療・医薬品や農業などの個別事業分野に関する課題, ⑤政府やJETRO, 地方自治体の対日直接投資に対する支援・優遇策, ⑥海外への日本の魅力発信, が提言された。さらに, 政府全体での取り組みを促進するべく,「対日直接投資推進会議」を定期的に開催することが提言された。同会議は, 先の報告書で整理された課題の検討状況や案件プロモーションの進捗を共有しつつ, 直接外国企業から意見を聴くことで, 対日直接投資をさらに拡大していくことを目指していた。

　2015年になると「外国企業の日本への誘致に向けた5つの約束」として, あらゆる場所での外国語表記の拡充や無料公衆無線LANの整備, 海外から来た子供への教育環境の整備並びに日本の英語教育の拡充など, 主に前掲③の外国人の生活環境の整備に関する改善が提唱された。また翌2016年には「グローバル・ハブを目指した対日直接投資促進のための政策パッケージ」として, 取り組むべき施策がまとめられている。具体的には, 前年の「5つの約束」の内容に加え, 前掲①「税制や雇用制度などのグローバルな制度との調和」に合致するような規制・行政手続きの簡素化などの提言とともに, 前掲⑤「政府やJETRO, 地方自治体の対日直接投資に対する支援・優遇策」に合致する, 外国企業を呼び込む方策として対外広報の強化や, 外国企業とのマッチング支援などについても具体的な施策がまとめられていた。

　これらの施策により, 投資先としての日本の魅力は改善したものの, 規制や行政手続きの煩雑さは依然として問題であった。そこで2017年には,「規制・行政手続見直しワーキング・グループとりまとめ」として, 外国企業や専門家等から指摘された規制や行政手続きに関する課題と, それに対する具体的な取り組みをまとめた。例えば, 法人設立や登記に関連する手続き, 在留資格取得の手続き, 行政手続きの煩雑さなどについての課題と対応策としてまとめられ

ており，課題に対する現場での速やかな対応が推奨されていた。その後の最近の施策として，対日直接投資推進会議は 2021 年に「対日直接投資促進戦略」をとりまとめ，引き続き前掲③「外国人の生活環境の整備」や，前掲⑤「政府や JETRO，地方自治体の対日直接投資に対する支援・優遇策」などの施策を講じることを提唱していた。また，新たな目標として 2030 年に対日直接投資残高を 80 兆円にすること，またその中間目標として 2025 年に 60 兆円にすることを目標としている。この対日直接投資残高についての目標は，2023 年の「海外からの人材・資金を呼び込むためのアクションプラン」において，2030 年までに 100 兆円を達成する目標へと引き上げられている。

　これらの施策の効果からか，2020 年には対日直接投資残高が 39.7 兆円となり，2013 年に設定した目標を達成している。しかしながら，具体的な各施策が対日直接投資拡大に対してどれだけ効果があったのであろうか。これらの施策は，限られた予算の中で行われるものであるため，対日直接投資を拡大する効果が大きいものに集中して投資をし，効果の小さい・ない施策は，修正・停止したほうがより対日直接投資を促進するかもしれない。そのような観点から，具体的な各施策の効果を評価し，現行の施策に対してフィードバックをすることを通じて，より良いものにしていく必要がある。

　それぞれの各施策の効果に関する研究は見当たらないが，筆者の知る限り唯一，Hoshi and Kiyota（2019）が 2013 年から 2015 年までの一連の対日直接投資促進政策の効果を分析している[5]。そこでは，一連の政策があった時の現実のデータで観察できる対日直接投資残高と，仮に一連の政策がなかった時の仮想的な対日直接投資残高（グラビティ方程式の推定により求められたもの）とを比較することで，政策の効果が観察できないことを示している。図 10-2 は，Hoshi and Kiyota（2019）より再掲されたものである。それによると，現実の GDP に占める対日直接投資残高の割合（実線）は分析期間を通じて増加傾向にあるものの，グラビティ方程式をもとに推定された，仮に一連の対日直接投資促進政策がなかった場合の仮想的な同割合（点線，破線）と比較して，2015 年時点で低水準にあることがわかる。もし仮に一連の対日直接投資促進政策の効果があるとすれば，現実の GDP に占める対日直接投資残高の割合は，政策がなかった時の割合よりも大きいはずであるため，ここから政策の

効果が見られないとの結論に至っている。言い換えれば，2013 年以降の対日直接投資残高の増加は，グラビティ方程式の推定式に含まれている説明変数，すなわち地域貿易協定（RTA）や投資協定の締結などの他の政策的な要因，言語の違いや相手国との距離などの地理的・文化的な要因，自国や相手国のGDP などの経済的な要因等によって説明がつくため，一連の対日直接投資促進政策の効果は限定的であると結論づけることができる。

　Hoshi and Kiyota（2019）も言及しているように，彼らの分析は，施策の効果の出現に時間のかかる場合にはその効果を明らかにすることができない可能性がある。また，2013 年以降に対日直接投資残高を減ずるような他の施策・出来事があるとしたら，一連の対日直接投資推進政策の効果とそれらの他の施策・出来事の効果を切り分けて明らかにすることはできない可能性がある。例えば，Volpe Martincus and Sztajerowska（2019）によれば，2012 年以前と比較して 2013 年以降，日本以外の様々な国の投資促進機関が大規模な組織改

図 10-2　対日直接投資残高：現実対反実仮想

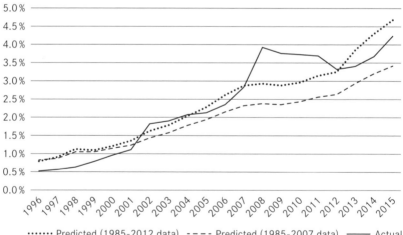

　　　　······· Predicted (1985-2012 data)　---- Predicted (1985-2007 data)　—— Actual

注：図中の実線は，GDP に占める対日直接投資残高の割合について，実際の推移を示している。点線は，グラビティ方程式の推定値により求められた，アベノミクスでの一連の対日直接投資促進政策が仮になかった時の，仮想的な同割合の推移を表している。同様に破線は，異なるデータ年（1985 年から 2007 年）を用いてグラビティ方程式を推定した時の，仮想的な同割合の推移を表している。

出所：Hoshi and Kiyota（2019）.

革を経験している。もし仮に，組織改革が多国籍企業の意思決定に影響を与え，改革を行った国々への直接投資を促す反面日本への直接投資を減らすように働いているとすれば，対日直接投資残高を減らすように働くはずである。Hoshi and Kiyota（2019）の結果は，このような出来事の影響を切り分けることができていないかもしれない。しかしながら，Hoshi and Kiyota（2019）は，対日直接投資支援の施策の効果に関する数少ない非常に有益な研究であり，今後はより精緻なデータなどを用いて，同様の効果分析を繰り返していく必要がある。

第 4 節　政策提言

　これまでの節では，なぜ日本への対内直接投資は低迷しているのか，仮に日本により多くの対内直接投資が入ってくると，日本の経済成長に対してはどのような影響があるのか，そのメカニズムはどのようなものか，という疑問に対して，経済学の先行研究をもとに議論してきた。本節ではそれらの議論をもとに，対日直接投資のさらなる促進を図ることを通じて日本の経済成長を促進させるための方策について議論していく。そのために以下では，①対日直接投資をさらに拡大するための方策，②対日直接投資を経済成長に結びつけるための方策，をそれぞれ議論していく。

①　対日直接投資をさらに拡大するための方策
　第 1 節 1 項でも見たように，対日直接投資は近年拡大傾向にあるものの，諸外国と比較すると低水準であることがわかった。そのような状況下で，対日直接投資をさらに促進していくためには，まず第 1 節 2 項で挙げたような直接投資の阻害要因となっているものを解消していく必要が考えられる。具体的には，規制や行政手続きの簡素化や実効税率のさらなる低下，文化的・言語的な障害の軽減や適切な市場環境の整備が考えられる。規制や行政手続きの簡素化については，2021 年の「対日直接投資促進戦略」でも挙げられている通り，法人設立手続きや新設法人による在留申請手続きをオンライン化，英語やそれ以外の言語への多言語化を推進していくのが望ましいであろう。実効税率のさ

らなる低下については，G20 と OECD により主導されている，BEPS（Base Erosion and Profit Shifting）プロジェクトの動向を注視することが必要であろう。BEPS プロジェクトとは，世界各国の法人税引き下げ競争の激化の問題や，国内にサービスを提供しているが支店などの拠点を持たない企業（例，巨大 IT 企業）の租税回避問題に対応するべく，G20 と OECD により主導され，OECD 加盟国を含む世界約 140 の国・地域により 2021 年に合意，2023 年に大枠がまとめられた取り決めのことである。そのプロジェクトの 1 つの柱は，各国の法人税率を 15％以上にするという最低税率を定めることであり，その取り決めが世界の対内直接投資の動向に影響を及ぼすことが予想される。実際 Keen et al.（2023）によれば，同最低税率の対内直接投資に対する影響は，当初の法人税率が高い国ほど大きな正の影響を受ける傾向にあることを示している。したがって，2025 年の合意文書発行に向けて，日本政府は最大のステークホルダーである米国の参加を促していく必要があるだろう。

　文化的・言語的な障害の軽減についても，2021 年の「対日直接投資促進戦略」でも挙げられており，外国人が生活しやすい環境を引き続き整備していく必要がある。最後に市場の適切な環境の整備としては，市場環境に影響を与える様々な要因が考えられるため，一朝一夕に対応することは困難かもしれない。しかしながら，良い商品・サービスを提供する企業には適切なマークアップを付すことができ，利益が生むことができるよう，市場の適切な競争環境を保持していく必要があるであろう。

　しかしながら，これらの阻害要因を取り除いただけでは対日直接投資が増えるかはわからない。その 1 つの理由としては，2023 年現在で世界 132 の国と地域が対内投資を促進するための機関を設置しており，自国に外国企業を誘致するべく競争しているからである[6]。したがって日本も，投資促進機関である JETRO や在外公館，地方自治体などの資源を活用して，対日直接投資を増加させるために積極的に外国企業の投資を促進していく必要がある。これらの直接投資促進機関に関する政策提言として，以下では投資促進機関の活動の有効性を分析した最近の研究である Crescenzi et al.（2021）や Carballo et al.（2022）を紹介し，その政策含意などをまとめることにする。

　Crescenzi et al.（2021）は，ヨーロッパの各国，各国内地域の投資促進機関

の誘致活動が各国内地域への対内直接投資に与える影響を分析している。そこでは誘致活動を把握する目的で，ヨーロッパ内の各国，各国内地域の投資促進機関に対してサーベイ調査を行い，どの期間にどのセクターに重きを置いて誘致活動を行ったかを調査している。そしてその調査結果をもとに，重点的に誘致活動が行われた期間・セクターに対内直接投資が行われているか否かを，計量経済学の差の差推定法，合成コントロール法を用いて分析している。その分析の結果，特に国内地域レベルの投資促進機関の誘致活動が対内直接投資に対して統計的に有意な正の影響を与えている反面，国レベルの投資促進機関の影響は見られないことが明らかにされている。またこの正の効果は，知識集約的なセクターや直接投資についての経験の浅い企業にとってで大きい傾向にあり，またヨーロッパの内外からの投資にかかわらず正の影響があることが示された。これらの結果は，投資促進機関の誘致活動が，この分野の先行研究が示しているように情報の障壁を軽減することを通じて影響を与えているのみならず，投資が行われる国内地域での運営手続き，取引相手の探索などの実務的な障壁を軽減することを通じて，対内直接投資に影響を与えていることを示唆している。

　Carballo et al. (2022) は，コスタリカの投資促進機関である CINDE (Consta Rica's national investment promotion agency) よりデータの提供を受け，CINDE の支援を受けた多国籍企業が実際にコスタリカに参入しているか否かを分析している。計量経済学の操作変数法，差の差推定法を用いた分析の結果，CINDE の支援がコスタリカに初めて進出する外国企業の参入に正の影響を与えていること，CINDE の支援の中でも情報提供の支援が特に参入促進に効果的であること，そして言語的・文化的に異なる国の企業や複雑な製品を作る企業の誘致に対して特に効果的であることが示された[7]。特に最後の結果は，投資促進機関の支援が外国企業のコスカリカに関する情報の障壁を削減することを通じて，効果を発していることを示唆している。

　これらの最新の研究結果は，投資促進機関の支援が，知的集約的なセクターや複雑な製品を製造する企業に対して，地理的・文化的に離れている国の企業に対して，そして進出地域に根差した情報を提供するときに特に有効であることを示しており，日本の投資促進機関の活動方針を決定する際には有用な情報

であろう。

②　対日直接投資を経済成長に結びつけるための方策

　次に，促進された対内直接投資をどのように経済成長に結びつけるべきかを考える。まず，第2節1項のマクロデータを用いた対内直接投資の分析の議論でも示した通り，対日直接投資の経済成長への影響を有効に獲得するためには，受け入れ国の人的資本蓄積や金融市場の発達が重要であった。したがって，日本人の教育水準（例，専門的知識を獲得するための大学院教育の推進）をさらに高めたり，対内直接投資から知識を吸収するためにさらなる外国語教育が重要になってくるかもしれない。また，外国企業から技術・ノウハウを受けた企業・人々が新たな投資を行う時に必要となる資金を調達できるよう，金融市場を十分に整備しておく必要もあるだろう。

　さらに，第2節2項のミクロデータを用いた対内直接投資の影響の分析は，以下のような政策含意をもたらすであろう。まず，Todo（2006）の結果からも示されているように，同一産業内に属する外資系企業の研究開発投資ストックが多ければ多いほど，国内企業の全要素生産性が高くなることがわかっている。したがって，対日直接投資を国内の生産性上昇，経済成長に結びつけるためには，研究開発投資を活発に行っている産業・外国企業に絞って誘致することも大事かもしれない。また，企業レベルのミクロデータを用いた分析の結果が示すこととして，対内直接投資の国内企業の生産性に対する影響は，企業間の取引関係を通じた技術・ノウハウの伝達を通じて生じると考えられる（Alfaro-Urena et al., 2022）。したがって，ただ単に外国企業を国内に誘致するのではなく，国内企業との取引関係構築を促す形で誘致することが有効かもしれない。実際日本政府と JETRO は，日本企業と外国企業の協業を促進するためのプログラム，J-Bridge（Japan Innovation Bridge）を構築し，外国企業と日本企業の面談をアレンジしたり，それらの企業のマッチング支援を行っている。したがって今後は，それらの活動が実際に国内企業の生産性を上昇させているか，特にどのような分野でその上昇が見られるかなどを，実務を通して得られたデータから分析することで，同プログラムの改善・向上を図っていくことが望ましいであろう。

第 5 節　おわりに

　本章では，低迷する対日直接投資とその持続的経済成長に与える影響の重要性を問題意識として，まず，対日直接投資を阻害する要因として，地理的な要因，言語の違い，各国間の歴史的な関係などの存在以外にも，規制や行政手続きの煩雑さの問題，実効税率の高さの問題などが明らかになった。また対内直接投資は，企業間での知識・技術・ノウハウのスピルオーバーなどを通じて，日本企業の生産性上昇にも貢献することが見込まれることがわかった。そして最後に，より多くの対日直接投資を呼び込むために，国内ビジネス環境の整備（法人設立手続きの簡素化・オンライン化など）に加えて，積極的な投資促進支援活動が重要であることがわかった。したがって，ビジネス環境を整備するためや外国企業が持つ日本市場への様々な障壁を軽減するための，投資促進機関等の活動の強化が重要であることが示唆された。

[注]
1　本稿は，JSPS 科研費若手研究 21K13308 の助成を受けている。
2　対日直接投資の産業別動向を見るための他の統計として，経済産業省「外資系企業動向調査」もある。この調査では，各年度 3 月末時点で，(1) 外国投資家が株式または持分の 3 分の 1 超を保有している企業，(2) 外国投資家が株式または持分の 3 分の 1 超を所有している国内法人が出資している企業により，さらに直接および間接出資比率の合計が 3 分の 1 超となる企業，(3) 上記の条件で，外国側筆頭出資者の出資比率が 10% 以上である企業，の条件を満たす国内企業を調査対象としている。2021 年の調査をもって終了したこの調査は，回答率が低いことや，2008 年以前は金融・保険・不動産業などに属する企業は調査対象としていない，などの欠点のため，実際の対日直接投資よりも過小評価している可能性がある。田中（2014）は，その欠点を修正するべく，東洋経済新報社「外資系企業総覧」やレコフ株式会社「M&A データベース」などの対日直接投資に関する他の統計を利用して，対日直接投資の動向を分析している。
3　https://www.mof.go.jp/tax_policy/summary/corporation/084.pdf
4　多国籍企業と取引を開始した国内企業のパフォーマンスの前後差とそれ以外の国内企業のパフォーマンスの前後差とを比較することで，因果関係を求める推定方法のこと。
5　その一方で，輸出促進政策の効果に関する分析は比較的蓄積されつつある。例えば，国内では Hayakawa et al.（2014）や Makioka（2021），国外では Munch and Schaur（2018）などがある。また，それらのサーベイとして牧岡（2018）も参照されたい。
6　https://waipa.org/members/
7　操作変数法で用いられる操作変数としては，CINDE の支援が Fortune1000 リストに載っている企業，すなわち米国に位置する大きな多国籍企業に重点的を置いているという事実に基づき，企業が Fortune1000 リストに掲載されているか否かという情報を用いている。Carballo et al.（2022）では，この変数が操作変数法の仮定の 1 つである外生性を満たしているか否かについて，詳細に議

論・検証されている。

［参考文献］
青木浩介・高富康介・法眼吉彦（2023）「わが国企業の価格マークアップと賃金設定行動」日本銀行ワーキングペーパー，No. 23-J-4。

伊藤恵子（2011）「外資系企業の参入と国内企業の生産性成長『企業活動基本調査』個票データを利用した実証分析」RIETI Discussion Paper, 11-J-034。

伊藤恵子・深尾京司（2003）「対日直接投資の実態：『事業所・企業統計調査』個票データにもとづく実証分析」岩田一政編『日本の通商政策と WTO』日本経済新聞社，187-229 頁。

大橋弘（2021）『競争政策の経済学：人口減少・デジタル化・産業政策』日本経済新聞社。

清田耕造（2014）「対日直接投資の論点と事実：1990 年代以降の実証研究のサーベイ」RIETI Discussion Paper, 14-P-007。

清田耕造（2015a）「対内直接投資の効果と促進—経済成長に向けて」METI-RIETI シンポジウム資料。

清田耕造（2015b）『拡大する直接投資と日本企業』NTT 出版。

清田耕造（2021）「日本の魅力は最下位？」RIETI 新春特別コラム。

佐藤智紀（2010）「法人税と海外直接投資の実証分析」『フィナンシャル・レビュー』22，179-192 頁。

田中清泰（2014）「対日直接投資の動向と特徴」RIETI Discussion Paper Series, 14-P-021。

日本貿易振興機構（2021）「ジェトロ対日投資報告 2021」日本貿易振興機構。

深尾京司・天野倫文（2004）『対日直接投資と日本経済』日本経済新聞社。

牧岡亮（2018）「輸出促進政策に効果はあるのか？：サーベイ」経済産業研究所（RIETI）EBPM コラム（https://www.rieti.go.jp/jp/special/ebpm_report/003.html）。

Alfaro, L. (2016). Gains from Foreign Direct Investments: macro and Micro Approaches. *World bank Economic Review*, 30, 2-15.

Alfaro, L., Chanda, A., Kalemli-Ozcan, S., & Sayek, S. (2004). FDI and Economic Growth: The Role of Local Financial Markets. *Journal of International Economics*, 64, 113-134.

Alfaro, L., & Charlton, A. (2013). Growth and the Quality of Foreign Direct Investment: Is All FDI Equal? In Stiglitz, J. E., & Yifu, J. L. (eds.). *The Industrial Policy Revolution I: The Role of Government Beyond Ideology*. London: Palgrave Macmillan.

Alfaro, L., & Chen, M. (2018). Selection and Market Reallocation: Productivity Gains from Multinational Production. *American Economic Journal: Economic Policy*, 10 (2), 1-38.

Alfaro-Urena, A., Manelici, I., & Vasquez, J. P. (2022), The Effects of Joining Multinational Supply Chains: New Evidence from Firm-to-Firm Linkages. *Quarterly Journal of Economics*, 137 (3), 1495-1552.

Antràs, P. (2020). De-Globalisation? Global Value Chains in the Post-COVID-19 Age. 2021 ECB Forum: "Central Banks in a Shifting World" Conference Proceedings.

Borensztein, E., De Gregorio, J., & Lee, J.-W. (1998). How Does Foreign Direct Investment Affect Economic Growth? *Journal of International Economics*, 45, 115-135.

Carballo, J., de Artinano, I. M., & Martincus, C. V. (2022). Information Frictions, Investment Promotion, and Multinational Production: Firm-Level Evidence. CESifo Working Paper, 9170.

Crescenzi, R., Di Cataldo, M., & Giua, M. (2021). FDI Inflows in Europe: Does Investment Promotion Work? *Journal of International Economics*, 132, 103497.

Fukao, K., Ito, K., Kwon, H. U., & Takizawa, M. (2008). Cross-Border Acquisition and Target Firms' Performance: Evidence from Japanese Firm-Level Data. In Ito, T., and Rose, A.

K. (eds.). *International Financial Issues in the Pacific Rim: Global Imbalances, Financial Liberalization, and Exchange Rate Policy*, NBER-EASE Volume 17, Chicago IL: University of Chicago Press and NBER.

Hayakawa, K., Lee, H.-H., & Park, D. (2014). Do Export Promotion Agencies Increase Exports? *The Developing Economies*, 52, 241-261.

Hoshi, T., & Kiyota, K. (2019). Potential for Inward Foreign Direct Investment in Japan. *Journal of The Japanese and International Economies*, 52, 32-52.

Keen, M., Liu, L., & Pallan, H. (2023). International Tax Spillovers and Tangible Investment, with Implications for the Global Minimum Tax. World Bank Policy Research Working Paper, 10427.

Kimino, S., Saal, D. S., & Driffield, N. (2007). Macro Determinants of FDI Inflows to Japan: An Analysis of Source Country Characteristics. *The World Economy*, 30 (3), 446-469.

Kimura, F., & Kiyota, K. (2007). Foreign-Owned Versus Domestically-Owned Firms: Economic Performance in Japan. *Review of Development Economics*, 11 (1), 31-48.

Makioka, R. (2021). The Impact of Export Promotion with Matchmaking on Exports and Service Outsourcing. *Review of International Economics*, 29 (5), 1418-1450.

Markel, K. S., & Shackelford, D. A. (2014). The Impact of Headquarter and Subsidiary Locations on Multinationals' Effective Tax Rates. In Brown, J. (ed.). *Tax Policy and the Economy 28*, Chicago, IL: University of Chicago Press and NBER.

Munch, J., & Schaur, G. (2018). The Effect of Export Promotion on Firm-Level Performance. *American Economic Journal: Economic Policy*, 10 (1), 357-387.

Todo, Y. (2006). Knowledge Spillover from Foreign Direct Investment in R&D: Evidence from Japanese Firm-Level Data. *Journal of Asian Economics*, 17 (6), 996-1013.

Volpe Martincus, C., & Sztajerowska, M. (2019). How to Solve the Investment Promotion Puzzle: A Mapping of Investment Promotion Agencies in Larin America and the Caribbean and OECD Countries. Inter-American Development Bank.

第 11 章

人口動態からみた再浮上戦略
――女性労働力を活用するための社会的変革

松本邦愛

はじめに

　少子高齢化が日本の直面する諸課題の最も重要なものの一つに挙げられるようになって久しい。一般に，65歳以上人口が全人口に占める割合（高齢化率）が7%を超えた社会を高齢化社会，14%を超えた社会を高齢社会，21%を超えた社会を超高齢化社会と7%ごとに呼称が変わるが[1]，日本はすでに1971年には高齢化社会に，1994年には高齢社会に，2007年には超高齢社会に突入した。「人口推計」によると，2022年の高齢化率は29.0%であり，すでに28.0%を超え，呼称のない世界に突入している。日本の高齢化率は世界一であり，人類がこれまで経験したことのない社会となっていることは疑いがない。

　しかし，このような高齢者の増加に劣らず，日本経済の再浮上を考える上で大きな障害となるのは，生産年齢人口（15～64歳人口）の減少であろう。すでに団塊の世代は後期高齢者になり，第二次ベビーブームがあった1971～1974年生まれのいわゆる団塊ジュニア世代も2036年以降順次高齢者となっていく。団塊ジュニア世代以降，合計特殊出生率（一人の女性が平均して産む子供の数）が2.0を割り込み，2022年の1.28まで漸減している状態では，生産年齢人口も低下の一途をたどらざるを得ない。生産年齢人口とは，もともと労働力の中核となる人口で，急速に労働力の不足が進行することになる。

　このような状況を打破するためには，根本的には合計特殊出生率の上昇が必要である。合計特殊出生率が人口置換水準である2.06～2.07を長期的に下回っ

ている限り人口は減少し続けるのであるが，戦後初めて総人口が前年を下回った 2005 年から 18 年が経過して，今後，絶対的にも相対的にも生産年齢人口が継続的に減少していくのである。将来的に日本が「消滅」する危機を避けるためには官民挙げて，子供を産みたいと思う女性が障害を感じることなく生むことができる社会を作り上げなければならない。しかし，合計特殊出生率の上昇や，それに伴う人口減少の停止は今からあらゆる手を尽くしても，長期的にしか解決しえない課題である。日本の再浮上を考える上においては，もう少し短期・中期に効果がある対策を取らなければならない。2022 年の国民生活基礎調査では，子育て世帯の平均所得は 2021 年に 785 万円で，全世帯の平均所得（545.7 万円）の 1.4 倍との調査結果も出ており，収入が子供を持つかどうかの選択に影響することが示唆されている。つまり，長期的な合計特殊出生数の増加に寄与するためにも短期・中期的な所得の向上は必須となる。

　日本の再浮上のために短期・中期的な労働力の確保を図るためには，現実的には以下の方法が考えられるだろう。

① 　高齢者の活用

② 　人工知能，ロボット等技術の活用

③ 　外国人労働者の受け入れ

④ 　女性の活用

①の高齢者の活用に関しては，すでに定年の撤廃，雇用延長，再雇用などの対応がなされており，当面の労働力の不足を補う意味においては有効である。②に関しては，AI などで置き換えることができる仕事もあれば，置換が不能な仕事もあるが，労働不足を補う意味においては大いに期待される解決策である。①の高齢者の活用と合わせて，例えば体力的に高齢者にとっては大変と思われる労働を支援できる技術も期待される。農作業や物流・建設・介護などにおけるパワーアシストスーツなどはすでに一部実用化している。③に関しては，どのような職種の外国人を受け入れるのか，そもそも受け入れることを表明しても外国人が来てくれるのか，どの規模で外国人を受け入れれば社会への負の影響を低く抑えることができるかなど，議論すべきことは多い。外国人の受け入れに関しては，第 12 章において詳しく叙述される。

　この章においては，特に④の女性の活用について考察してみたい。戦後日

本においては，多くのホワイトカラー層の誕生とともに，「専業主婦」が誕生
した（原田，2000；井上，2008）。専業主婦とは日本の伝統的な家族形態と思
われがちだが，それが普及したのは比較的新しい。戦後の高度経済成長時代
に普及し，大企業を中心とする終身雇用制の定着とともに形成されたシステム
である。「専業主婦」が成立するためには，男性の十分な賃金が不可欠である
が，高度経済成長期にはそれが可能となる経済成長があったと考えられる。こ
の時期には，法制度を含めた社会的制度が，「専業主婦」に有利になるように
設計されたおかげで，すでに持続的経済成長や終身雇用が成立しなくなった現
在でも，女性の活躍が制度的に阻まれている可能性が高い。まず第1節におい
ては，現在の男女雇用のアンバランスを，政府統計データを使って把握してみ
たい。女性の雇用は，若いときは高いが，結婚・出産を期に離職するものが多
く，子育てにめどがつく時期に復帰するといったいわゆるM字カーブで語ら
れることが多い。近年，このM字カーブの底が高くなっている（M字カーブ
が解消してきている）との議論があるが（永井，2022），M字カーブは労働力
率について書かれたものであるため，仮に雇用されていたとしても，常勤で働
いているのか，パートなのかはわからない。本章ではこれについても政府統計
を用いて考えていきたい。第2節においては，女性の雇用に影響を与える因子
を，多変量解析を使って分析をする。本来は女性に関する個票を用いて分析す
るのが望ましいが，ここでは市区町村データを用いた分析を行う。どういった
環境要因で女性が働いているかに関して明らかにしたい。第3節では分析を踏
まえて，積極的に女性を活用する方法を検討し本章の結論を提示したい。

第1節　女性の労働状況の現在

　M字カーブとは，女性の働いている人と完全失業者の人数を人口で割った
もの（すなわち労働力率）を縦軸に，年齢を横軸にとって，年齢の増加と労
働力率の変化を図示したものである。この労働力率と年齢のグラフは男性では
20歳代後半から100%に近くなり，多くの人が定年を迎える60歳ころから急
速に低下していくという台形型のグラフになる。しかし女性では，20歳代後
半でピークを迎えた後，結婚・出産による離職等の影響で30〜40歳代前半に

かけて一度底を迎え，その後子育てが一段落した後の復職にともなって 50 歳代に二度目の山を迎え，その後急速に低下していくという双峰性の曲線が描かれることになる。アルファベットの M に似ていることから M 字カーブと呼ばれるが，近年女性の社会進出に伴って M 字の底が高くなって男性と同じ台形に近づきつつあると報告されている（永井，2022；中村，2019）。

　しかし，M 字カーブは労働力率を縦軸として描かれるので，就労している人の割合ではなく，またどのような就労状態にあるかわからないという欠点がある。実際に，出産前には常勤であった女性が，出産後に再就職をするときに常勤でのポストを得ることができず，パートタイムの仕事をせざるを得ないということは多々ある。もちろん，子育て等を考慮してパートタイムでの仕事を望む場合は問題がない。しかし，出産育児による一時的離職が，労働市場からの締め出しにつながり，労働者としてのキャリアの継続を不可能にしている場合には社会全体から見ても大きな非効率が存在すると考えられるだろう。幸い国勢調査には性・年齢別に労働者，就労者，主として就労をしている者の数が集計されているので，それを使って女性労働者の現状を考えてみたい。

　図 11-1 は，2020 年の国勢調査において，主として仕事をしていると答えた者の数を各年齢の人口で割ったもの（主として仕事をしている者の割合：以下，「常勤率」）を年齢ごとに見たグラフである。分子を労働人口にすれば通常の M 字カーブになるが，このグラフは常勤で働いている者の割合と考えることができるだろう。男性は 1985 年と 2020 年で大きな変化はない。20 歳代でピークに達して 50 歳代後半までほぼ一定で推移している。2020 年で 60 歳代割合が高いのは，定年の延長や定年後の再雇用が普及した影響と考えられる。女性の方は 2020 年の方が 1985 年よりほとんどの年齢で割合が高い。20 歳代前半までで 2020 年の方が低いのは，女性の進学率が上昇したおかげと考えられる。また，1985 年のグラフでは女性は 22 歳で 67.9％とピークを迎えた後で減少し，33 歳 34 歳で 27.2％と底を迎え，その後回復して 48 歳の 35.3％で 2 度目のピークを迎える。M 字カーブというには二度目のピークが低いが，双峰性がみられる。しかし，2020 年では，23 歳以降はすべての年齢で 1985 年よりも割合が高いのではあるが，25 歳の 77.6％で一度ピークを迎え，その後 38 歳の 57.0％で底を迎えるが，その後の上昇がほとんど見られない。38 歳以降

図 11-1　年齢別の主として仕事をしている者の割合

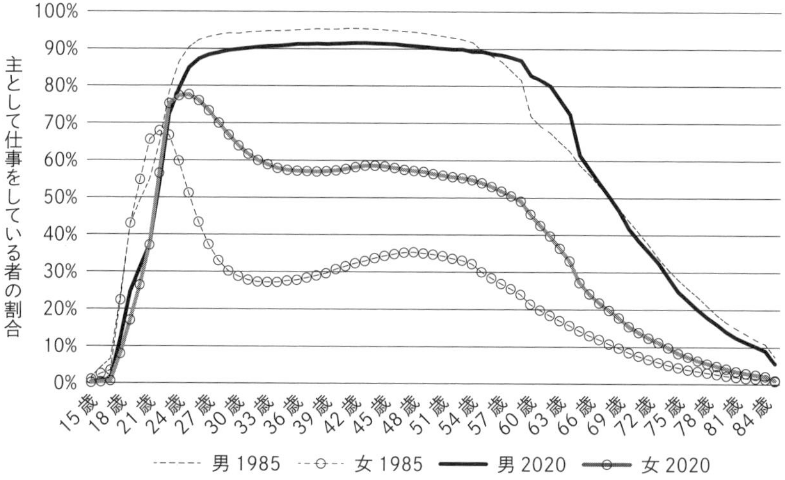

出所：国勢調査より筆者作成。

で最も高いのは 43 歳 44 歳の 58.6％であるが，底とわずか 1.6％しか違いがなく，すでに双峰性は失われている。

　2020 年の国勢調査から女性の労働力率と就労率も見てみると，やはり 1985 年と比較して M 字の底の部分は上昇し，「台形へと近づきつつある」（永井，2022）ということができるが，それでも労働力率では底の 77.6％（35 歳）と比べて二度目のピークは 82.2％（46 歳），就業率では底の 74.7％（34 歳）と比べて二度目のピークは 79.8％（45 歳）とそれぞれ 4.6％，5.1％の上昇があり，双峰性が確認できる。常勤率の 2 度目のピークが低いのは，出産・子育てで一度常勤の立場から離れた女性は，常勤には戻りにくいということを表しているものと考えられる。もちろん，自己都合でパートタイム労働を望むものも多いとは考えられるが，出産前のキャリアを継続したり，あるいは新たな就職先で生かしたりすることができていないケースも多いものと考えられる。

　このような女性の常勤雇用の状況であるが，所得の面からも検討してみたい。図 11-2 は賃金構造基本統計調査を用いて求めた，年齢階級別平均年収（決まって支給する現金給与額）と女性の常勤労働者の割合を表している[2]。統計の性格上，規模が 10 人以上の企業で働くものだけのデータであるが，それ

が雇用される労働者が大きな割合を占めることを考えれば，全体の傾向をつかむことは可能であろう。この図では男女間で平均年収に大きな開きがあることが分かる。20 歳代前半では男女間の平均年収にはほとんど差がないが（男性が女性の 1.12 倍），年齢が増えるごとに差は拡大し，50 歳代後半では男性の平均年収は女性の 2.21 倍にまで登っている。これは女性の常勤雇用者の割合が男性に比べて年齢を追うごとに小さくなっていることが影響していると考えることができる。実際，20 歳代後半では女性の常勤労働者の割合は 80.4 ％であるが，そこをピークにして年齢階級が進むほど常勤労働者の割合は減少している。50 代後半の常勤率は 53.1 ％と働いている者の半分でしかないことが分かる。

　女性の常勤率のグラフは，労働力率のグラフにみられるような M 字カーブは描かない。20 代後半以降は下がるのみであり，単峰性のグラフとなっている。グラフの中には示されていないが，常勤の労働者だけをとっても男女間の年収の差はあり，20 歳代後半の 1.15 倍から 50 歳代後半の 1.57 倍へと年齢を追うごとに開いている。男女で管理職に就く割合が異なっていることも背景にあるが，一度出産・子育てで仕事を離れたり，休業したりした場合にキャリアがつながらなくなってしまうことの影響も大きいと考えられるであろう[3]。

図 11-2　年齢階級別平均年収と女性の常勤労働者の割合（2022 年）

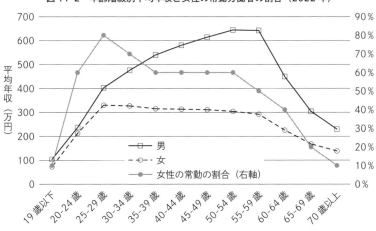

出所：賃金構造基本統計調査・雇用動向調査より筆者作成。

　このように政府統計を使って日本の女性の労働についてその現状を観察すると，確かに高度経済成長期に典型的にみられた女性の労働力率のＭ字カーブは年々台形型に近付きつつあり，底の部分がだんだん高くなってきてはいるのであるが，出産・子育てで一度労働市場を退出してしまった者は，元と同じ常勤ではなかなか労働市場に復帰できず，結局パートタイム労働として働かざるを得ないという現実が見えてくる。もちろん，一度労働市場から退出した者が元と同じ様な条件で容易に労働市場に復帰できるのが理想的であるが，現行の日本の労働市場を考えると，きわめて大きな改革をしなければなかなか難しいものと推察することができるよう。むしろ，一度労働市場に参入し，ある程度スキルを身に着けた人材が，やめざるを得ないような状況を改善する方が現実的かと思われる。次節では市区町村のデータを用いて，出産・子育て年齢における高い女性労働力が一体何と関連しているのか分析をしてみたい。幸い日本では市区町村レベルでのデータが容易に取得することができる。これらを用いて，出産・子育てで労働市場から退出することのない条件について考えてみたい。

第2節　市区町村別の子育て年齢期の女性労働力率についての分析

　全国の女性の労働力率がもっと低くなる30〜34歳の年齢階級の常勤率は市区町村レベルで大きなばらつきがある。30〜34歳階級の女性人口が少なく，人口の多くが一次産業で就労している村などが，常勤率が高くなるのは当然なので，市のレベルに限って見ると，常勤率が高い福井県勝山市（73％），山形県長井市（72％），石川県珠洲市（72％）と低い大阪市西区（35％），大阪市鶴見区（35％），愛知県みよし市（36％）の差は大きい。このばらつきの多い30〜34歳の女性の常勤率を被説明変数とし，説明変数に女性の労働に影響を与える因子として，①一人当たり課税対象所得，②世帯人員数，③一次産業従事者割合，④10万人対保育所数，⑤15歳未満10万人対小児科医師数を考え，重回帰分析を行った。

　①の一人当たり課税対象所得は，女性常勤率に対して正負両方の相関が考えられる。女性が働いて賃金を得ていれば一人当たり課税対象所得は上昇すると

考えられる一方，男性側に十分な所得があれば，いわゆる「専業主婦」が成り立つからである。高度経済成長期はまさにこれが 1 つのモデルと考えられていた経緯もある。また，世帯の所得が低ければ，そもそも子供を作ることができないというケースも考えられる。子供がいなければ主産・育児のための労働市場からの退出もない。実際，就業構造基本調査によれば，年収 300 万円以下の世帯ではおよそ 80％で子供がおらず，世帯所得が上昇するほど子供の数が多くなるという結果が出ている。

②の世帯人員数は，重要な要因である。子供の世話をしてくれる祖父母，兄弟の同居は母親に時間的な余裕を与える。仕事している間ずっと面倒を見てくれるというわけではないかもしれないが，例えば保育所を使用していた場合でも，施設への送り迎えから，子供が熱を出すなど何かあった時の対応などで，母親がまとまった時間を取ることに大きく貢献する。

③の一次産業従事者割合に関しては，一次産業がほぼ自営の形で行われており時間的な融通が利きやすいことから，女性常勤率に対して正の相関を持つことが期待される。

④の保育所数は言うまでもなく正の相関を持つものと期待される。保育所の数が少なく，入園を待機しなければならない状況では女性は労働することができない。また，保育所の定員の数が十分でも，住居や職場から遠く離れている場合には，送迎の時間によって常勤の仕事を持つことに支障が生じる。

⑤の小児科医師数に関しても，女性常勤率に対して正の相関が期待される。子供が体調を崩すことは頻繁にあることであり，その時に受診をさせることができる病院やクリニックが身近にあれば，その分安心して仕事に従事することができると考えられる。

これらの 5 つの独立変数に，計測年のダミー変数を入れて，市区町村単位で 2010 年，2015 年，2020 年のデータをプールして重回帰分析を行った結果が表 11-1 である。モデルの調整済み決定係数は 0.402 であり，一人当たり課税対象所得のみ従属変数と負の相関，他の独立変数は全て正の相関がみられ，全ての独立変数で有意確率は p<0.001 である。市区町村を対象としたエコロジカルな分析ではあるが，市区町村の数が 3 時点分で 5676 ケースあること，決定係数が 0.402 あることから，モデルとしての説明力はそれなりにあると考えて差し

表 11-1　30〜34 歳女性の常勤率を従属変数とした重回帰分析結果

	標準化係数 β	t 値	有意確率
（定数）		33.2	0.000
一人当たり課税対象所得	−0.319	−26.0	0.000
世帯人員数	0.232	20.3	0.000
一次産業従事者割合	0.125	10.4	0.000
10 万人対保育所数	0.181	15.6	0.000
15 歳未満 10 万人対小児科医師	0.065	6.2	0.000
調査年ダミー	0.410	37.0	0.000

調整済み R2=0.402

支えないであろう。

　それぞれの独立変数の標準化係数 β の絶対値を見ると，大きい順から一人当たり所得，世帯人員数，10 万人対保育所数，第一次産業従事者割合，となっている。つまりこの順番で影響が大きいと考えることができるであろう。10 万人対小児科医師数は，相関はあるもののその影響度は比較的小さいと考えられる。しかし，女性労働力の活用を図るために，どのような対策が有効かを考える上で，この分析から得られた結果を使うには留意が必要である。いくら一人当たり課税対象所得と 30〜34 歳の女性の常勤率に負の関係があるといっても，所得の引き下げにつながるような政策は本末転倒であるし，世帯人員数や一次産業従事者割合も政策で動かすことができない変数である。そのように考えると，政策で動かすことができるのはこの独立変数の中では保育所の整備ということになるであろう。直感的にも理解しやすい結果であるが，結局，子育てに縛られる女性（そして本来は男性も）を解放して，仕事をすることを通じて社会的に活用していくためには，子育てを両親に代わって代行するシステムが重要であるということである。次節では，この保育所についてもう少し詳細に検討した上で，本章をまとめたい。

第 3 節　女性の労働力の活用のためには

　本章で行った回帰分析では，一人当たり課税対象所得，世帯人員数，一次

産業従事者割合，10万人対保育所数，15歳未満10万人対小児科医師がM字カーブの底にあたる30〜34歳の女性の常勤率に有意な影響を持っていることが実証された。もっとも，この分析は，1つはエコロジカルな分析であり，また代理変数としてとった数値が本当に検討したいものを表していたか曖昧なところに限界がある。例えば，世帯人員数にしても子供がいる家計といない家計を分けることができていないのは大きな限界であるし，保育所数も保育所の規模もわからないし，地理的に本当に使いやすいところに配置されているかもわからない。しかし，全ての独立変数で想定された方向で標準化係数が算出され，有意確率がいずれも0.1%未満であったことには大きな意味がある。政策として取りうることができることは保育所の数を十分確保することといった今までも言われてきたことと変わらないのであるが，統計的に示すことができたのは意味があるだろう。女性の常勤率が労働力率で見た時のように年齢を経ても上昇には転じないということを考えれば，企業が出産・育児に際して十分に配慮をして離職を防ぐことも重要であるが，子供が乳児から幼児に育った際には，母親に代わって育児を行ってくれる場所がなければ女性が働くことは極めて困難となる。

　それでは，保育所を増やして子供を預けやすくするということにはどういう意味があるだろうか。実は，保育所の歴史はそれほど長いものではない。もちろん明治期にも例えば1871年の「亜米利加婦人教授所（アメリカン・ミッション・ホーム）」[4]など保育施設の源流と呼べる施設はあったが（汐見他，2017），児童福祉法によってきちんと制度化された保育所が出来上がったのは戦後1947年のことである。本来，児童福祉法においては，保育所は一時預かり事業の1つであり，一時預かり事業は同法第6条の3第2項の6に以下のように定義されている。

　　この法律で，一時預かり事業とは，家庭において保育（養護及び教育（第三十九条の二第一項に規定する満三歳以上の幼児に対する教育を除く。）を行うことをいう。以下同じ。）を受けることが一時的に困難となった乳児又は幼児について，内閣府令で定めるところにより，主として昼間において，保育所，認定こども園（就学前の子どもに関する教育，保育等の総合的な

提供の推進に関する法律（平成十八年法律第七十七号。以下「認定こども
園法」という。）第二条第六項に規定する認定こども園をいい，保育所であ
るものを除く。第二十四条第二項を除き，以下同じ。）その他の場所におい
て，一時的に預かり，必要な保護を行う事業をいう。

　この条文からわかるように，保育所は「家庭において保育を受けることが一
時的に困難となった乳児又は幼児」を預かる施設である。この条文に基づいて
設置されるかぎり，「一時的に困難になった」ことを証明するために，保育所
の使用にはさまざまな制限が課され，世帯に優先順位をつけて真に困難な家庭
の児童を受け入れるということになる。しかし，もしも女性の労働力を活用し
ようとするならば，このような発想を持って施設が設けられ運営されているだ
けではとても十分とは言えないだろう。第2節の分析でみたように，世帯人員
数の減少は女性の常勤労働（社会進出と呼んでも差し支えないだろう）を大き
く阻害する要因の1つとなっている。そして，現在，世帯の人員数は年々減少
傾向がみられる。国勢調査によれば，高度経済成長のころの1960年には世帯
人員数は全国平均で4.14人であった。しかし，2020年には2.15人にまで減少
している。これにはもちろん一人暮らしの世帯や夫婦世帯が増えたことが原因
であるが，それと同時に核家族世帯，母子（あるいは父子）世帯の増加も見ら
れる。世帯人員の減少は，子育ての母親の負担を重くすることになるだろう。
その場合，母親の労働が阻害されるばかりか，若い夫婦では子供をつくること
自体を断念したり，追加的に子供をつくることを断念する夫婦が増えたりする
ことも十分考えられる。
　世帯人員数の低下は社会の価値観の変化や都市化の進展などによって不可逆
的に進んできたものと考えられる。このような社会の変化に対して，政府が新
たに制度をつくった事例が1つ存在する。世帯人員数の低下は，世帯の育児能
力を低下させるが，それと同時に介護能力も低下させる。将来にわたる少子高
齢化が問題となり始めた1980年代頃から，高齢者の介護に関する議論が活発
化してきた。結果として，2000年に日本は公的介護保険を導入することになっ
たのだが，その時に流布した考え方に「介護の社会化」というものがあった。
高齢化の問題は個々の世帯の手におえるものではなく，もはや社会全体で考え

るしかないというものであるが，現在必要なのはまさに「育児の社会化」とい
う発想ではないだろうか。すでに育児は家庭だけでは手におえる問題ではな
く，社会がある程度の保証をしなければ女性の労働力の活用のみならず，出生
率の上昇もあり得ない。何も保育所に限る問題ではないが，保育所の使用 1 つ
とっても大きな問題が存在しているのである。むしろ，保育所が「一時的に困
難になった」ものしか使えない施設というのではなく，子供を持つものが誰で
も使える施設になるように発想を逆転する必要があるだろう。

　短期・中期的な労働力の不足の解消という点で女性労働力の活用の問題を検
討してきたが，「専業主婦」に代表される高度経済成長の一時期に成功した社
会的な制度に縛られていては問題の解決は難しいであろう。我々が伝統的な価
値観と思っているものは，実はそれほど長い歴史を持たず，社会発展のある局
面に表れた短い成功体験でしかない。現在政府は「働き方改革」を推進してい
るが，単に労働時間を短くするだけではなく，女性労働というまだまだ活用の
可能性を持った財産を生かすために社会全体を変えなければならない。これを
社会全体の総意として変えることが出来なければ，日本経済の再浮上は望めな
いだろうし，長期的に見れば人口の急速な減少をもたらして日本社会そのもの
が消滅することにもなりかねないのである。

[注]
1　United Nations（1956）で高齢化率が 7 ％を超えた社会を高齢化社会と呼んだことから，呼ばれ
　るようになった呼称であるが，明確な定義はないようである。
2　年齢階級別平均年収は，賃金構造基本統計調査から「きまって支給する現金給与額」を 12 倍
　し，年間賞与その他特別給与額を加えて，平均年収を一般労働者（常勤労働者）と短時間労働者別
　に計算。雇用動向調査より抽出した一般労働者，短期間労働者の割合で加重平均することで全体の
　値を算出した。
3　Goldin et al.（2022）では，アメリカの NLSY79 を用いた，子供が育つまでの女性と男性の賃金
　格差に関しての分析を行っている。これによると，女性の収入は出産直後に急降下するが，子供が
　成熟するとともに上昇することが報告されている。しかし，日本においては図 11-2 に見るように
　女性収入の上昇は見られない。
4　外国人相手の公娼と外国人の混血児との間の子供の保育を行う施設。横浜に建設された。

[参考文献]
Goldin, C., Kerr, S. P., & Olivetti, C. (2022). When the Kids Grow Up: Women's Employment and
　　Earnings across the Family Cycle. NBER Working Papers 30323, National Bureau of Economic
　　Research, Inc.
United Nations (1956). *The Aging of Populations and its Economic and Social Implications*,
　　Population Studies, No. 26 (United Nations publication, Sales No. 1956. XIII.6); and Population

Ageing 1999 (United Nations publication, Sales No. E.99.XIII.11).

井上清美（2008）「専業母への子育て支援という政策課題の形成過程」『川口短期大学紀要』22，85-102頁。

汐見稔幸・松本岡子・高田文子・矢治夕起・森川敬子（2017）『日本の保育の歴史』萌文書林。

永井恵子（2022）「台形へと近づきつつある「M字カーブ」の状況〜令和2年国勢調査　就業状態等基本集計の結果から〜」『統計 Today』No. 184（https://www.stat.go.jp/info/today/pdf/184.pdf）。

中村仁美（2019）「『M字カーブ』解消要因は既婚者へシフト—復職しやすい環境整備し，さらに後押しを—」『経済百葉箱』第127号，公益社団法人日本経済研究センター。

原田泰（2000）「経済変化と家族の行方—専業主婦の夫の誕生と死—」『家族社会学研究』12（1），13-17頁。

第 12 章

労働力・人材力の確保

——移民問題を考える

江秀華，カオ・グェット

はじめに

　日本政府は移民政策をとらないと言いつつも，高度人材であろうが，単純労働者であろうが，外国人労働者は日本経済にとって重要で不可欠な労働力である。実際，日本ではすでに移住労働の社会となりつつある。

　日本では人口減少と高齢化が進んでおり，高齢者や女性労働者の活用を促進したり，IT 技術の導入などによる労働力節約的な対応をとったとしても労働力の不足は避けられない。従来の労働代替策だけでは日本の労働市場における人手不足を補完するには限界がある。

　また，日本経済再生に不可欠な生産性向上に資する人材の確保も急務である。この点で，産業のデジタル化を促進し，IT 技術による産業のイノベーションを創出していくことが求められている。確かに，IT 技術者を含む専門的高度人材を優先的に受け入れようとしているが，十分とは言えない状況にある。以上のことを踏まえて，本章では，外国人労働者の受け入れについて実態検証と問題点の再認識をしたうえで，日本社会に貢献できる多角的な外国人労働者（移民）政策を提言したい。

第1節　外国人労働者の受け入れについて実態検証

1．産業別による実態の検証

　まず，外国人労働者とは，国を越えた労働者を受け入れ国の視点で捉えた場合の呼び方であり，英語では「foreign worker」と表記されている。また，グローバル化が進展するなか，1990 年に国連は，すべての移住労働者とその家族の権利に関する条約を定めて，「移住労働者」は国際的な一般用語としては「temporary migration」あるいは「temporary migration workers」と使用するようになった。しかし，日本政府はいまだに移民政策をとらない方針であり，「移民」や「移住」という表記に対する議論が多いため，本章では，「外国人労働者」という表記を使用する。

　総務省統計局のデータによると，総人口が減少傾向にあるなか，15〜64 歳人口の割合は 1982 年の 67.5％以降上昇していたが，1992 年の 69.8％をピークに，その後は低下を続けて，2022 年には 59.4％と過去最低となった。このように総人口に占める生産人口は減少しているが，外国人労働者を含む 15 歳以上の就業人口は，横ばいからやや増加の状態になっている（図 12-1）。

　また，日本の就業人口に占める外国人労働者の割合をみると，2007 年に外国人労働者の届出が義務化された後，2008 年の 0.8％から 2022 年の 2.7％に約

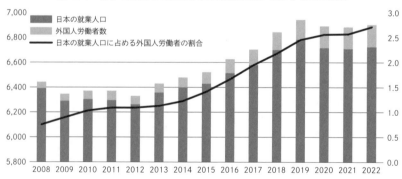

図 12-1　日本の就業人口と外国人労働者数の推移（万人）および割合

出所：厚生労働省「外国人労働者の現状」，総務省統計局「労働力調査」から江が作成。

3.3 倍増加した。一般的に外国人労働者が増えると，自国労働者の雇用機会が減ってしまい，社会保障や税負担が増えてしまうことが懸念されている。しかし，総人口の減少にもかかわらず，外国人労働者の増加によって就業人口は大幅に減らず，横ばいからやや増加の傾向に維持している（図 12-1）。このことから，外国人労働者の増加は就業人口の増減に対して，ある程度の関連があるといえよう。そして，外国人労働者が増えると，自国労働者の雇用機会が減るなど，日本の労働市場に悪影響を与えることもみられない。むしろ補完関係にある。

　また，外国人労働者数はコロナ禍で一時的に出入国制限の措置がとられたが，2022 年に 182 万 2725 人まで増え，さらなる増加傾向がみられる。日本の労働市場はもはや外国人労働者がいないと困るという状況となってきている。確かに，コンビニエンスストアに行くと，外国人の店員が対応してくれ，いままでと変わらないサービスを提供してくれている。これは外国人労働者が増えていることを実感する身近な一例であり，外国人労働者は日本の経済や社会を支える大切な労働力となっていることを示すものといえよう。

　次に，具体的に日本の労働市場において，外国人労働者の受け入れによって産業構造はどのように変わったのかを確認する。2022 年 10 月時点の外国人労働者の雇用状況を産業別にみると，全産業中，「製造業」の人数が最も多く，全体の 26.6％となっている。その内訳をみると，食料品製造業（8.1％）と輸送用機械器具製造業（4.6％）が多い。製造業に次ぐ「サービス業（他に分類されないもの）」（16.2％）では，その約半分が職業紹介・労働者派遣業（8.2％）を占めている。それ以降は，「卸売業・小売業」（13.1％），「宿泊業・飲食サービス業」（11.5％）[1]，「建設業」（6.4％），「教育・学習支援業」（4.2％），「情報通信業」（4.2％）[2]，「医療・福祉」[3]（4.1％），「運輸業・郵便業」（3.5％），「学術研究，専門・技術サービス業」（3.5％）[4] の順となっている。外国人を雇用する事業所数も 2022 年に過去最高の 29 万 8790 所となり，その 25.5％は東京にあり，愛知（8％），大阪（7.8％）の順となっている。しかも従業員「30 人未満」という規模の事業所が最も多く，事業所数全体の 61.4％となり，外国人労働者数全体の 35.8％を占めている。一方，従業員「500 人以上」の大規模事業所はわずか 3.3％しか雇用していない。このことから，外国人労働者は日

本の中小企業を支えていることもわかる。外国人を雇用する事業所において，「卸売業・小売業」が最も多く，全体の 18.6％となり，「製造業」が 17.7％，「宿泊業，飲食サービス業」が 14.4％という割合となっている。

　加えて，これらの産業で働いている外国人労働者の国籍をみると，2008年は中国（29.1％），ベトナム（18.8％），フィリピン（11.5％），ブラジル（9.2％）の順となっていたが，2020 年に長年 1 位だった中国はベトナムと入れ替わり第 2 位となった。現在もベトナムが最も多く，全体の 25.4％を占め，以下中国（21.2％），フィリピン（11.3％）の順となっている。これら上位 3か国は 2008〜2022 年の間は上位のままで，さらに外国人労働者数全体の 6 割を占めている。その他の 4 割はブラジル（7.4％），ネパール（6.5％），G7 等[5]（4.5％），インドネシア（4.3％），韓国（3.7％）ミャンマー（2.6％）の順となっている。全般的にみると，日本が受け入れている外国人労働者の国籍はアジア地域が圧倒的に多い。

　このように日本政府は少子高齢化に伴う労働力不足を解消するため，女性の社会進出や高齢者の再雇用という対策を打ち出しているが，十分な労働力は確保できず，以前よりも積極的に外国人労働者を受け入れている実態がわかった。また，確実に外国人労働者数も拡大している。

　実態として日本で働く外国人が増えているにもかかわらず，各経済産業団体からは外国人労働者受け入れの要望の声が絶えない。その理由は，日本の労働市場のニーズが受け入れている外国人労働者数よりも上回っていることなのか，あるいは，雇用のマッチング問題なのかを検証する必要がある。まず，日本の労働市場のニーズについて，厚生労働省が公表している日本標準職業分類の 58 分類において，2023 年 7 月時点で有効求人倍率が 1 以上となっている職業は 16 分類のみであった。つまり，「仕事はあるのに担い手がいない業界・業種」は多く，労働経済動向調査をみても，「医療・福祉業」，「建設業」，「運輸業・郵便業」を中心に人手不足感がある。帝国データバンクによる調査でも 2023 年 7 月時点で調査対象の半数以上の企業は正社員の 6〜7 割が人手不足で，業種別では「情報サービス」，「旅館・ホテル」，「建設」，「メンテナンス・警備・検査」，「飲食店」，「運輸・倉庫」，「医療・福祉・保健衛生」の順となっている。業種別トップの「情報サービス業」は，コロナ禍前よりもさらに IT

システム関連需要が高まっているのにもかかわらず，システムエンジニアなどの高度な技術を有するデジタル人材の確保ができていない（『人手不足に対する企業の動向調査』2023 年 7 月）。

　したがって，外国人労働者を受け入れている産業と人手不足の産業・業種のデータを突き合わせてみると，一部の産業においてかなりマッチングしている。つまり，国内の一部の不足分は外国人労働者が補う雇用の補完関係となっており，十分ではないものの，ある程度の労働力を確保できているといえる。しかし，「医療・介護福祉業」，「情報通信業」，「学術研究，専門・技術サービス業」，「建設業」においては，外国人労働者が参入しても量的に足りず，依然として高い求人率のままとなっている。次に，人手不足の業種別トップの「情報サービス業」についても検証していく。外国人を雇用する産業をみると，統計上に把握可能な外国人 IT 技術者として，「情報通信業」に就労している外国人労働者となる。しかし，「情報通信業」で働く高度外国人材は全産業のわずか 4.2% しかおらず，約 9 割の勤務地は東京周辺となっている。さらに国籍別にみると，中国（香港，マカオを含む）が最も多く 46.3% を占め，韓国（12.3%），ベトナム（6.9%），アメリカ（3.5%）とフィリピン（2.8%）の順となっている。やはりアジア地域が圧倒的に多い。在留資格別にみると，「情報通信業」で働く外国人 7 万 5954 人のうち，IT を専門とするデジタル人材の「専門的・技術的分野」の在留資格を有する者が 74% を占め，そのうちの 9 割が「技術・人文知識・国際業務」という在留資格であった。2011 年の 2 万 6780 人と比べると，約 2.8 倍増加していた。しかし，2011 年当時の分類の内訳は「技術」55.1%，「人文知識・国際業務」15.8%，永住者の 9.9% と「技術と人文知識・国際業務」以外の専門的・技術的分野の 7.0% の順であった。つまり，「情報通信業」に就労している IT 技術者は約 5 割以上を占めた。しかし，2015 年に「専門的・技術的分野の在留資格」にあった内訳は文系・理系の区分を廃止し，包括的な「技術・人文知識・国際業務」に一本化したため，情報通信業に従事している IT 技術者の数が把握しにくくなった。

2．在留資格による実態の検証

　次に産業別の外国人労働者の受け入れ状況に加えて，在留資格別の内訳も確

認してみる。図12-2を参照してみると，「定住者」，「永住者の配偶者」，「日本人の配偶者」，「永住者」といった「身分または地位に基づく在留資格」（図12-2の⑤）は以前と変わらず，外国人労働者数全体の32.7％を占め，最も多い。しかし，この在留資格者はどの産業に従事しているのかを把握することができない。この点は留意する必要がある。その他，経済活動に基づく就労資格となる「専門的・技術的分野の在留資格」（図12-2の①）（26.3％），「技能実習」（図12-2の③）（18.8％），「資格外活動」（18.2％）（図12-2の④）と「特定活動」（図12-2の②）（4％）の順となっている。また，先に述べた来日の上位国と合わせてみると，ベトナムは主に「技能実習」（39.6％），「専門的・技術的分野の在留資格」（25.8％）となっている。中国は「専門的・技術的分野の在留資格」（34.5％）と「身分に基づく在留資格」（33.7％）が中心となっている。フィリピン，ブラジル，ペルー，韓国「身分に基づく在留資格」が中心で，それぞれ70.0％，98.9％，98.8％，44.3％の順となっている。インドネシアとミャンマーは「技能実習」が中心となり，それぞれ55.4％，35.5％となっている。

図12-2　在留外国人全体と在留資格との関係

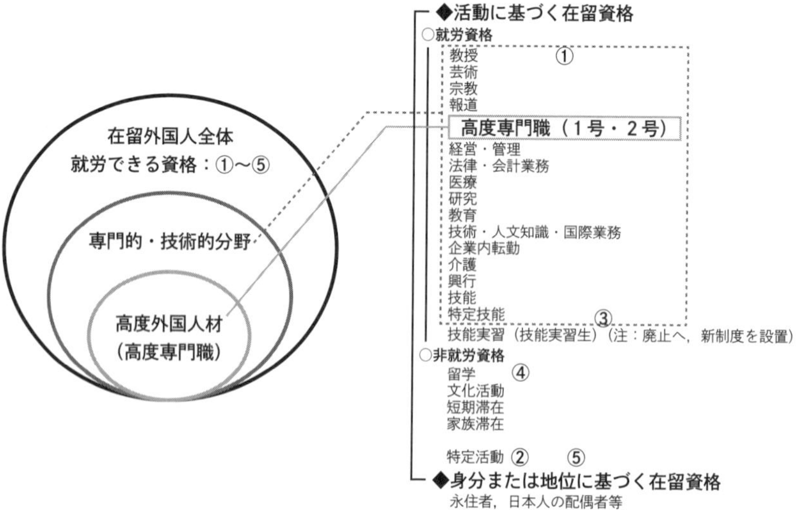

出所：法務省資料により江が作成。

　次に「専門的・技術的分野の在留資格」を有する者は外国人労働者全体の
26.3％を占めているが，図 12-2 のとおり，(1)「教授」，「芸術」，「宗教」，「報
道」，「経営・管理」，「法律・会計業務」，「医療」，「研究」，「教育」，「技術・人
文知識・国際業務」，「企業内転勤」，「介護」，「興行」，「技能」，(2)「高度専門
職 1 号・2 号」，そして (3)「特定技能」の 3 つに分けられる。法務省出入国
在留管理庁の方針によると，(1) と (2) はいわゆる日本の経済社会の活性化
のため，積極的に外国人労働者を受け入れる分野である。(3) の「特定技能」
については，日本国内の人材を確保することが難しい産業を特定し，人手不足
への対処を目的として 2019 年に創設された在留資格である[6]。サービス業から
単純労働までの職種 12 分野において，一定の専門性や技能を有する外国人労
働者は就労可能である。また，「特定技能」は 1 号と 2 号に分けられて，1 号
は在留期間が通算 5 年まで，家族の帯同は不可で，日本国内外で実施した特定
技能測定と日本語能力試験の合格者および「技能実習」からの移行者が対象と
なる。2 号は 1 号より熟練の労働力として，在留期間の上限がなく，永住権の
取得も家族の帯同も可能となる。そのため，各分野の技能試験の合格が必要
となるが，現時点ではその試験情報が公開されておらず，事実上「1 号からの
移行」に限定されている。コロナの時期を除いて，特定技能の資格者は現在 7
万 9054 人で，職種分野別では「飲食料品製造業」(33％)，「素形材産業 / 産業
機械製造業 / 電気・電子情報関連産業」(19.8％)，「介護」(15.7％)，「農業」
(11.1％)，「建設」(9％) の順となっている。2019 年に 1 号の資格者を受け入
れてまもなく 5 年になるが，制度上は不備な部分もある。しかし，以前よりは
業種の幅が広く，今後もこの資格をもつ外国人労働者が増えていくものと予測
できる。その大きな理由の 1 つは，次のとおりである。
　これまで外国人労働者の就労割合が高い製造業を支えているのは，1993 年
に導入された技能実習制度の「技能実習」[7] 在留資格者である。これは発展途
上国の人材育成を通じた国際貢献を目的とした制度だが，実態としては日本国
内の人手不足を解消するための制度となっている。目的と実態が乖離している
ため，2024 年 2 月 9 日に技能実習制度を廃止し，新たに「育成就労制度」を
創設することに決定した。そこで，技能実習生の一部は「特定技能」1 号に移
行していく可能性が高い。

　また，「特定活動」資格をもつ外国人労働者は，外国人労働者全体の4%を占めている。「特定活動」とは主に，外交官等の家事使用人，ワーキング・ホリデー，経済連携協定に基づく外国人看護師・介護福祉士候補者などが対象とされている。なかでも医療・福祉業は「特定活動」の資格者が中心となっていることが分かった。その45.2%を占めている資格者の国籍はベトナムである。とくに看護・介護分野の外国人労働者について，2008年から主にEPA（Economic Partnership Agreement：経済連携協定）の候補者としてインドネシア，フィリピン，ベトナムから看護師と介護士が来日し，日本語の研修を1年程度受けた後，全国の病院や施設で就労しながら，日本における看護師や介護福祉士の国家資格の取得をめざしている。2023年3月に行われた第112回看護師国家試験と第35回介護福祉士国家試験の合格発表によると，看護師国家試験の合格率は，ベトナム人候補者は45.7%，フィリピン人候補者は15.9%，インドネシア人候補者は11.5%となっている。また，介護福祉士国家試験の合格率は，ベトナム人候補者は96.1%，インドネシア人候補者は63.8%，フィリピン人の候補者は54.7%となっている。これらの2つの国家試験合格率はどちらも年々伸びており[8]，これらの外国人労働者は日本の医療・福祉業を支え，日本社会に大いに貢献している。ところが，日本社会の高齢化は益々進み，看護・介護分野の人手不足が深刻化しているにもかかわらず，EPAの看護師および介護福祉士の在留期間には上限が設けられている。それは約15年前から始まった制度において「看護・介護分野の労働力不足への対応ではなく，二国間の経済活動の連携の強化の観点からEPAに基づき，公的な枠組で特例的に行うもの」とする趣旨のためである。そのため，優秀な看護師や介護福祉士は日本での就労に定着できない。

　以上の活動に基づく在留資格に加えて，政府は2012年から，学歴，職歴，年齢等をポイント化して，一定の基準に達した外国人を高度外国人材と認定する「高度人材ポイント制」の運用を始めた。この制度に合わせて，2015年には「高度専門職1号」と「高度専門職2号」が新たに創設された[9]。「高度専門職2号」は主に「高度専門職1号」[10]で3年以上の活動を行った者が対象となり，日本での在留期間が「無期限」となる[11]。また，「2号」と「1号」の大きな違いとして，「2号」の在留資格者は日本国内での転職活動を行うことがで

きるが，「ポイント制」のため，転職する際に出入国在留管理庁に再申請が必要となり，許可できるのは難しい。

　2023 年 7 月に公開した出入国在留管理庁が調査した在留外国人統計データによると，高度専門職 1 号「ロ」の高度専門・技術活動の資格者が最も多く，2015 年の 1144 人から 2022 年には 1 万 3972 人となり，7 年の間に約 12 倍増加した。その次は「イ」の資格者で，同じく 297 人から約 7 倍の 2030 人に増えた。また，高度経営・管理活動の「ハ」の資格者は，同じく 51 人から 1116 人に増加した。この「ハ」の資格者は，人数として決して多くはないが，会社の経営に関する重要事項の決定や監査の業務に従事する役員に相当する以上の内部組織で会社の経営・管理活動を行う者が該当する。この資格者には外国人の起業家も含まれている。

　また，「高度専門職 1 号」資格者が 3 年間の活動終了後，「高度専門職 2 号」資格者になった人数はそれほど多くない。「高度専門職 2 号」の資格者は 2015 年の 16 名から 2022 年の 1197 人まで増えたが，「高度専門職 1 号」資格者が 2022 年に 1 万 7118 人にのぼることと比べると，かなり少ない。それは，「高度専門職 2 号」資格者として認められなかったか，在留期間終了後に帰国したか，あるいは他国に転職する選択をしたか，いずれにせよ，専門職として日本に定着しなかったことは確かである。そのため，政府は高度外国人材の永住許可申請に要する期間を現行の 5 年から最短 1 年に短縮する世界最速の「日本版高度外国人材グリーンカード」を打ち出したが，果たして今後も増えていくであろうか，疑問なしとしない。

第 2 節　日本が抱えている問題点の所在

1．外国人労働者に関する問題意識およびその背景

　人口減少のなか，政府はようやくさまざまな施策を打ち出して，2022 年 10 月に外国人労働者数は過去最大で 2008 年と比べると約 4 倍増加したとメディアで大きく報道された。確かに制度上の制限は緩和され，外国人労働者が来日しやすくなったが，外国人の人口比率をみると，OECD 主要国において日本は依然として最下位という実態は変わらない。その一方，ドイツは日本の約 6

倍，アメリカは約3倍で，韓国でも日本の1.7倍もの外国人労働者を受け入れている。このような国際間の人材獲得競争において日本はすでに出遅れている。かつては世界経済を牽引するほどの経済力を背景に外国人材を確保できていたが，低成長・低賃金の経済状況のなかで，どんな国の人材であっても日本で「働きたい」と思える組織体制を構築しないと，外国人材は積極的に日本を選ばないだろう。

　その日本では，国内の労働力不足の問題のみならず，諸外国との人材獲得競争も深刻となってきている。そのため，まず，（1）日本企業における対外国人労働者の雇用意識が変わらなければならない。確かに日本社会は，外国人労働者とどのように向き合うのかという問題について，いろいろな議論を展開しているが，現状として，多くの日本企業は人手不足のために外国人労働者を受け入れている。結局，十分な数の外国人労働者を受け入れないと，日本における各産業の「求人」ニーズを満たすことはできない。また，諸外国と比べて，日本企業は国の経済を自社の成長につなげる雇用意識がそれほど強くない。もはや労働力が足りないから外国人労働者を雇用するという時代ではない。組織に貢献してもらえる人材が必要となり，企業は外国人材を雇用することによって，生産性を高めるだけではなく，多角的な視点から新たなイノベーションを創出することが可能になる。それに関連する評価制度や給与制度などを見直す必要もある。なかでも，（2）ほぼ10年間「賃上げなし」によって生じている「低賃金」と，昨今の円安による「低賃金」は，外国人材が日本を選択しない決定的な理由として考えられる。

　OECD（経済協力開発機構）のデータによると，他のOECD加盟国と比べて，日本はバブル景気の時期（1980年代後半から90年代初頭）を除けば，長期的に低賃金の傾向にある。また，『データブック国際労働比較2023』の産業別賃金をみると，アメリカのすべての産業は群を抜いて高賃金となり，とくに技術・人文知識・国際業務といった専門的・技術的分野と高度外国人材（高度専門職）両方の在留資格を含む情報通信業の賃金は日本の約2倍となっている[12]。同じくIT外国人材を積極的に受け入れているドイツは日本より高い賃金となり，情報通信業の賃金は，アメリカとほぼ同じ水準となっている。ニュージーランド，シンガポール，韓国では，ほとんどの産業において日本よ

り高い賃金となっている。また，台湾の情報通信産業の賃金は日本の5分の4程度であり，中国のそれは日本の5分の3程度で，日本を追いかけている。日本の全般的な「低賃金」の改善と同時に，外国人労働者と日本人労働者との賃金格差も改善しなければならない。日本の法律では，国籍を問わず，外国人労働者の最低賃金は日本人労働者と同じであることが定められている。しかし，永吉（2022）の調査によると，外国人労働者の賃金は在留資格カテゴリーによらず，すべて日本人労働者より低いという。また，勤続年数や年齢が上がっていくと，日本人と外国人の賃金格差は小さくなる可能性があるという。法律によっても守られず，賃金の不平等のなかで，外国人労働者は自分の能力を最大限に発揮し，日本企業に貢献しようと思わないだろう。

　「魅力ない賃金，離れる人材〜ベトナム人技術者の視界から消えた日本」[13]という2021年の記事によると，日本のITベンチャーで働いていたあるベトナム技術者は，日本の企業を退職し，帰国後に日本の3倍以上の高賃金でベトナムに進出したイギリスの企業に転職した。その記事には，優秀なベトナム人から見た"貧しい日本のリアル"という現状において，経済発展を遂げたベトナムは日本との収入差はそれほどではないと書かれていた。これは一例に過ぎないが，数年前から大学の中国人ゼミ生たちも同じようなことを言っていた記憶がある。大学の就職関連のアンケート調査では，留学生の8割は日本での就職を希望しているが，給料や昇進などの事情で，留学生の半数以上は帰国している実態がわかった。低賃金は労働生産性を低下させ，人材の質も低下し，イノベーションもなかなか起こせないという負の連鎖をもたらす。いわば労働者の質と賃金は強い相関がある[14]。専門IT外国人材も技能実習生も同じく，日本経済にとって重要な労働力である。とりわけIoT，ビッグデータ，AIなどといった技術革新による新たな付加価値や産業を生み出すため，各国では専門IT外国人材の獲得を争っている。このような重要な労働力を確保するため，日本政府は積極的に企業と連携し，保障賃金や雇用形態の改善も急がなければならない。次に，様々な制度・政策で優遇される高度外国人材の受け入れについて検証していく。

２．高度外国人材に関する問題意識およびその背景

　人口減少による人手不足への解決策として，労働者の量的な確保のため，日本は外国人労働者の受入れを行っている。それに加えて，日本政府は生産性，国際競争力を向上するために，世界から高度人材の受入れを拡大する方針を示し，「高度外国人材ポイント制」などの優遇制度を次々に導入した。しかし，2022年において，高度専門職（1号と2号）の在留資格を持つ高度外国人材は1万8315人となり，専門的・技術的分野の在留資格をもつ外国人労働者（約48万人）においては約4％を占め，外国人労働者全体（約182.3万人）でみると約1％に留まり，非常に少ない。生産性，国際競争力を向上するのに，現状の高度外国人材の受入れ，つまり質の確保には十分ではないと考えられる。ここで，高度人材ポイント制の高度外国人材に焦点を当てて，日本での就職における賃金水準のほか，昇進機会と定住化に関する要因を考察ながら高度人材の不十分な確保の原因と求められる政策のヒントを探ってみる。

　まず，賃金水準について考える。厚生労働省によると，1990年代後半以降，日本における賃金の水準が減少，または横ばいで推移し，他のG7各国と比較すると最低の水準になっている（厚生労働省，2023aのデータによる）。近年加速している円安とインフレーションは実質賃金をさらに押し下げているので，欧米からの高度外国人材は日本においては就職魅力を感じないだろう。また，高度外国人材の上位3位にランクインしているのは中国人（約64％を占める），インド人（約5.7％占める），韓国人（約4.4％）であるが，これらの高度人材は母国の労働環境の改善，賃金水準の上昇が進んでいることから，近い将来日本から出て行ってしまう可能性が十分にあると思われる。

　つぎに，「昇進」について考察すると，高度外国人材にとって「昇進」についても魅力ではないことは明らかである。例えば，労働政策研究研修機構の2013年の「企業における高度外国人材の受入れと活用に関する調査」によると，「役職なし」の外国人材の割合が68.3％，「部課長クラス以上」の高度外国人材の割合がわずか10.5％であった。これは外国人高度外国人材が日本で昇進しにくい事実を語っている。経済産業省の通商白書（2016年版）では，「遅い昇進」や「評価システムの不透明さ」といった項目で，日本での労働を魅力的と考えたのは21.1％しかないというアンケート結果が示されている。厚生

労働省が 2018 年に行った「高度人材へのアンケート調査」[15] の結果にも，高度外国人材の活用・定着における最大な課題が「キャリアアップできる環境になっていない」とのことであり，その課題の最も大きな理由として「能力・業績に応じた昇進になっていない」が挙げられた。海外からの高度人材が日本型の固有雇用システム，特に年功序列（労働者の役職や賃金が勤続年数，年齢などで決定される）に対応することが難しく，良い成果を出しても昇進できないことを不満に思い，日本離れを決める高度人材も少なくはない（経済産業省，2016；守屋，2018；Muranaka, 2022）。

　最後に，日本での定住化について考える。長期滞在を希望する高度外国人材は，制度上では「高度専門職 1 号」の資格を取得し，そこから「高度専門職 2 号」に変更できれば，「無期限」で就職できる。ただし，「高度専門職 2 号」に変更するのに，彼らは原則 3 年間以上「高度専門職」の資格で就職する条件を満たさないといけない。そのほか，年収，年齢，職歴の条件も厳しいと指摘され，高度外国人材 1 号から 2 号への認定件数が少ない現状の原因になると思われる。しかも，「無期限」日本で就職できるようになっても，仕事の面では長労働時間が一般的，プライベート面では高度外国人材の世帯年収が 800 万円以上 [16] をもらえないと親との帯同が認められないなどのことから，安心的な長期労働が難しいと思われる。このように，制度上において，高度人材に対する特別な優遇措置が設置されてはいるが，利用しにくいとしばしば指摘され，手続き改善と条件の緩和の要求が高まっている。

　さらに，日本で定住化するのに，高度外国人材には言語の壁を乗り越える力と日本文化への適応力が求められる。外国人にとって日本語は特殊な言語と位置付けられ，日本での滞在経験がない高度外国人材が日本語をマスターするのに，かなりの時間を要する。高度外国人材のための日本語，日本文化に関する講習等の開催は各企業，または自治体の意思によるため，すべての高度外国人材がその講習を受けられるわけではない。それに加えて，日本企業の多くは高度外国人材の受入れ後，高いレベルの日本語力，日本的な働き方を求めるが，その学習に関する支援並びに日本での生活支援が十分に展開できていない。高度外国人材がせっかく日本で就職することを鑑みても，日本での定住化が難しいことが原因となり，結局は日本を離れてしまうケースがあるのは残念であ

る。

　このように，高度人材の受入れにおいて，質的な確保が難しい原因は高度外国人材の労働環境，生活環境が十分に整備されていないことである。高度人材の獲得が先進国中で重要な課題となった昨今には，政府，自治体，企業，関連部署に抜本的な取り組みが求められていると言えよう。どうすれば高度外国人材に選ばれるのか，日本で定着してもらえるのかについては，第3節で日本型の移民政策の創出について提案したい。

第3節　改善策および提言へ

1．外国人労働者に関する改善策および提言

　まず，日本の「低賃金」問題について人手不足が深刻になったため，人材を確保するため，「賃上げ」が必要になっている。しかし，日本は過去20年以上にわたり，異常といえるほど賃金低迷が続いている。様々な要因のなか，賃金水準の低い新興国などからの外国人労働者の増加によって賃金水準が低位のままで推移しているというグローバル化に関連する要因と分析された（玄田，2017）。厚生労働省が公表している在留資格別の外国人の平均給与では，技能実習の16万4100円，その他（特定活動および留学以外の資格外活動）の18万9600円，特定技能の19万4900円は外国人労働者の平均賃金22万8100円より低い。さらに保険料や寮費などの控除があるため，手元に残る給与は他の諸外国より低くなるならば，日本を労働先として選ばないだろう。人手不足を改善するため，外国人労働者を積極的に受け入れようといいながら，賃金水準が低いままである。台湾や韓国などをみると，法令で外国人労働者の最低賃金を守っているだけではなく，自国の労働者より高く設定している産業もある。日本政府は主導で国内の賃上げと同時に賃金格差を縮小する制度および法令を整備しないと，人材獲得競争において，なかなか難しい。

　また，日本はドイツやフランスのような「EU」連合・連携がないため，地域連携より二国間あるいは日本と海外の有力企業との連携協定を中心に拡大していくべきである。2008年からスタートしたEPA（経済連携協定）は看護・介護および福祉業の人手不足に大いに貢献している。既存の経済連携協定を見

直すとともに，新規の経済連携協定も拡大していく。とくにこれから各産業に支えるデジタル化に欠かせないのは IT 技術分野の外国人専門労働者である。そのため，IT 技術者が多い国や有力な企業と IT 産業分野を特化した経済連携協定を締結していく。人数の確保ではなく，技術の面も保証できるメリットを加えて，IT 技術者が多いインドやニュージーランドなどのアジア地域からスタートし，IT 技術者の割合が高いヨーロッパ諸国まで広げていく。

　また，人手不足が深刻化する産業を支援するため，（新）「技能実習」制度[17]および 2019 年にスタートした「特定技能」に着目し，非英語圏のドイツと比較してみる。ドイツでは「特定技能」を有する外国人労働者に対して“市民”として受け入れようとしているのに対し，かつて「移民」という言葉にすら抵抗感や偏見をもつ日本では，“外国人労働者”は社会の一員ではないとの見方がなされているように思われる。また，「移民政策」（外国人労働者政策）を認めたくなかったドイツでは，日本と同様に外国人労働者が一時的な労働者という考え方であるが，労働生産性が高いドイツは，深刻な人口減少による労働力不足や生産性の低下を食い止めるため，2000 年代半ばに移民の受け入れを全面的に認め，法律や制度を整備するほか，外国人労働者はドイツ社会の一員という姿勢を打ち出した。また，ドイツ語が話せて，職業訓練を受けた人材であれば，就職先が決まっていなくても，ドイツに入国して 6 カ月間就職活動ができる。これは雇用のミスマッチがないようにするための積極的な受け入れ体制の整備といえる。こうした政府の施策により，ドイツ企業では外国人労働者の雇用に対する意識が大きく変わった。

　日本社会がいきなり外国人労働者を“市民”とする移民政策を認めるのはハードルが高いかもしれない。意識変革をしていく上で，まず，“日本社会の一員”という視点から法令や制度から「外国人と共存」の教育プログラムまで整備していかなければならない。新日本国際社会をみんなで作っていくべきである。次に高度外国人材についても分析していく。

2．日本型の高度外国人材の誘致政策の提案

　高度外国人材により良い労働環境と生活環境を提供するのに，政府，自治体，企業，関連部署に革命的な変化が求められている。どうすれば高度外国人

材に選ばれるのか，日本で定着してもらうのかについては，(1)ウイズ海外直接投資の促進，(2)日本における留学生の活用，(3)ワークライフバランスの充実からなる日本型の移民政策を提案したい。

(1) ウイズ海外直接投資の促進

　経済学の成長理論では海外からの直接投資が受入れ国の賃金・生産性を上昇させることに加え，最新の技術を学べる効果もあると説明されている。日本も例外なく，「Invest in Japan」（対日直接投資）推進[18] によって，外資企業が参入することで，日本経済への賃金上昇と生産性の向上に助力すると期待されている。賃金上昇に関して，外資企業と日本企業の年収調査によると，外資系企業が日本企業よりも倍ほどの高い賃金を支払い，国内外からの優秀な人材を集めている。また，日本貿易振興機構（JETRO）「2022年度外資系企業ビジネス実態アンケート」では，日本での事業の強化，拡大を予定する外資企業が全体の半分以上占めているとの結果がある。特に情報通信産業の外資系企業は外国での外国人材と留学生への積極的な雇用を行う傾向があるとのことから，外資の事業の拡大は高度外国人材へのさらなる雇用と誘致につながるだろう。例えば，生成 AI の研究開発の世界トップ技術者であるデイビッド・ハ氏とライオン・ジョーンズ氏が日本でスタートアップ企業を立ち上げ，海外から AI 人材を呼び込む予定であると報道されている[19]。そのほか，日本マイクロソフトは「グローバル・スキル・イニシアチブジャパン」といったデジタルスキルの習得支援施策を通じて，不足しているデジタル人材の育成にも取り組んでいる。

　確かに，高度外国人材に対して言語，文化，キャリアアップへの課題解決に努力している日本企業もある。しかし，高度人材が求める高賃金，早期昇進，能力に基づく評価制度，英語でのコミュニケーション環境を提供することにおいては，外資企業の方が優れている。世界トップ技術者の日本での起業と日本マイクロソフトの事例から，直接投資を促進するのと同時に，高度外国人材の誘致，活用も推進するのが効率的であると思われる。

⑵　外国人留学生の就職支援

　国際競争力を向上させるのに，現役の高度外国人材の受入れと並行して，将来の高度外国人材の予備軍である外国人留学生の活用も必要となっている。なぜなら，在学中，留学生がアルバイトとして働くことによって，日本の人手不足の解決を担い，卒業した元留学生が日本での留学経験から習得した日本語，日本文化と専門知識を活かし，高度外国人材として日本経済の成長に貢献できると考えられるからである。実際，留学生のアルバイトは約25.8万人で，外国人労働者全体の約15％を占めている（厚生労働省，2023b）。卒業後，留学の在留資格から就労を目的とした就労在留資格へ変更したのは約3万人にのぼる（出入国在留管理庁，2023）。さらに，現在の「高度人材ポイント制」では，日本の国家資格の保有，日本の大学・大学院の課程の終了の元留学生は点数が加算されるので，就職活動に成功すれば，高度専門職の在留資格で活躍できる。つまり，留学生を上手く活用できれば，人手不足と生産性の向上の双方の課題を解決できると思われる。しかし，日本での就職を希望する留学生の就職率はまだ低いのが現状である。日本学生支援機構（JASSO）の各年度の「外国人留学生進路状況調査結果」によると，大学等を終了した留学生のうち，日本国内で就職できた外国人留学生の割合は少しずつ増加しているが，未だに4割に過ぎなかった。日本での就職を希望する留学生に焦点を当てて，考察しても，就職を希望する留学生の就職率も低い。例えば，ディスコキャリタスリサーチの最新の調査の結果をみればわかるように，2024年大学・大学院を卒業する予定の留学生の中で，2023年7月時点での内定率は52.5％で，過去の同期調査（2021年：39％，2022年：48％）より上昇はしたものの，86％の日本人学生の内定率（過去の同期調査（2021年：80.1％，2022年：84.9％）と比べると，依然として大きく下回っている。このように，今の留学生が将来の高度人材として活躍できるためには，留学生の就職支援等を通じて，低就職率の状況を改善する必要があるといえよう。

　低い就職率を改善するためには，まず，留学生本人の就職活動に関する準備姿勢を改善する必要があると考えられる。多くの既存研究，例えば，カオ（2022）では，留学生が日本で就職できない原因には，日本独自の雇用習慣や就職活動のスケジュール等を理解しないことが挙げられる。つまり，就職に成

功することと密接な関係があるインターシップへの不参加や，就職活動の開始時点が遅いことが原因となっている。留学生に日本独特の就職活動を理解してもらう為には，大学インターンシップセンターやキャリアセンターが早い段階から留学生向けの就活講習会等を開催し，求人に関する情報を効率的に提供する必要があるだろう。

　次に，採用側にある日本企業においても，留学生を別枠で採用し，留学生に公募情報，キャリアパスなどをより明確に伝える必要があると考えられる。なぜなら，多くの留学生は入社する前に，自分がやりたいことを決めて，外国人としての特性を生かしたいと思っているからである。留学生を採用する企業のほとんどは，日本人学生と同じ枠で募集・採用を行い，日本語能力に重きを置き，日本人と強調できる「日本人性」の高い留学生を求めている（古沢，2022）。企業の高度人材の採用状況や留学生の就職率の向上を実現する為には，企業での見学会，企業との交流会，早期のインターシップを充実することは有効的だと思われる。さらに，今後日本経済の再浮揚のための人材育成の観点から考察すると，ニーズが高い「情報処理・通信技術」分野に優先的に注力すべきである。出入国在留管理庁の「令和4年における留学生の日本企業等への就職状況」によると，ニーズが高い「情報処理・通信技術」に就職する学生が全体に8%しか占めていない。この比率を伸ばすためには，雇用のニーズと就職チャンスを紹介すること等で，情報通信を専攻する留学生の数を増やす必要がある。それに加えて，上記の提案のほか，中途採用，即時採用などの特別な採用方法を適用することもよい戦略であると考えられる。

(3)　ワークライフバランス充実の受入

　低賃金，遅い昇進などは日本での就職の可能性を押し下げているが，高度外国人材にとって日本にはまだ魅力がある。例えば，数値で確認できる経済の大規模（GDP世界第4位），整っている教育・医療環境，整っているインフラ整備，安定な政治が挙げられる。また，数値では表せない「歴史・文化の特色」，「きれいな景色」，「落ち着いた雰囲気」，「日本人の親切さ」なども日本の誘致力となっている。2023グローバルタレント競争力指数のレポートでは，今後の10年間で，生活の質と持続可能性（quality of life and sustainability）が人

材を惹きつける要素として，ますます重要な要因になると強調した。日本は上記の項目で生活の質と持続可能性の面において，比較的高い競争力を持っていると考えられる。実は(1)で紹介した日本で起業した世界トップ技術者も日本社会が大好きなことが日本を起業先として選んだ理由だと述べている。それらの魅力を活かしながら，高度外国人材にワークライフバランス環境を提供できることをメディア，SNS 等で広報・宣伝することによって，高度外国人材を呼び込むことができるだろう。ワークライフバランスの受入を目指し，高度外国人材の受入における行政手続きの簡素化・デジタル化，多言語対応，多様な働き方などの導入に努力すべきだと考えられる。

　しかし何よりも，競争力の向上を持続的に実現するのには，単なる「受け入れ」ではなく，長期的な移民政策ビジョンの構築は不可欠である。日本は「移民政策を採用する意図はない」と主張しているが，特定の高度外国人材に対して，長期滞在や無期限の在留資格を付与し，帰化の許可，つまり移民の受け入れもしている。これは移民を取っていない政策と移民を受け入れている実態と合致していない現状を語っている。「移民」という言葉を避けている姿勢が見られるが，長期的に高度外国人材の受入に依存しなければならないのであれば，高度外国人材人を単なる「労働者」として受け入れるのではなく，「日本国民の一員」でもある「共生者」として受け入れるべきだと思われる。実態に合った移民制度を導入すると，それに伴う家族再会制度や帰化申請制度が導入しやすくなり，それによって，高度外国人材が長期間日本で安心して就職と生活ができるだろう。その際，「日本国民の一員」である日本人と外国人との信頼関係の構築につなげることができ，持続可能な発展にもつながると期待できる。日本は国民に移民を受け入れることに納得してもらうのに，時間がかかると思われる。それまでに，国民の移民の受入についての世論調査を定期的に行い，移民に対する意識変更を確信しながら移民受け入れのメリットとデメリットを丁寧に説明し，移民の成功事例を広く紹介することが効率的かもしれない。

おわりに

　1970年代の半ばまで日本は高度経済成長の軌道に乗り，鉄鋼産業，自動車産業，電子・電気機器および周辺設備産業などでは生産力を増大し，強い開発力と技術力を発揮して様々な分野で存在感を示した。当時の日本企業は様々なイノベーションを創出し，日本型経営・雇用システムも生産力を拡大する上で大いに役立った。日本企業の海外子会社はアジア諸国で知名度高く，現地の従業員採用も人気が高かった。また，日本での就職は日本に留学した外国人によって憧れだったが，当時，外国人労働者が就く仕事といえば，日本人が敬遠する3Kの仕事が多かった。しかし，現在は日本が置かれている環境は大きく変わっている。グローバル化が進み，IT技術の革新のスピードが速く，様々な分野で日本だけでシェアを勝ち取ることは難しくなっており，様々な国・地域との連携が必要となってきた。本章では，多角的な外国人労働者の受け入れを提言したが，それはあくまでも「政策，制度などといった」ハードの部分であり，"日本"社会という根本的なソフトの部分も改善しなければならない。現在の日本は，外国人との共存から共生への認識がまだそれほど強くなく，少子高齢化（人口減少）による人手不足のため，人手が必要な産業に外国人労働者を受け入れようとする考えが支配的である。つまり，足りないところに補充しようという社会である。そうではなく，新しい産業，モノ・サービスなどを創出するためには「ダイバーシティ（多様化）」が必要であり，理念や掛け声だけではなく，教育現場や企業の方針，社会全般において実現していかなければならない。様々な人材の力を合わせて，新たな国際社会を築くことができれば，次の経済成長期，あるいは持続可能な経済発展を期待できよう。

[注]
1　11.5％を占めている宿泊業，飲食サービス業のうちのほとんどは飲食店（10％）である。
2　教育・学習支援業は7万6854人であり，情報通信業は7万5954人である。
3　4.1％を占めている医療，福祉のうち，医療（1.1％）が3分の1で，社会保険・社会福祉・介護事業（3％）が3分の2である。
4　運輸業，郵便業は6万4617人であり，学術研究，専門・技術サービス業は6万4261人である。
5　G7等とは，フランス，アメリカ，イギリス，ドイツ，イタリア，カナダ，オーストラリア，

ニュージーランド，ロシアを示す。

6　特定技能外国人の受入れは「介護」,「ビルクリーニング」「素形材産業 / 産業機械製造業 / 電気・電子情報関連産業」,「建設」,「造船・船用工業」,「自動車整備」,「航空」,「宿泊」,「農業」,「漁業」,「飲食料品製造業」,「外食業」の 12 の特定産業分野に限って行われる。

7　外国人技能実習制度とは，日本で培われた技能，技術または知識を開発途上地域等へ移転することによって，当該地域等の経済発展を担う「人づくり」に寄与することを目的として 1993 年に創設された制度である。また，2017 年 11 月,「外国人の技能実習の適正な実務及び技能実習生の保護に関する法律（技能実習法）」が施行され，新たな技能実習制度がスタートした。また，技能実習制度の廃止・新制度創設について正式な変更は 2024 年以降の予定となっている。https://www.jitco.or.jp/ja/regulation/ を参照。

8　https://jicwels.or.jp/?p=53510 を参照。この集計には，すでに EPA 候補者としての雇用契約を終了した「元 EPA 候補者」として受験した人数も含まれる。

9　日本政府は従来の多項目で計算するポイント制のほかに 2023 年 4 月に「特別高度人材制度（J-Skip）」と「未来創造人材制度（J-Find）」を新しく創設した。

10　「高度専門職 1 号」の在留期間は 5 年である。また,「高度専門職 1 号」は，研究者や教育者など高度な学術研究活動を行う「高度専門職 1 号イ」,自然科学，人文科学分野の知識や技術を要する業務に従事する「高度専門職 1 号ロ」,経営者，起業家などが該当する「高度専門職 1 号ハ」の 3 つの類型に分けられている。

11　法務省による「高度専門職 2 号」は，"我が国の学術研究や経済の発展に寄与することが見込まれる高度の専門的な能力を持つ外国人の受入れをより一層促進するため,「高度専門職 1 号」又は高度外国人材としての「特定活動」の在留資格をもって一定期間在留した者を対象に，在留期限を無期限とし，活動制限を大きく緩和した在留資格として設けられたものです。「高度専門職 2 号」の在留資格は，これらの外国人の中で，学歴・職歴・年収等の項目毎にポイントを付け，その合計が一定点数以上に達した人に許可される" 在留資格である（https://www.moj.go.jp/isa/content/930001671.pdf）。

12　https://www.jil.go.jp/kokunai/statistics/databook/2023/05/d2023_5T-03.pdf の第 5-3 表から江が 2023 年 9 月時点の為替レートで円に換算した。また，台湾について台湾行政院主計処（https://www.dgbas.gov.tw/）による統計データで換算した。

13　ウェブサイト「日経ビジネス」2021 年 12 月 13 日の記事を参照（https://business.nikkei.com/atcl/gen/19/00155/121000059/）。

14　デービッド・アトキン『日本人の勝算―人口減少×高齢化×資本主義』東洋経済新報社を参照。https://www.kobeu.ac.jp/research_at_kobe/NEWS/people/feature0004.html

15　厚生労働省（2018）『魅力的な就労環境を整備するために』000541599.pdf（mhlw.go.jp）。

16　法務省によると，高度外国人材の世帯年収（高度外国人材本人とその配偶者の年収を合算したもの）が 800 万円以上であること（https://www.moj.go.jp/isa/publications/materials/newimmiact_3_preferential_index.html）。

17　2023 年の閣僚会議で「技能実習生」制度を廃止し，新しい制度を設けるとしている。

18　対日直接投資は，内外資源の融合によるイノベーションや地域での投資拡大・雇用創出を通じて，日本経済の成長力強化及び地域の活性化に貢献するといった日本の経済政策。INVEST JAPAN 対日直接投資推進―内閣府（invest-japan.go.jp）。

19　NHK ビジネス特集「世界的な再生 AI 技術者が日本を選んだワケ」（https://www3.nhk.or.jp/news/html/20231106/k10014245731000.html）。

[参考文献]

アトキン，デービッド（Atkinson, David）（2019）『日本人の勝算—人口減少×高齢化×資本主義』東洋経済新報社。

カオティキャングェット（2022）「外国人留学生に対するアンケート調査報告—外国人留学生の「就職活動」「就職内定」を巡る状況と「大学・企業への要望」」古沢昌之編著『外国人留学生の「就職・就労」と「採用・活用」—ダイバーシティ＆インクルージョンの視点を踏まえた分析』白桃書房，第6章。

桂幹（2023）『日本の電機産業はなぜ凋落したのか—体験的考察から見えた五つの大罪』集英社新書。

玄田有史（2017）『人手不足なのになぜ賃金が上がらないのか』慶応義塾大学出版社。

経済産業省（2016）「高度人材の確保とイノベーションの創出」『通商白書2016年版』第2節（https://www.meti.go.jp/report/tsuhaku2016/2016honbun/i2120000.html）。

厚生労働省（2023a）「賃金の現状と課題」『令和5年版　労働経済の分析—持続的な賃上げに向けて—』第2部・第1章。

厚生労働省（2023b）「『外国人雇用状況』の届出状況まとめ」。

江秀華（2010）『東アジアにおけるIT産業の国際展開と専門技術者の国際移動』早稲田大学出版部。

独立行政法人労働政策研究・研修機構（2023）『国際労働比較—データブック』（https://www.jil.go.jp/kokunai/statistics/databook/2023/index.html）。

佐藤忍（2021）『日本の外国人労働者受け入れ政策・人材育成指向型』ナカニシヤ出版。

出入国在留管理庁（2023）「高度人材ポイント制の認定件数（累計）の推移」（https://www.moj.go.jp/isa/content/930003821.pdf）。

ディスコキャリタスリサーチ（2023）「2024年卒外国人留学生の就職活動に関する調査」2023年8月発行（gaikokujinryugakusei_202308.pdf（disc.co.jp））。

友原章典（2020）『移民の経済学』中公新書。

永吉希久子（2022）「外国人労働者と日本人労働者の賃金格差—賃金構造基本統計調査の分析から」『日本労働研究雑誌』No. 744。

日本貿易振興機構（JETRO）（2023）「2022年度外資系企業ビジネス実態アンケート調査」（survey_rev2.pdf（jetro.go.jp））。

古沢昌之（2022）「わが国における外国人留学生の受入れと就職を巡る状況」古沢昌之編著『外国人留学生の「就職・就労」と「採用・活用」—ダイバーシティ＆インクルージョンの視点を踏まえた分析』白桃書房，第2章。

牧本次生（2021）『日本半導体復権への道』ちくま新書。

宮島喬（2022）『「移民国家」としての日本—共生への展望』岩波新書。

守屋貴司（2018）「外国人労働者の就労問題と改善策」（特集：グローバル化と労働市場—マクロ・ミクロの影響）『日本労働研究雑誌』No. 696。

Muranaka, Aimi (2022). Brokerage in the Cross-border Labour Market: Recruitment and Training of Vietnamese IT Workers by Japanese Temporary Staffing Firms. *Asian Studies Review*, 46 (4), 574–592. DOI: 10.1080/10357823.2022.2093836

Powell, B. (ed.) (2015). *The Economics of Immigration: Market-Based Approaches, Social Science, and Public Policy*, Oxford Uni.

第 **13** 章

持続的成長の条件

——格差・労働分配問題

牧岡　亮

はじめに

　経済協力開発機構（OECD）が 2008 年に世界的な所得格差の拡大を指摘して以降，多くの国々で所得格差拡大が叫ばれている（OECD, 2008）。また，所得格差の拡大は 2016 年のトランプ米国大統領（当時）の誕生や，イギリスの欧州連合（EU）からの脱退の引き金になったとも言われている。このように世界的な所得格差拡大に対する懸念が高まってきている中，日本においても，非正規雇用の拡大などを背景として，所得格差の拡大が叫ばれている。一方で日本経済は，1990 年代のバブル経済崩壊以後の経済の低成長，いわゆる「失われた 30 年」を経験している真っ只中でもある。日本の名目国内総生産（GDP）は，1990 年から 2020 年の間に 1.5 倍になっている一方，米国のそれは 3.5 倍，ドイツは 2.3 倍，中国は 37 倍と，他国と比べて日本経済の成長の低迷が際立っている。また，2019 年の国民一人当たり GDP も，主要 7 カ国（G7）中 6 番目と低水準である。

　この所得格差の拡大と経済成長の低迷を背景として，2021 年 10 月に発足した岸田内閣では，分配戦略を通じてさらなる経済成長を達成する「成長と分配の好循環」，新自由主義的な資本主義を是正していく「新しい資本主義」などの目標を掲げている。しかしながら，分配戦略により所得格差を縮小することは本当に経済成長を促すのか。そもそも，日本の所得格差は本当に拡大しているのか。拡大しているのであればどのような要因が背後にあるのか。そのよう

な疑問に対して本章では，昨今社会的関心を集めている日本の所得格差の現状を概観し，日本の所得格差と持続的成長との関係を明らかにすることを目的とする。

　本章の構成は以下のとおりである。第1節では，先行研究をもとに日本の所得格差の動向を概観し，高齢化と所得分布の下層部の貧困化が日本の所得格差拡大に影響を与えていることを明らかにする。第2節では，所得格差と関連する概念として労働分配率という指標を説明し，所得格差と労働分配率との負の関係性を示し，そして日本の労働分配率低下の要因として企業の海外移転，非正規雇用の増加，企業の機械導入などの影響が関係していることを明らかにする。第3節では，先行研究をもとに，所得格差と経済成長との因果関係を明らかにするのは，それらの同時決定性が存在するため困難であることを確認する。第4節では，所得格差，経済成長に関する現状での政策対応として，岸田内閣による政策，具体的には労働者のリスキリングの促進や，能力開発投資の現状を見る。これは，特に所得の低い人のスキルを上昇させる可能性があり，所得格差縮小と経済成長の両面で役立つことが想定されるためである。第5節では，これまでの議論をもとに所得格差拡大下で持続的経済成長を達成するための政策提言，特に人的資本投資としての非正規雇用労働者へのリスキリング・プログラムの推進を提言する。そして最後に第6節では，本章の含意をまとめる。

第1節　日本の所得格差に関する現状

　本節は，日本の所得格差に関して，先行研究をもとにその長期的な変遷を俯瞰し，その特徴を明らかにすることを目的とする。その手掛かりとして本節では，森口（2017）と井上（2020）を概説する。

　近年，15歳から65歳の人口である生産年齢人口の減少や，非正規雇用の割合の増加を背景にして，日本は「格差社会」になったという認識が浸透しつつある。実際，総務省「労働力調査」によれば，生産年齢人口は2005年の8461万人から2021年の7409万人へと1000万人以上減少している。同様に，パートやアルバイト，契約社員を含む非正規労働者は2005年の1624万人か

ら 2021 年の 2069 万人へと大幅に増加している。もちろん，自発的に非正規労働を選ぶ人の割合は増加し，非自発的な非正規労働者の割合は減少していることが知られているものの，厚生労働省「賃金構造基本調査」によれば，2022年の正規労働者の平均給与額は 35.8 万円である一方，非正規労働者のそれは22.1 万円と開きがあることがわかる。

　そのような状況下で，本当に日本で所得格差が拡大しているかを見るために，森口（2017）に依拠して，日本の長期所得格差の変遷を見ていく。そのときに所得格差を表す指標として，主にジニ係数，相対的貧困度，上位所得シェアに注目することにする。ジニ係数とは，高所得者層や低所得者層を含めた所得分配全体の分布の偏りを測る指標であり，0 から 1 までの値をとり，0 に近いほど所得格差が小さいことを示す。相対的貧困度とは，等価可処分所得の中央値の一定割合（たとえば，中央値の半分）を貧困線と定義し，その貧困線に等価可処分所得が満たない世帯員の割合のことをいう。すなわち，全世帯に占める貧困世帯の割合を測っている指標である。上位所得シェアとは，たとえば上位 1 ％所得シェアなどのように測り，その場合，成年人口の上位 1 ％にあたる高額所得者層に発生した所得が総個人所得に占める割合を表す。従来，標本調査である家計調査では，観測数の少ない高所得世帯に絞った指標は調査しづらいことが知られていたが，全数調査を基本とする税務調査の利用と共に，この指標が観測しやすくなった。

　またこれら 3 つの指標は，所得再分配前の所得と再分配後の可処分所得で測ることができる。さらに，政府統計の取得する所得の情報は，調査ごとに多少の違いがあることが知られておる。したがって本節では，森口（2017）に依拠して，主に所得再分配調査，国民生活基礎調査，全国消費実態調査の 3 つの調査を比較して観察する。

　図 13-1 は，人口の上位 1 ％，上位 0.1 ％にあたる高額所得層に帰する所得の総個人所得に占める割合，すなわち上位 1 ％所得シェアと上位 0.1 ％所得シェアを，1900 年から 2012 年まで日本と米国で比較したものである。それによると，日本の上位 1 ％，0.1 ％所得シェアは，戦前にかけてはそれぞれ 20 ％，8 ％程度高い水準にあったものの，戦後にそれぞれ 6 ％，2 ％程度に低下し，そして 1990 年代以降においても，微増にとどまっていることがわかる。これは

図 13-1　上位 1％および 0.1％所得シェアの推移（米国，日本）

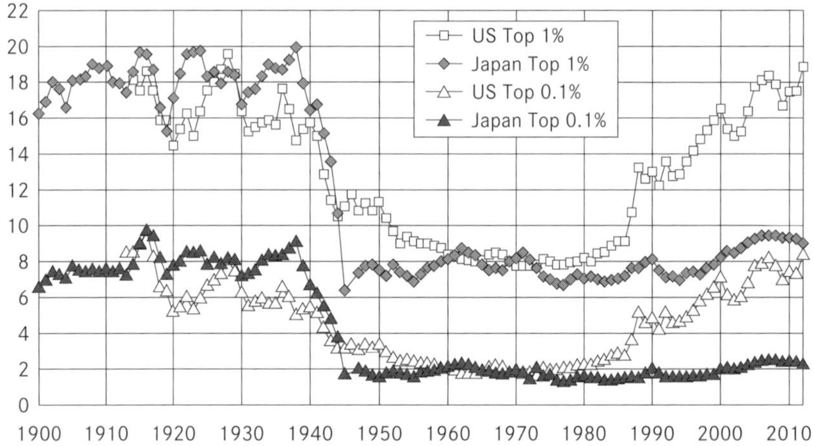

注：成年人口のそれぞれ上位 1％，上位 0.1％にあたる高額所得者層に発生した所得が総個人所得に占める割合を，米国と日本で表す。
出所：森口（2017）。

1990 年以降の米国の上位 1％，0.1％所得シェアが上昇傾向であることと対照的である。

　この日本の上位所得シェアの傾向は，戦前の財閥系を中心とする大企業への資本投下型の経済であった戦前期，そして戦後の分厚い中間層を中心とする「格差なき成長」を達成した戦後期の事実と整合的である。特に，後者の時期の格差縮小と中間層の拡大は，同時期の相対的貧困率の減少傾向からも観察することができる（森口，2007，図 3 など）。

　しかし，1990 年代以降の日本における上位所得シェアの微増は，人口動態と社会構造の変化による高齢化と世帯規模の縮小，そして長期不況などの経済環境の変化によって影響を受けている。とくに前者の高齢化と世帯規模の変化は，高齢者単独世帯を増やし，格差や貧困と密接に関係している。次にそれを明らかにするために，日本の複数の調査統計を用いて，ジニ係数の動向を見ることにする。

　図 13-2 では，「所得再分配調査」からは当初所得と再分配所得を用いて，また「国民生活基礎調査」と「全国消費実態調査」からは世帯規模を考慮した一

図 13-2　日本のジニ係数の推移（調査別）

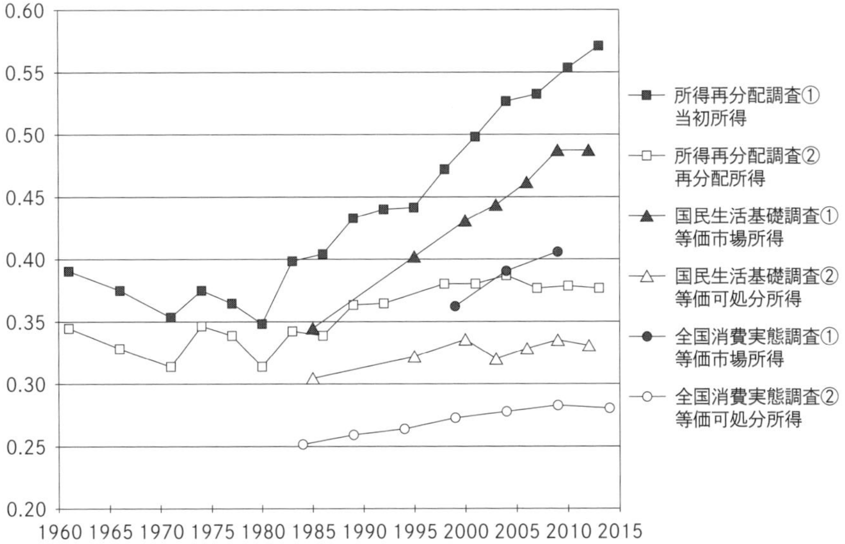

凡例：

- 所得再分配調査①　当初所得
- 所得再分配調査②　再分配所得
- 国民生活基礎調査①　等価市場所得
- 国民生活基礎調査②　等価可処分所得
- 全国消費実態調査①　等価市場所得
- 全国消費実態調査②　等価可処分所得

注：各線は，各調査における世帯所得データを用いて計算された，1960 年から 2015 年（もしくは，1985 年から 2015 年）のジニ係数を表す。

出所：森口（2017）。

　人当たり世帯所得について市場所得と（再分配後の所得である）可処分所得を用いて，ジニ係数の 1960 年からの推移を見ている。そこからわかることは，特に所得再分配前の当初所得や市場所得において，ジニ係数の上昇率が 1980 年代以降大きい一方，所得再分配後の所得においてもジニ係数が微増傾向にあることである。これは，所得再分配によって所得格差が軽減しているものの，現在の日本の再分配制度は社会保険（老齢・疾病・障害・失業等の生活リスクに対する保険）に重きを置いており，最低限度の生活を保障するための貧困者救済である公的扶助が限定であるため，1980 年代以降の所得格差拡大を完全には免れていないことを表している。

　そこで次に，微増傾向にある所得格差に対する高齢化の与える影響を見るために，所得再分配前後のジニ係数を全年齢層について計測したものと，生産年齢層（18−65 歳）について計測したものをそれぞれ見てみる。

　図 13-3 では，それぞれ全年齢層と生産年齢層（18−65 歳）をサンプルとし

図 13-3　日本のジニ係数の推移（全年齢層と生産年齢層）

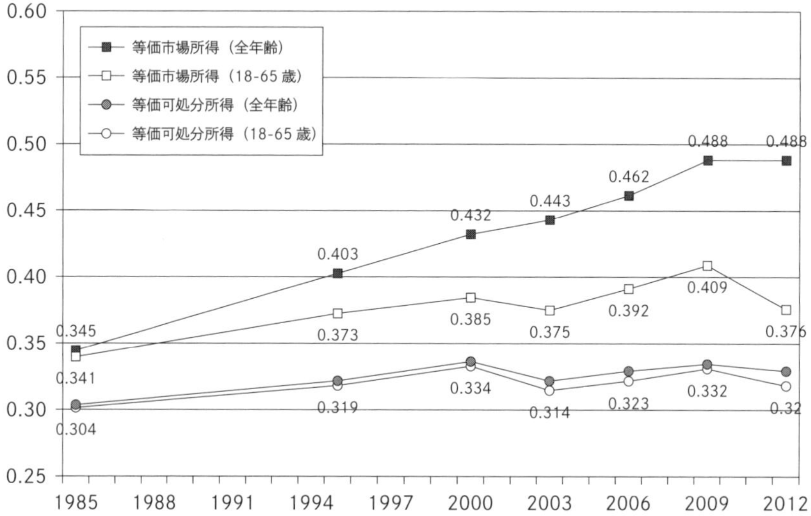

注：各線は，国民生活基礎調査に基づいて各サンプルに対して計算された，ジニ係数の 1985 年
　　から 2021 年までの推移を表す。
出所：森口（2017）。

て，国民生活基礎調査に基づいて，市場所得と可処分所得を用いて計算された
ジニ係数を示している。それによると，再分配前の所得におけるジニ係数の上
昇は，主に高齢者を含めた全年齢層によって計算されたものからきており，生
産年齢層における再分配前所得のジニ係数は微増にとどまっていることがわか
る。また，再分配後の所得におけるジニ係数は，全年齢層と生産年齢層で同じ
ような推移をたどっている。このことから，ジニ係数の上昇の主な要因は高齢
化であり，その不平等は所得の再分配によって解消されていることがわかる。

　最後に，高齢化要因とは別の要因として，低所得層の貧困化が日本の格差拡
大に大きな役割を果たしていることを見る。そのために，高齢者と単独世帯を
除いた，世帯員が二人以上の労働年齢世帯（世帯主が 25 歳から 59 歳の世帯）
に絞って，所得分布の推移を見てみる（Lise et al., 2014）。図 13-4 は，森口
（2017）から再掲されたものである。そこでは，世帯員数を調整した再分配前
の世帯所得である等価市場所得の対数値について，各分位点における推移をみ
ている。それによると，1990 年代以降，高所得世帯（95％分位点，90％分位

点等）の所得の増加は見られない一方，特に5％分位点，10％分位点の世帯，すなわち貧困世帯の所得が減少している傾向にあることがわかる。これらの結果は，単独世帯や高齢世帯を対象から除いたものであり，世帯規模の変化や高齢化の要因とは独立に，日本において低所得層の貧困化が進行していることがわかる。この傾向は，再分配後の所得である等価可処分所得においても観察されるため，日本の直面している格差の一部は，貧困層の貧困化から起こっており，それが再分配政策によって十分に解消されていないことがわかる。

　ここまでの結果をまとめると，1990年代以降の日本の所得格差拡大は，主に所得再分配前の格差拡大で説明できることがわかった。また，その主要因と

図13-4　世帯員が二人以上の労働年齢世帯における所得分布推移

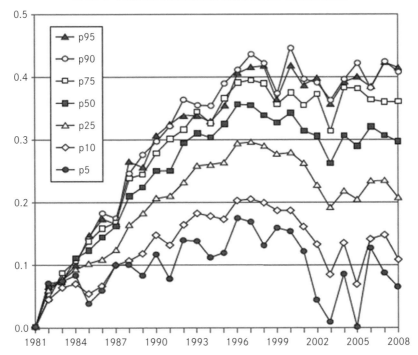

注：各線は，家計調査の個票をもとに推計された，二人以上労働年齢世帯の所得分布の推移を
　　表す。例えば，黒塗り三角が付してある線は，所得が全体分布の95％分位点に位置する世
　　帯の実質所得水準の対数値を表す。
出所：森口（2017）。

しては，高齢化や世帯規模の縮小であるが，同時に生産年齢世帯で複数人いる世帯においても，貧困層の貧困化が進行することで格差が拡大しつつあることがわかった。これらの結果は，主に2010年前後までの傾向を明らかにしたものであるが，井上（2020）はより最近までのデータを用いて同様の分析をし，概ね同じ傾向が続いていることを明らかにしている。そこで次節では，これらの所得格差拡大の議論と並べて議論される労働分配率の低下について，日本の現状とその要因について，先行研究をもとに議論する。

第2節　労働分配率に関する現状と要因

　前節でみたように，日本の所得格差は高齢化や「貧困層の貧困化」により，緩やかに拡大していることがわかった。それではそのような所得格差の拡大は，昨今言われている労働分配率の低下とどのような関係にあるのか。

　労働分配率とは，産出された付加価値のうち，どの程度の割合が労働者に分配されているかを示す指標のことである。阿部・Diamond（2017）は，分母の付加価値の定義の仕方によって異なる，さまざまな定義の仕方で日本の労働分配率を計測し，その推移を分析している。それによると，概して1990年代以降の日本の労働分配率は減少トレンドに入っているか，もしくは1980年代までの上昇トレンドが止まり，1990年代の後半以降には減少トレンドに転じていることを明らかにしている。また阿部・Diamond（2017），この労働分配率の減少傾向がどのような要因によってもたらされているのかを見るために，労働分配率を以下のようにあらわしている。

$$労働分配率 = \frac{人件費}{付加価値} = \frac{人件費 / 労働者数}{付加価値 / 労働者数}$$

右辺の分母は労働者一人当たり付加価値，すなわち労働生産性を表し，右辺の分子は一人当たり人件費を表す。したがって，労働分配率は一人当たり人件費が高まれば増加し，労働生産性が上昇すれば減少することがわかる。

　この関係性を念頭に置きつつ，阿部・Diamond（2017）は，日本の労働分配率の低下が，一人当たり人件費と労働生産性の両方の低下によって，しかし

ながら特に前者の低下が後者の低下を上回ることによってもたらされていることを明らかにした。また，労働分配率の分母にある企業の付加価値について，労働への分配以外のどのようなものに分配されたか，その推移を見てみると，労働分配率が増加している 1990 年代までは，配当金や内部留保に向かう付加価値の割合は高くないことがわかった。しかし労働分配率の減少が始まった 2000 年代にはいると，配当金や内部留保に向かう付加価値の割合が増加している。したがって阿部・Diamond（2017）は，企業の内部留保と労働分配率とが負の相関関係にあることを明らかにしている。

　労働分配率の低下に関する他の要因としては，三好（2018）は，企業の輸入集約度（輸入額／仕入れ額）が企業の労働分配率と負の関係性にあることを明らかにしている。また羽田他（2021）は，産業用ロボットの導入や労働者に占める非正規雇用の割合の上昇が，企業の労働分配率の低下と関係していることを明らかにしている。このように，日本の労働分配率は企業の内部留保や機械化などのさまざまな要因によって，1990 年代以降低下してきていると考えられるが，それでは労働分配率の低下は所得格差の拡大とどのような関係性にあるだろうか。

　Santacreeu and Zhu（2017）の調査によると，先進国の労働分配率の変化とその国の所得格差を示すジニ係数の変化は負の関係性を示している。この関係性の 1 つの説明としては，Karabarbounis and Neiman（2014）が言うように，技術革新による資本価格の低下が，一方で単純作業の自動化・機械化などにより，労働から資本への代替を通じて労働生産性を上昇させ，労働分配率を減少させる。しかしながら同時に，資本価格の低下による自動化・機械化は，単純作業に従事していた労働者の所得を低下させることを通じて，所得格差を拡大させるというものである。

　このように，昨今言われている労働分配率の低下と所得格差との間には，何らかの関係性がありそうであることがわかった。しかしながら，このような所得格差の拡大，労働分配率の低下の現状の下で，持続的な経済成長は可能であろうか。1990 年代以降の所得格差の拡大，労働分配率の低下と日本経済の「失われた 30 年」の期間は丁度重複しているが，このような所得格差拡大の中でも，持続的な経済成長は可能であろうか。次節は，所得格差の拡大と経済成長

の関係性について，経済学の理論・実証研究をもとに明らかにしていき，その
もとでの政策対応や政策提言に向けて準備することを目的にする。

第3節　所得格差と経済成長との関係性

　これまで見てきた所得格差や労働分配率の現状は，日本政府の提唱する「分
配戦略」に対応し，その現状を見ることを目的としてきた。しかしながら，そ
の「分配戦略」の目的は，「経済成長の果実をしっかりと分配し，消費を喚起
することで，次の成長につなげる」と記されている。このような所得格差の拡
大と労働分配率の低下，それに対処する方策は，経済成長にどのような影響を
与えるのか。本節ではそれらのことについて，経済学の先行研究をもとに議論
していく。

　所得格差の経済成長に対する影響に関する経済学の理論研究は，さまざまな
影響経路を示している。そしてそれらは，所得格差が経済成長に与える正の影
響のものもあれば，負の影響のものもある。所得格差が経済成長に与える正の
影響経路としては，大きな所得格差が存在することで，高所得を獲得するため
のイノベーションや起業等へのインセンティブを醸成し，経済成長を促すメカ
ニズムが考えられる（Lazear & Rosen, 1981）。もしくは，大きな所得格差は
高所得層の所得が相対的に大きくなることを意味するが，高所得者層は貯蓄性
向が高いため，経済全体の貯蓄額が増え，したがって投資や資本蓄積を促すこ
とで，経済成長を促すメカニズムなども考えられ得る（Kaldor, 1955）。一方，
所得格差が経済成長に与える負の影響経路として，Galor and Zeira（1993）
は資金の借入制約と教育投資における固定費用があるような状況において，大
きな所得格差の存在は低所得層の人的資本投資を過小にすることで，経済成長
を阻害することがあることを示している。さらに Alesina and Perotti（1996）
は，大きな所得格差が社会的もしくは政治的な不安定性をもたらし，生産的な
活動での資源の利用や投資を阻害することを通じて，経済成長に負の影響を与
えるかもしれないことを示している。

　また，所得格差は社会的な所得再分配への圧力を高めることを通じて経済成
長に影響を与える可能性もある。例えば，所得格差拡大による再分配政策への

社会的な圧力は，生産的な活動への資源の利用を阻害することに加え，再分配政策による累進的な税率の適用や法人税の増加は，労働のインセンティブや投資のインセンティブを低下させることを通じて経済成長を阻害するかもしれない。このように，経済学の理論的な議論では，所得格差から経済成長へのさまざまな影響経路が存在することを明らかにする一方，それらの全体の関係性については一概に明確な仮説を与えない。

　そこで次に，データを用いた経済学の実証研究をもとに，所得格差の経済成長に対する影響を考えてみる。経済学の実証研究では，所得格差と経済成長との関係性を検証するために，クロスセクション・データを用いるやり方とパネル・データを用いるやり方がある。クロスセクション・データを用いた分析とは，ある一時点の国々の所得格差と経済成長との関係性から，所得格差と経済成長との関係性を求めようとする分析である。その一方でパネル・データを用いた分析とは，各国の所得格差と経済成長に関して，複数年のデータをプールして用いて分析する方法である。通常パネル・データの分析においては，各国ごとの固定効果を含めることで，時間を通じて一定の各国の要因を制御した上で，所得格差と経済成長との関係性を分析することができる。したがって，より所得格差と経済成長との因果関係に近いものを求めることができるかもしれない。しかしながら同時に，所得格差と経済成長の両方に影響を与える，時間を通じて変動して観測不可能な要因が存在する可能性があり，究極的にはそれらの因果関係を求めるのが極めて難しいことが知られている。

　そのことを念頭に置きつつ，一般的にはクロスセクション・データを用いた所得格差と経済成長との関係性の分析では負の関係性を導出することが多く，反対にパネル・データを用いた分析では，統計的に有意ではないが正の関係性を求めることが多い。前者の例として，Easterly（2007）は，クロスセクション・データを用いて，所得格差の経済成長に対する影響を分析している。そこでは，因果関係を導出するべく，所得格差と経済成長の両方に影響を与える第三の観測不可能な要因を取り除くため，計量経済学の操作変数法を用いて分析している。操作変数法とは，内生変数（ここでは，所得格差）には影響を与えるが，目的変数（ここでは，経済成長）には直接影響を与えないような第三の変数（操作変数と呼ばれる）を用いて，因果関係を求める推定方法のことであ

る。Easterly（2007）では，各国の「小麦−砂糖比率」を操作変数として用いている。「小麦−砂糖比率」とは，各国の小麦生産に適した土地面積と砂糖きび生産に適した土地面積の比率のことであり，この比率が高ければ小麦生産を行う家族経営が多いことが予想され，大きな中間層の出現とともに，その国の所得格差が小さいことが予想される。また，「小麦−砂糖比率」が直接経済成長に影響を与えることは考えづらく，操作変数としての条件を満たしていることが考えられる。

　この操作変数法を用いた推定の結果，より大きな所得格差は低成長をもたらすことがわかった。しかしながら，この分析は，操作変数の外生性（操作変数法の仮定の中で，「操作変数が目的変数には直接影響を与えない」という条件のこと）や欠落変数バイアス（回帰分析で制御するべき説明変数を制御していないことによる推定値のバイアス）などの存在により，因果関係としての解釈には一定の留保が必要である。さらに，Easterly（2007）以外のクロスセクション・データを用いた分析についても，同様の問題に直面している可能性が高く，所得格差の経済成長に対する因果効果としての解釈には一定の注意が必要である。

　後者のパネル・データを用いて分析した例としては，Forbes（2000）がある。Forbes（2000）は，パネル・データ分析に各国ごとの固定効果を含めることで，各国で時間を通じて変動しないような観察可能・不可能な経済成長の要因を制御している。それに加えて，国固定効果を含めたパネル・データ分析では，国間での所得格差の違いから経済成長との関係性を求めるのではなく，各国内での所得格差の変化が経済成長に与える影響を求めるため，より政策立案に適した推定値を求めることができる。その分析の結果，所得格差はその国の経済成長に対して正の影響を与えることが示された。

　Forbes（2000）パネル・データ分析とEasterly（2007）の操作変数法を組み合わせて分析したScholl and Klasen（2019）は，所得格差と経済成長との関係性が頑健ではないこと，すなわち分析手法やサンプルなどによって結果が異なることを示し，それらの因果関係を導出するのが困難であることを示した。具体的にScholl and Klasen（2019）は，一方で測定誤差や推定式の関数形の問題に対処した固定効果推定法を用いた分析を行い，所得格差と経済成長

の正の関係性を発見した。しかし，その正の関係性は旧東欧諸国などの市場移行国によってもたらされており，市場移行国の時間を通じて変化する影響を回帰分析で制御した後には，正の関係性が観察されないことがわかった。それに加えて，欠落変数バイアスに対処するべく操作変数法を用いた結果，所得格差と経済成長の正の関係性は観察されなくなった。

このように，経済学の先行研究によれば，所得格差と経済成長との間に明確な因果関係は見出すことが難しいことがわかった。したがって，日本政府の提唱している「経済成長の果実をしっかりと分配し，消費を喚起することで，次の成長につなげる」というメカニズムに関しては，そのメカニズムについて一定の留保が必要であろう。

それでは，これからの日本経済の成長を目指す「成長戦略」と格差をなくしていく「分配戦略」などのようなものが良いのか。そのためにはまず，次節で現状での政策対応についてみていく。

第4節　現状での政策対応

日本政府の「成長戦略」と「分配戦略」は，2022年6月に岸田文雄首相が議長を務める「新しい資本主義実現会議」並びに，「経済財政諮問会議」によってまとめられた，「新しい資本主義のグランドデザイン及び実行計画」として発表された。そこでは，重点投資項目の1つに「人への投資と分配」が掲げられている。すなわち，「労働力不足時代に入り，人への投資を通じた付加価値の向上が極めて重要となっている」や，「気候変動問題への対応や少子高齢化・格差の是正，エネルギーや食料を含めた経済安全保障の確保といった社会的課題を解決するのは人であり，人への投資は最も重要な投資である」とされ，人への投資を通じて経済成長を達成することが鮮明にされている。その実行計画としては，①賃金引き上げの推進，②スキルアップを通じた労働移動の円滑化，③貯蓄から投資のための「資産所得倍増プラン」の策定，④子供・現役世代・高齢者まで幅広い世代の活躍を応援，⑤多様性の尊重と選択の柔軟性，そして⑥人的資本等の非財務情報の株式市場への開示強化と指針整備，の6つが柱となっている。

　それぞれの実行計画についてみていくと，まず賃金引き上げの推進について
は，それがなければ消費が喚起されず，したがって次なる成長も達成できない
として，賃金引き上げの社会的雰囲気を醸成していくことの重要性を記してい
る。そのうえで，賃上げや人材育成投資を積極的に行う企業の法人税・所得税
を控除する賃上げ税制等の一層の活用を促進するとともに，中小企業が賃金引
き上げのための原資を確保できるように，労務費などの上昇分を適切に価格に
転嫁できる環境の整備を進めるとしている。

　スキルアップを通じた労働移動の円滑化については，職業訓練，学びなお
し，生涯教育等の，ストック面での投資が重要だという認識の下，従業員，経
営者，教育サービス事業者など一般の方から募集したアイディアを踏まえ，3
年間で 4000 億円規模の施策パッケージに基づき，非正規雇用の方を含め，能
力開発支援，再就職支援，他社への移動によるステップアップ支援を講ずると
している。また，デジタル人材育成や副業・兼業の拡大についても，教育プロ
グラムの整備，「副業・兼業の促進に関するガイドライン」の整備などを推奨
している。そられ以外の実行計画についても，NISA（少額投資非課税制度）
や iDeCo（個人型確定拠出年金）制度の改革，子供政策を中心に取り組む「こ
ども家庭庁」の創設，同一労働同一賃金制度の徹底など，具体的な政策が含ま
れている。

　また「新しい資本主義のグランドデザイン及び実行計画」の改訂版が 2023
年の 6 月にまとめられ，日本経済のさらなる成長に向けた「三位一体の労働市
場改革の指針」が示されている。すなわち，①リスキリングによる能力向上支
援，②個々の企業の実態に応じた職務給の導入，③成長分野への労働移動の円
滑化，という 3 つの改革の必要性が謳われている。リスキリングによる能力向
上支援では，個人への直接支援の拡充として，企業経由での学び直し支援給付
に加えて個人経由での給付が可能になるようにし，在職者のリスキリングの受
講者の割合を高めていくとしている。また，企業経由での支援についても，現
在は訓練機会の乏しい非正規雇用労働者等についても，働きながらでも学びや
すく，自らの希望に応じたキャリアアップにつながるリスキリング支援を実施
することが記されている。

　それ以外の 2 つの改革についても，職務給の導入に向けた多様なモデルを示

すことや，成長分野への労働移動の円滑化のための失業制度や退職所得課税制
度の見直しが盛り込まれている。

　これらの 2022 年版，2023 年改訂版に共通する問題意識としては，労働生産
性を向上させることに加えて賃金を上昇させることで，所得格差を縮小させる
とともに経済成長を実現することである。またそのために，個人がリスキリン
グなどの能力向上を行い，生産性を高めることである。このような政策の実行
計画に対して，日本の所得格差の現状や所得格差と経済成長との関係性に関す
る理解をもとにして，どのようなことが言えるだろうか。次節では，それらに
ついて，現状で考えられうる政策提言を行う。

第5節　政策提言

　本節では，日本の所得格差拡大が特に「貧困層の貧困化」からきているとい
う現状と，所得格差と経済成長との間に因果関係は見られないという研究結果
から，貧困層の所得増加と経済成長が同時に達成できる可能性のある，非正規
雇用労働者に特化した能力開発を提案したい。

　まず，非正規雇用労働者が所得格差，すなわちジニ係数の拡大に貢献してい
ることを見てみたい。石井・樋口 (2015) によると，個人所得で計算したジニ
係数は，週の労働時間が 30 時間以上であるフルタイム労働者をサンプルとし
て測定すると，OECD 諸国の平均とほぼ等しい 31％ となる。しかし，労働時
間が週 30 時間未満のパートタイム労働者を加えて個人所得のジニ係数を求め
ると，38％ となり，OECD 諸国の平均よりも大きくなることを明らかにして
いる。また同様に，世帯所得を用いたジニ係数を，正規雇用労働者が一人以上
いる世帯（正規労働世帯），正規雇用労働者と非正規雇用労働者がそれぞれ一
人以上いる世帯（混合世帯）を合わせて測定した場合には，26.1％ となるが，
非正規雇用労働者が一人以上いて正規雇用労働者がいない世帯（非正規雇用世
帯）について測定した場合，29.1％ となることがわかった。どちらの結果も，
非正規雇用労働の存在が所得格差の拡大に貢献していることを示している。

　もし非正規雇用労働者が既に能力開発・教育訓練を受けた結果，低所得に位
置しているのであれば，追加で能力開発・教育訓練を行ったとしても効果は小

さいかもしれない。しかし，非正規雇用労働者は正規雇用労働者と比べて教育訓練を受講していない傾向にあることがわかる。井上（2020）は，2017年厚生労働省「能力開発基礎調査」を用いて，正社員と正社員以外の労働者がどれだけ「通常の業務から一時的に離れて行われる訓練」（off-the-job training）を受けているか，その割合を比較している。この訓練には，集合訓練などの社内で実施する教育訓練に加え，外部教育機関などに派遣されて受講する，社外で実施する教育訓練を含んでいる。その結果によると，正社員の45.1％がoff-the-job trainingを受けたことがある一方，正社員以外の労働者の18.1％しか，同訓練を受けていないことがわかった。その理由として井上（2020）は，非正規雇用労働者は正規雇用労働者に比べて離職率が高く，企業は非正規雇用労働者への教育訓練投資の便益を回収しづらいため，そのような教育訓練投資に消極的になっている可能性があるとしている。

　このような教育訓練投資が，労働者の賃金に正の影響を持つことを示す研究は多数存在するため（Brunello et al., 2012；黒澤他，2007など），特に非正規雇用労働者への訓練が所得格差を縮小させることが期待できる。

　それでは，このような教育訓練が経済成長にも役立つのであろうか。Morikawa（2021）は，経済産業省企業活動基本調査で調査されている各企業の「能力開発費」の情報を用いて，教育訓練等が企業の労働生産性，平均賃金に与える影響を分析している。「能力開発費」は，講師・指導員経費から大学・大学院等への自費留学にあたっての授業料の助成等などを含むため，off-the-job trainingの投資と考えることができる。その分析の結果，企業の労働者一人当たりの教育訓練投資ストックが1％増加すると，その企業の労働生産性と平均賃金がそれぞれ0.03％上昇することがわかった。また，その教育訓練投資の効果は，特にサービス産業の企業において大きいことが示された。

　このように，非正規雇用労働者に対する能力開発・教育訓練投資は，所得格差の縮小と企業の労働生産性の上昇を通じた経済成長の両方に影響を与える可能性があり，推進していくべきである。実際，2023年の「新しい資本主義のグランドデザイン及び実行計画」の改訂版においては，特に非正規雇用労働者への訓練機会の改善を盛り込んでおり，持続的な経済成長と所得格差の拡大を達成するためにも，その方向性で進んでいくべきである。

第6節　おわりに

　本章では，日本の所得格差の現状を概観し，日本の所得格差と持続的成長との関係を明らかにした上で，所得格差に対応しつつ持続的成長を達成するための政策提言をすることを目的としていた。その分析の結果，1990 年代以降の日本では高齢化という人口動態の変化，世帯規模の縮小という社会構造の変化とともに，低所得層の貧困化により所得格差の拡大が見られるものの，アメリカと比較すると軽微な拡大であることがわかった。また，昨今の謳われている分配戦略を通じた経済成長の達成は，経済学の理論的にはさまざまな影響経路が考えられるものの，実証分析では支持されていないことが明らかになった。そして最後に，そのような所得格差と経済成長との関係性についての認識の下，貧困層の所得増加と経済成長が同時に達成できる可能性のある，非正規雇用労働者に特化した能力開発を提案した。

[参考文献]

阿部正浩・Jess Diamond（2017）「労働分配率の低下と企業財務」『経済分析』195，9-33 頁。

石井加代子・樋口美雄（2015）「非正規雇用の増加と所得格差：個人と世帯の視点から─国際比較に見る日本の特徴─」『三田商学研究』58 (3)，37-55 頁。

井上誠一郎（2020）「日本の所得格差の動向と政策対応のあり方について」RIETI Discussion Paper，20-P-016。

黒澤昌子・大竹文雄・有賀健（2007）「企業内訓練と人的資本管理策：決定要因とその効果の実証分析」林文夫編『経済停滞の原因と制度』勁草書房，265-302 頁。

羽田翔・權赫旭・井尻直彦（2021）「日本における労働分配率の決定要因分析」RIETI Discussion Paper，21-J-006。

三好向洋（2018）「労働分配率の低下に関するサーベイ」『財務省広報誌ファイナンス』54 (5)，50-53 頁。

森口千晶（2017）「日本は『格差社会』になったのか─比較経済紙にみる日本の所得格差─」『経済研究』68 (2)，169-189 頁。

Alesina, A., & Perotti, R. (1996). Income Distribution, Political Instability, and Investment. *European Economic Review*, 40 (6), 1203-1228.

Brunello, G., Comi, S. L., & Sonedda, D. (2012). Training Subsidies and the Wage Returns to Continuing Vocational Training: Evidence from Italian Regions. *Labour Economics*, 19 (3), 361-372.

Easterly, W. (2007). Inequality Does Cause Underdevelopment: Insights from a new Instrument. *Journal of Development Economics*, 84, 755-776.

Forbes, K. (2000). A Reassessment of the Relationship Between Inequality and Growth. *American Economic Review*, 90 (4), 869-887.

Galor, O., & Zeira, J. (1993). Income Distribution and Macroeconomics. *Review of Economic Studies*, 60 (1), 35-52.

Kaldor, N. (1955). Alternative Theories of Distribution. *Review of Economic Studies*, 23 (2), 83-100.

Karabarbounis, L., & Neiman, B. (2014). The Global Decline of the Labor Share. *Quarterly Journal of Economics*, 129 (1), 61-103.

Lazear, E. P., & Rosen, S. (1981). Rank-order tournaments as Optimum Labour Contracts. *Journal of Political Economy*, 89 (5), 841-864.

Lise, J., Sudo, N., Suzuki, M., Yamada, K., & Yamada, T. (2014). Wage, Income and Consumption Inequality in Japan, 1981-2008: From Boom to Lost Decades. *Review of Economic Dynamics*, 17 (4), 582-612.

Morikawa, M. (2021). Employer-provided Training and Productivity: Evidence from a Panel of Japanese Firms. *Journal of the Japanese and International Economies*, 61, 101-150.

OECD (2008). *Growing Unequal?: Income Distribution and Poverty in OECD Countries*. OECD Publishing, Paris.

Santacreu, A. M., & Zhu H. (2017). *How Income Inequality Is Affected by Labor Share*. Federal Reserve Bank of St, Louis.

Scholl, N., & Klasen, S. (2019). Re-estimating the Relationship between Inequality and Growth. *Oxford Economic Papers*, 71 (4), 824-847.

事項索引

人名索引

執筆者一覧 (執筆順)

Tran Van Tho（トラン ヴァン トゥ）　　　　　　　　　　はしがき，第Ⅰ部第1章
　早稲田大学名誉教授，一橋大学博士（経済学）

保倉　裕（ほくら ゆたか）　　　　　　　　　　　　　　　　　第Ⅰ部第2章
　東京音楽大学理事，早稲田大学社会科学研究科博士課程満期修了

苅込俊二（かりこみ しゅんじ）　　　　　　　　　　　　　　　第Ⅰ部第3章
　帝京大学経済学部教授，早稲田大学博士（社会科学）

西　　晃（にし あきら）　　　　　　　　　　　　　　　　　　第Ⅰ部第4章
　早稲田大学ベトナム総合研究所招聘研究員，早稲田大学社会科学研究科博士課程満期修了

瀬藤芳哉（せとう よしや）　　　　　　　　　　　　　　　　　第Ⅱ部第5章
　帝京大学経済学部教授，早稲田大学修士（学術），コーネル大学ロースクール修士（LLM）

橋　　徹（はし とおる）　　　　　　　　　　　　　　　　　　第Ⅱ部第6章
　早稲田大学社会科学部非常勤講師，早稲田大学博士（学術）

原　正敏（はら まさとし）　　　　　　　　　　　　　　　　　第Ⅱ部第7章
　ビジネス・ブレークスルー大学大学院経営学研究科助教，ウォルデン大学博士（公共政策学）

堀　史郎（ほり しろう）　　　　　　　　　　　　　　　　　　第Ⅱ部第8章
　日本規格協会フェロー・研究員兼東京大学公共政策大学院客員研究員，早稲田大学博士（学術）

下石川哲（しもいしかわ さとる）　　　　　　　　　　　　　　第Ⅱ部第9章
　早稲田大学地域・地域間研究機構日米研究所招聘研究員，早稲田大学博士（社会科学）

牧岡　亮（まきおか りょう）　　　　　　　　　　　　　　第Ⅱ部第10・13章
　北海道大学大学院経済学研究院講師，ペンシルベニア州立大学博士（経済学）

松本邦愛（まつもと くにちか）　　　　　　　　　　　　　　　第Ⅱ部第11章
　東邦大学医学部社会医学講座准教授，東邦大学博士（医学）

江　秀華（こう しゅうか）　　　　　　　　　　　　　　　　　第Ⅱ部第12章
　城西短期大学准教授，早稲田大学博士（学術）

Cao Thị Khánh Nguyệt（カオ ティ キャン グェット）　　　　第Ⅱ部第12章
　京都先端科学大学経済経営学部准教授，神戸大学博士（経済学）

編著者紹介

Tran Van Tho（トラン ヴァン トゥ）

ベトナム生まれ。高校卒業後，国費留学生として来日。一橋大学経済学博士。日本経済研究センターや桜美林大学を経て，早稲田大学社会科学総合学術院教授。現在，早稲田大学名誉教授。元ベトナム首相経済諮問委員，瑞宝小綬章受章。

主要著書：『産業発展と多国籍企業』（東洋経済新報社，1992 年，アジア太平洋賞受賞），『東アジア経済変動とベトナムの工業化』（ベトナム語，2005 年，優良図書賞），『ベトナム経済発展論』（勁草書房，2010 年），『最新アジア経済と日本』（共著，日本評論社，2001 年），『ASEAN 経済新時代と日本』（編著，文眞堂，2016 年），『日本経済奇跡的発展の時代 1955-1973』（ベトナム語，2022 年，優良図書賞）ほか。

苅込俊二（かりこみ しゅんじ）

千葉県生まれ。早稲田大学博士（社会科学）。早稲田大学卒業後，富士総合研究所入社。アジア経済研究所，財務省財務総合政策研究所，みずほ総合研究所，早稲田大学などを経て，現在，帝京大学経済学部教授。

主要著書：『巨大経済圏アジアと日本』（共著，毎日新聞社，2010 年），『全解説ミャンマー経済』（共著，日本経済新聞社出版，2013 年），『メコン地域開発とアジアダイナミズム』（共編著，文眞堂，2019 年），『中所得国の罠と中国・ASEAN』（共著，勁草書房，2019 年），『アジアダイナミズムとベトナムの経済発展』（共編著，文眞堂，2020 年）ほか。

成熟社会の発展論
——日本経済再浮揚戦略——

2024 年 4 月 15 日　第 1 版第 1 刷発行　　　　　　検印省略

編著者　　トラン・ヴァン・トゥ
　　　　　苅　込　俊　二
発行者　　前　野　　　隆
発行所　株式会社　文　眞　堂
東京都新宿区早稲田鶴巻町 533
電　話　03（3202）8480
FAX　03（3203）2638
https://www.bunshin-do.co.jp/
〒162-0041 振替00120-2-96437

製作・モリモト印刷
© 2024
定価はカバー裏に表示してあります
ISBN978-4-8309-5254-8　C3033